明治勲章大図鑑

平山晋❖編著

国書刊行会

❖明治の勲章——勲一等

◉勲一等旭日大綬章（明治7年）
桐部分と旭日部分の縦寸107ミリ（原寸）

◉勲一等
上：可動型（明治9年）
左上：一体型（明治7年）
左下：左上のものの桐部分と旭日部分拡大（左：裏　右：表）

勲一等

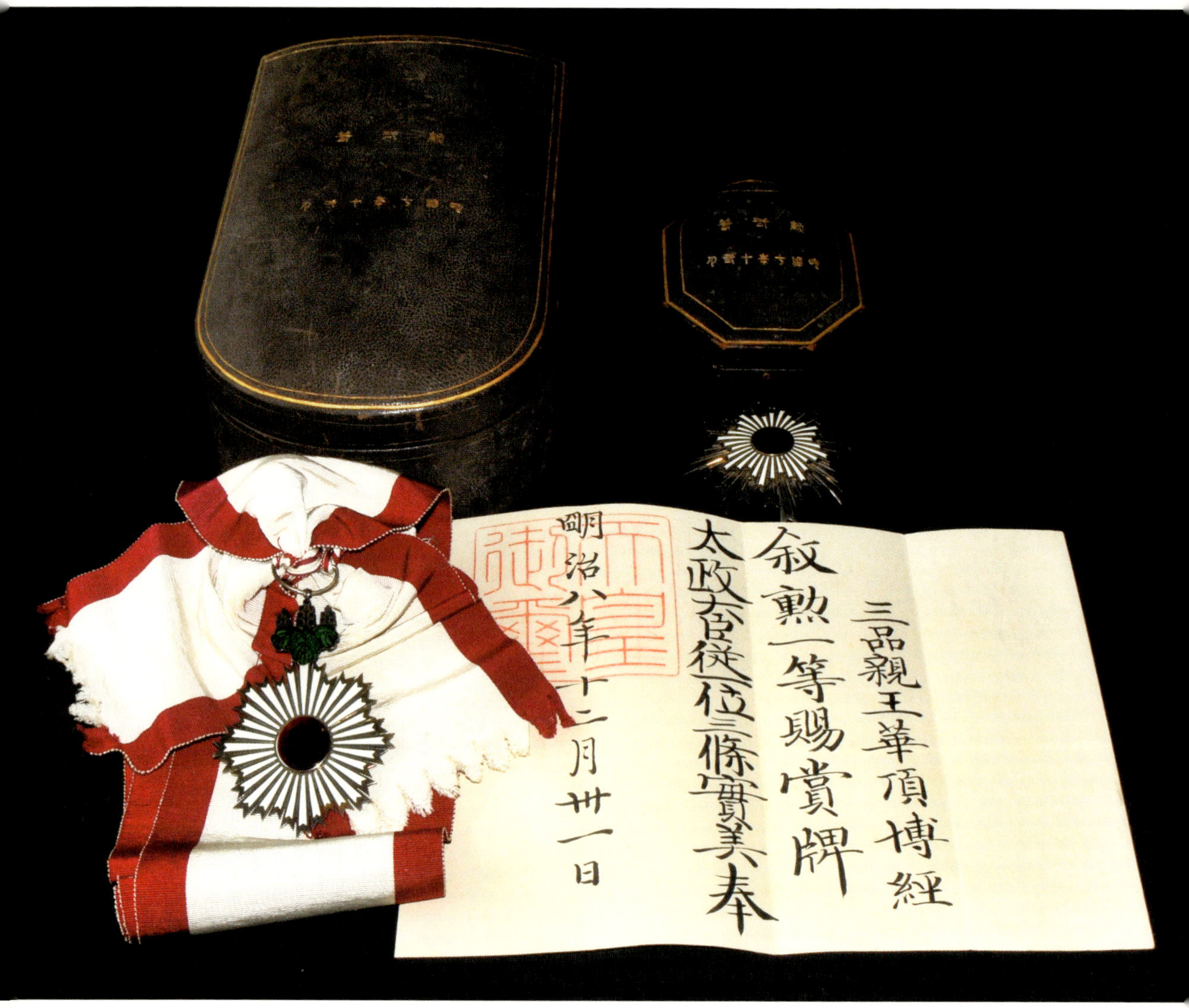

◉本章・大綬・副章・勲記(旧式)・箱が揃った華頂宮博經親王の勲章

◉左：箱に収められた九条道孝の勲章（勲一等　明治9年　本文59ページ参照）
箱蓋裏には勲章押さえのクッション、「平田彦四郎造」の印がある。
箱縦寸 242 ミリ

平田彦四郎造

❖明治の勲章

勲二等（勲一等副章）

◉八角の箱に収められた勲二等（明治7年12月）
箱縦寸122ミリ

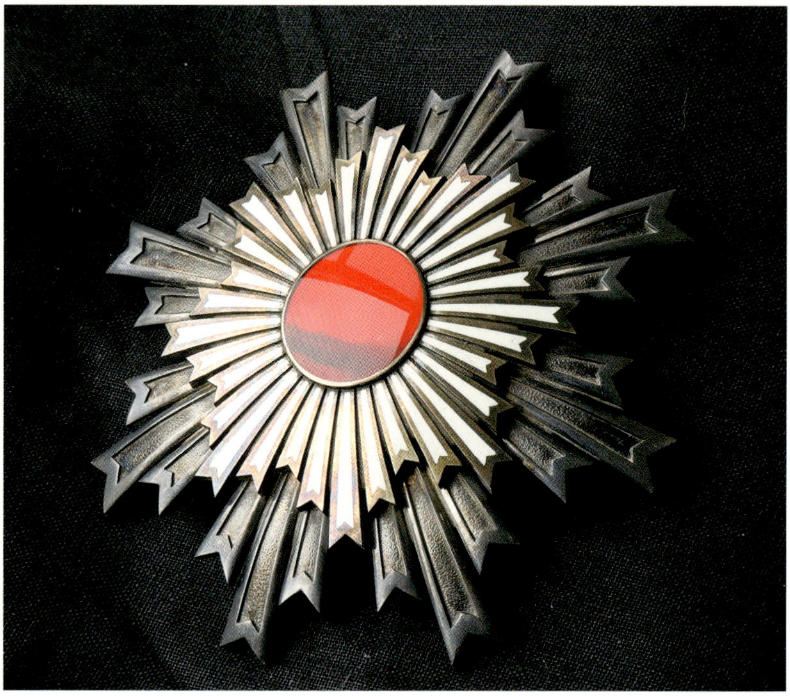

◉勲二等（明治7年12月）
縦寸89ミリ

◉左：勲二等（明治7年12月）
右：勲二等（明治10年3月　縦寸91ミリ）
※すべて勲一等の副章

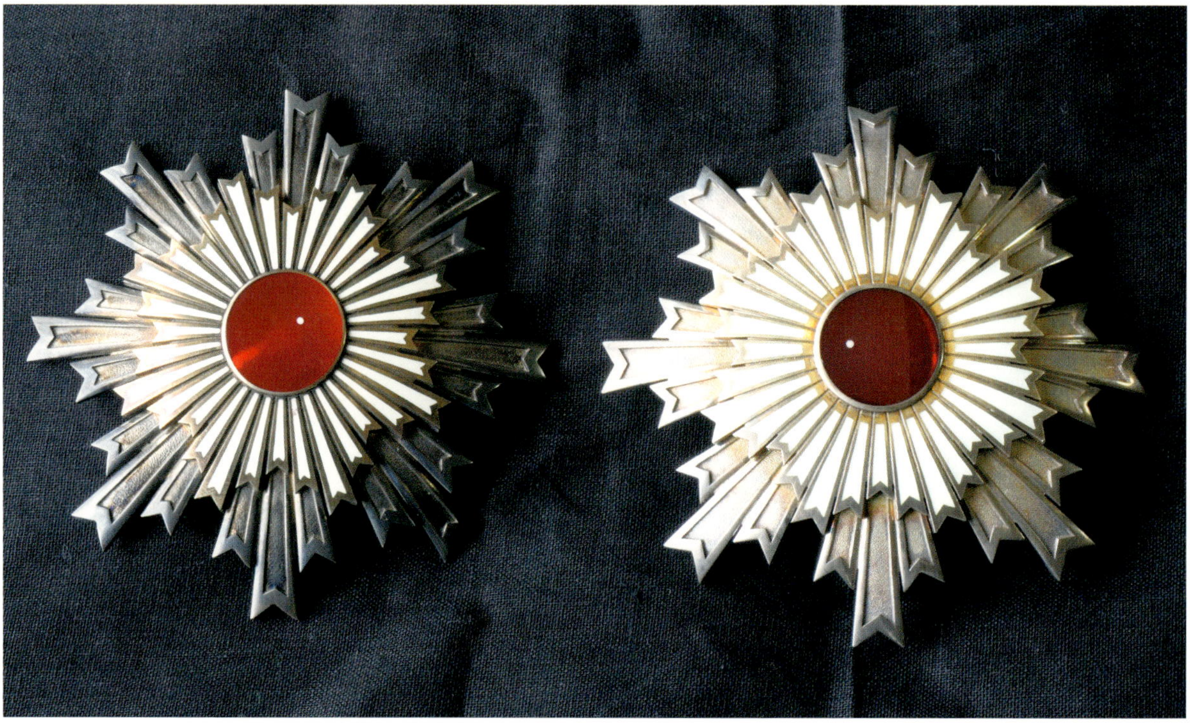

◉勲五等旭日中綬章（明治7年12月）
勲章縦寸75ミリ　柴岡孝徳拝受のもの

◉勲三等（明治10年3月）箱縦寸127ミリ

勲二等旭日重光章

◉勲二等旭日重光章
（明治14年ごろ）
勲章箱縦寸125ミリ

❖明治の勲章

瑞宝章など

◉勲五等瑞宝章（明治21年）
勲章箱縦寸103ミリ

◉外国人向勲二等瑞宝章（明治20年代）蒔絵箱の縦寸102ミリ

◉外国人向勲三等旭日章（明治10年代）蒔絵箱の縦寸140ミリ

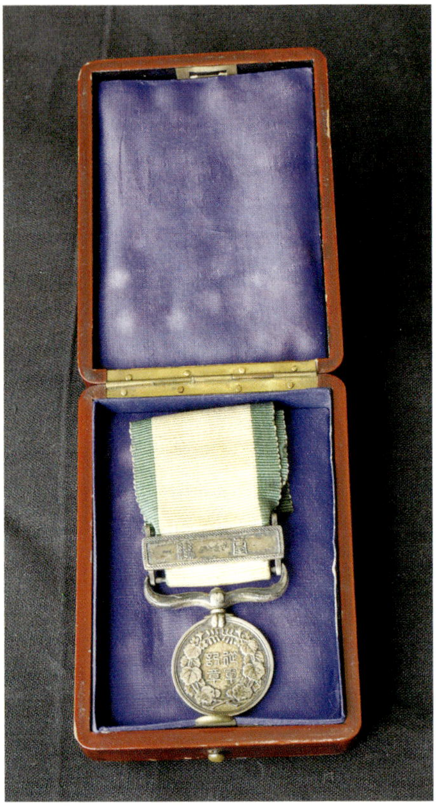

◉台湾従軍章（明治7年）勲章箱縦寸92ミリ

明治勲章大図鑑

まえがき

軍装、特に勲章に興味を持ったのはいつからなのか、はっきりとは覚えていませんが、きっかけといえるのは、少年時代の記憶です。昔、小さい時には、周りの大人は軍人ばかりだったような記憶があります。それにどこの家にも、水筒や飯盒、鉄兜、ゲートル、帯革などがありましたし、戦争で焼けていない古い家には必ず天袋などに大礼服がケースに入ってあり、昭和天皇の額が鴨居に飾ってありました。そのようなものばかり見ていたことが、成人になって軍装への興味をかきたてるきっかけになったのでしょう。

戦後になって、学校の先生方は復員して教師に戻っても、教師同士で「中隊長」など呼びあっていました。教壇で階級章を外した軍服を着ているもと将校さえいました。民間企業でも生命保険会社のお偉いさんはもと将官、それも大将クラスだったというようなことがありました。戦後の日本社会は軍隊の雰囲気を長く残してきたのです。

コレクションは約三十年ほど前から始めましたが、勲章の数は数えたことがありません。というのも一〇〇〇やそこらではないからです。今回は明治の平田彦四郎が製作した勲章が核になる本ですから、ほとんどその関連しか出していません。

私だけでなく、勲章コレクターというのは、各国にいます。日本でも戦前からもいました。戦後すぐに集め始めたのが、コレクター仲間では有名な「ハト屋」さんでした。彼は熱狂的で、有名な東郷さんの勲章や勲記類、そして剣などを集めていました。旧皇族方の所へも買出しに行ったようです。

もともとコレクターは、綺麗な勲章を集める人が多く、滅多に出ない平田勲章には目もくれず、とにかく七宝や箱の漆、綬がきれいなものを集めることが多かったのです。ですから、その中のどれかが汚れていると平気で新しいものと入れ替えてしまうことが多かった。そんな時代が長く続き、派手な大きい勲章はかなりな値段がしていました。

私は不動産業もしていますが、バブル期になって、昔からあった大きいお屋敷が時代の波でマンションを建て始めると、天袋にしまってあった、祖父や曽祖父が大切にしていたものが邪魔になってきます。マンションにそんなものは置けませんから、次々に軍服や勲章が売りに出されて、ぞくぞくと市場に出て来ました。戦後の平和主義の風潮の中、軍隊関係のものを持っているだけで、後ろめたく考えていた方も多かったのでしょう。値段も安くなり、私にとっては集めやすい時期でした。ただし形式の変遷を調べたり年代を確定しようとすると、当時は政府による資料の公開もありませんでしたから、当時の写真やいろいろな資料も自分で集めなければなりませんでした。勲章は勲記・箱・章身・綬・略章からなりたっています。勲等によって分ければ、勲章自体は年代によってそう大きく形が変わるわけではありません。ですが、複雑な勲章制度を理解するためには、章身だけ眺めていても不可能なのです。

勲記と勲章は同一の所にしまわなければなりません。また例えば他人に見せた場合など、二種の勲章の中身が不注意で入れ替わってしまったりすることがあるので、私が他人に見せる場合、同一の勲章は二個見せないことにしています。こういう注意も、勲章蒐集には必要なのです。

勲章は時代を経ていますから、「時代」を感じさせてくれます。綬が汚いからといって新しい綬に替えてしまうことなどは、勲章研究にとってはしてはいけないことなのです。今回のこの本では、章身自体だけではなく、箱、綬などの細部にもこだわって写真を撮りました。年代の変遷を示すために比較の写真も多く入れてあります。

さて、明治の勲章の多くを製作した平田彦四郎は代々続いている七宝家でした。平田七宝は他の七宝職人に比べてその透明度がずば抜けて良く、西洋のエマイユに劣ることがないため、明治初期に数多くいた後進の七宝師のかなうところではなく、勲章製作を一手で引き受けることができました。旭日章の日章に彼の手になる素晴らしい透明七宝が使われていました。

明治八年から始まった勲章制度は、まず天皇・皇族方のためだけのものでした。明治十年の西南の役後からは数もかなり増えてきましたが、まだ平田の身内による製造で何とかまかなえました。ところがその後の日清戦争の叙勲では、その大量需要から、コウモリ傘職人、何らかの金属加工をしている者までかき集めてその製造を賄ったということですから、勲章のできにバラつきが生じてしまったのです。さらに日露戦争での大量需要により、明治三十九年から並河靖之らも勲章製作にあたっています。その時にはすでに旭日章の日章の透明七宝はガラス玉になり、裏面は鏡のように銀加工されていますから、平田以外の七宝師でも作ることができるようになっていました。

＊

それ以前に平田彦四郎が門外不出の七宝技術をもって製作した勲章は、その後の大量生産品とは違い、私は美術品、世界にも通用する明治期の芸術作品であったと考えています。

そんな職人たち、勲章制度に携わった官僚、そして勲章を身につけた皇族や軍人たち……。さまざまな人々が勲章に関わってきました。こうしてみると勲章は明治という時代、あるいは近代日本を写す鏡のようであるとも思います。その意味でこの本はユニークな明治文化史となっているかもしれません。

明治勲章大図鑑❖目次

第三章 ❖ 明治二十年代の勲章

第四章 ❖ 勲章に類似したもの

第五章 ❖ 外国と日本の勲章・略章

❖ 資料

〈凡例〉

一、本書は、明治期の勲章とその制度の歴史をおおよそ年代を追って逐次記述したものである。

二、本書が依拠した資料は著者のコレクションと、太政官による勲記、布告図、勲位録などである。掲載資料は注記したもの以外全て著者所蔵である。

三、勲章の布告などによる正式な呼び名は場合に応じて略して記述した。（例）「勲一等旭日大綬章」→「勲一等旭日章」など

四、人名なども正式な呼び名ではなく通例によった箇所がある。

五、第四章では、勲章に類似した従軍記章などにも触れた。

総論

明治の勲章について

❖一　勲章制度の誕生

明治時代に入ってからようやく日本の勲章制度が整ってきました。

明治四年に「賞牌（しょうはい）」の取調べが行われ、明治六年三月に左院で上奏され、造幣寮で勲章が試作されます。明治七年十一月には初めての勲章「旭日章（きょくじつしょう）」が完成します（この時点では賞牌）。明治八年二月に勲等賞牌の制を定めるとの勅があり、明治八年四月十日に「布告図」（勲章の実際のデザインを図示したもの）を伴う太政官布告五四号をもって賞牌従軍牌が制定されます。

0-1　明治天皇　この肖像画は明治21年以降のもの

明治八年十二月三十日と三十一日に各皇族に勲章が初めて与えられたのですが、それより前、十二月二十八日に明治天皇は（賞牌）勲一等を胸につけていたという記録があります。天皇・皇族への賞牌は勲一等でした。それ以下の賞牌はその後に授与されたものでした。

その後明治九年十一月十五日太政官布告一四一号によって賞牌は「勲章」と呼ばれるようになり、従軍したことを示す従軍牌は「従軍記章」と改称されます。明治九年十二月二日には大勲位菊花大綬章及び大勲位菊花章が増設され、明治十年十二月二十五日に太政官達九七号によりその図式が制定されます。

その後は時代的には西南役や

0-2　明治皇后

竹橋事件、十四年の政変などいろいろな事件がありましたが、勲章制度は明治十九年までは箱の変更くらいで変化はありません。

明治十九年十月二十五日に勲四等小綬章の綬（飾り帯）に綵花（綬で作った装飾）を付することになります。また明治二十一年一月三日勅令一号によって各種勲章の等級制式及び「大勲位菊花章頸飾」及び「勲一等旭日桐花大綬章」、「宝冠章」、「瑞宝章」が定められます。明治以降、現在まで十数人程度にしか授与されていない、首飾り状の大勲位菊花頸飾章は大勲位菊花章受章者に対する上級勲章として、勲一等旭日桐花大綬章は勲一等旭日大綬章の上級勲章として、大勲位菊花大綬章との間の勲章として制定されました。（次ページ表参照）

また二十一年にはそれまで女性に対する勲章がなかったので新規に宝冠章勲一等から勲五等までができたのです。瑞宝章は勲一等から勲八等までの勲労ある方のためにできました。明治二十一年十一月二十二日閣令二一号によりこれらの図が定められます。

その後明治二十三年二月十一日に勅令一一号によって武功があったものに与えられる「金鵄章」の等級制式佩用式（勲章をどのようにつけるべきかの規則。勲位によって細かい規定がある）が定められ、功一級から功七級までの図式が明らかにされます。この間に日清戦争が起こり日本が戦勝します。つづいて明治二十九年四月十一日勅令一三六号で先に一等から五等まで定められていた宝冠章が一等から八等までとなり、閣令四号によって勲六等から勲八等までの図式が定められます。
　ここまでが、明治期の勲章の規定のおおまかな変遷です。

　勲章の製作と関係が深いのが貨幣鋳造の技術です。日本の貨幣製造はイギリスをお手本にしていますが、フランスの勲章制度をお手本にしながら、日本国内で勲章を作ることになりました。しかし貨幣のようにただ型打ちするだけならば、造幣寮の機械を駆使してできましたが、その金属に七宝をのせることは、造幣寮ではできませんでした。そこで七宝師の平田彦四郎（春行）に依頼が来たのです。勲章の歴史は近代日本の歴史の中でさまざまな人間の葛藤と時代の紆余曲折に彩られています。

❖二　勲章の各部

　歴史の前に、勲章の各部の名称についてお話しておきます（イラスト0-3は旭日章）。
章身：勲章の本体。旭日章であれば旭光などの部分。
鈕（ちゅう）：旭日章であれば、桐の花の部分で、章身の上部に位置し、環の下部にある。瑞宝章などにはなかったが、現在の瑞宝章類にはつくこともある。
環：鈕の上部に位置する。綬を取りつける輪のこと。
綬：勲章をつけるための絹製の織物。大・中・小綬がある。
綵花：綬を加工して花が開いたような形にしたもの。大綬にもつけられるが、主に同形の勲章の相違を遠くからでも確認できるように綬につけられた。外国の模倣。
略章：略服で勲章をつけられない時、勲章に代えてつける。
勲記：天皇の御名・御璽を記した証書（天皇の御名は上級勲章のみ）。

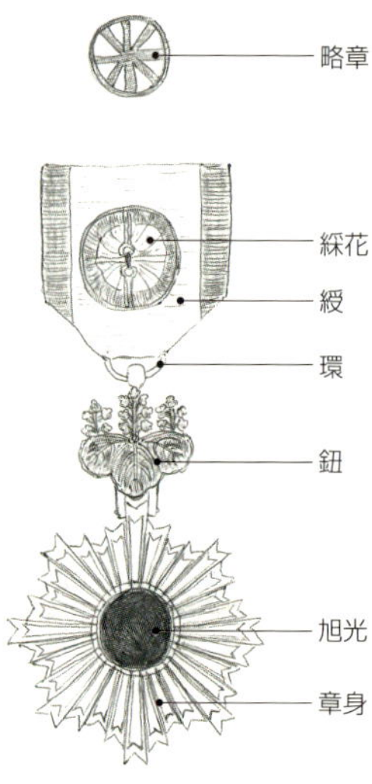

0-3　旭日章の各部

明治29年
大勲位菊花章頸飾
大勲位菊花大綬章
勲1等旭日桐花大綬章
功1級金鵄章
勲1等旭日大綬章
勲1等宝冠章
勲1等瑞宝章
功2級金鵄章
勲2等旭日重光章
勲2等宝冠章
勲2等瑞宝章
功3級金鵄章
勲3等旭日中綬章
勲3等宝冠章
勲3等瑞宝章
功4級金鵄章
勲4等旭日小綬章
勲4等宝冠章
勲4等瑞宝章
功5級金鵄章
勲5等双光旭日章
勲5等宝冠章
勲5等瑞宝章
功6級金鵄章
勲6等単光旭日章
勲6等宝冠章
勲6等瑞宝章
功7級金鵄章
勲7等青色桐葉章
勲7等宝冠章
勲7等瑞宝章
勲8等白色桐葉章
勲8等宝冠章
勲8等瑞宝章
宝冠章6等～8等が増設される

勲章制度変遷表

明治8年	明治9年	明治10年	明治21年	明治23年
勲1等	大勲位菊花大綬章	大勲位菊花大綬章	大勲位菊花章頸飾	大勲位菊花章頸飾
勲2等	勲1等	勲1等旭日大綬章	大勲位菊花大綬章	大勲位菊花大綬章
勲3等	勲2等	勲2等旭日重光章	勲1等旭日桐花大綬章	勲1等旭日桐花大綬章
勲4等	勲3等	勲3等旭日中綬章	勲1等旭日大綬章	功1級金鵄章
勲5等	勲4等	勲4等旭日小綬章	勲1等宝冠章	勲1等旭日大綬章
勲6等	勲5等	勲5等双光旭日章	勲1等瑞宝章	勲1等宝冠章
勲7等	勲6等	勲6等単光旭日章	勲2等旭日重光章	勲1等瑞宝章
勲8等	勲7等	勲7等青色桐葉章	勲2等宝冠章	功2級金鵄章
まだ賞牌と呼ばれていた	勲8等	勲8等白色桐葉章	勲2等瑞宝章	勲2等旭日重光章
	正式に「旭日章」と呼ばれるようになった。（大勲位菊花大綬章）が増設	勲1等以下には「旭日」以下に名称がつくようになる。ただし実際の箱には「勲○等」としか記されていない	勲3等旭日中綬章	勲2等宝冠章
			勲3等宝冠章	勲2等瑞宝章
			勲3等瑞宝章	功3級金鵄章
			勲4等旭日小綬章	勲3等旭日中綬章
			勲4等宝冠章	勲3等宝冠章
			勲4等瑞宝章	勲3等瑞宝章
			勲5等双光旭日章	功4級金鵄章
			勲5等宝冠章	勲4等旭日小綬章
			勲5等瑞宝章	勲4等宝冠章
			勲6等単光旭日章	勲4等瑞宝章
			勲6等瑞宝章	功5級金鵄章
			勲7等青色桐葉章	勲5等双光旭日章
			勲7等瑞宝章	勲5等宝冠章
			勲8等白色桐葉章	勲5等瑞宝章
			勲8等瑞宝章	功6級金鵄章
			大勲位菊花頸飾章 勲1等旭日桐花大綬章 宝冠章の1等～5等 瑞宝章の1等～8等 が増設される 明治21年より勲2等重光章に副章として勲3等が付随することになる	勲6等単光旭日章
				勲6等瑞宝章
				功7級金鵄章
				勲7等青色桐葉章
				勲7等瑞宝章
				勲8等白色桐葉章
				勲8等瑞宝章
				金鵄章1級～7級が増設される 宮中席次では桐花章の下等級は旭日の上

❖三　勲章の起源・薩摩琉球国勲章

近代勲章の前史をお話します。慶応三年、徳川慶喜公の弟松平昭武が当時パリで開催された第五回万国博覧会の式典に列席するため渡欧しました。その際随行した者の中に初代仏国駐在公使の通称・向山隼人正栄五郎（黄村）という人がいました。

名は一履で、昌平学校出の秀才、早くから従五位の「隼人正（はやとのしょう）」を受けておりました。向山は早くからメダイル（メダル）の製造を提唱していた一人でした。この製造についてはまだ完全な設計図はなかったと考えられますが、その基本はできていたようです。

パリ万国博への出品に関して、徳川幕府はもとより、薩摩藩も「日本薩摩太守政府」として出品を計画していました。薩摩藩はこの計画を立てた時、まだ幕府の一諸侯の一つであり単なる藩でした。いくら幕府が弱体化してきていてもまだ忠義を尽くさねばならなかったこともあったでしょう。この事情を薩摩藩はフランス人に相談したらしく、「薩摩琉球国」として当時薩摩藩が管理していた琉球を独立した国家として扱うようにさせ、やっとこの博覧会に出品できたようです。この博覧会で、幕府の参加者と薩摩藩の参加者は、互いにしのぎを削っていたようです（後世、向山は同じ昌平校出の幕府外国奉行の田辺太一と共に薩摩藩が薩摩琉球国としてパリ万博に参加してしまったのは双方の責任であると主張していました）。

薩摩藩は一つの藩ですから小回りが利く上、情報の把握も早く、幕府ではまだ計画段階であった勲章をいち早く作りました。この勲章こそ日本の勲章の原型です。

第五回万国博覧会の薩摩藩の出品は五〇六箱だったのが、幕府は肥前の伊万里焼を含む少数の出品しかなかった上、薩摩藩は「薩摩琉球国」と文字の入った勲章をフランス政府の高官達に配ったのです。なぜ幕府は薩摩に遅れをとったかというと、外交上の幕府の失策があったと思われます。

ベルギーに城を持つフランス人、コルト・モンブラン伯爵 Count Charles Ferdinand Camille Descanton de Montblanc が、日本の幕府から利益を上げようと近づいていました。彼は以前にも日本に来たことがあり、漢名を「白山伯」と言います。例えば電信に関する日本への売り込みなどが目的ですが、当時幕府は軍備に多大なる費用がかかっており、また国際貿易においても頭の痛い時期で、彼を遠ざけていたようです。モンブランは、慶応元年には薩摩留学生と国外で接触し、貿易会社の設立協議や五代友厚らと次期パリで行われる万国博覧会の事を模索していました。長州もこの時出遅れたのは、やはり薩摩藩と会津藩の公武合体派による、長州藩の尊皇攘夷派の京都追放、また幕府による長州征伐が影響していたと考えられます。

さて、この薩摩琉球国勲章はパリで製造されたと思われ、先尖の立星五尖形（赤い五稜星）、赤エマイル（七宝のこと、エナメルの仏語読み）入り、漢字で、「薩・摩・琉・球・國」と星の間に入っており、星の中心には白いエマイルで薩摩島津の「丸に十字」の家紋が入っています（0-4）。またその裏面には「贈文官兼武官」の文字が入っていて、いかにも日本的な感じがします。これは製造以前に国内でかなり案を練ったものと考えられます。ただ、実際に残る図版とは形が違います。この図は外務省が編纂した幕末外交史料集『続通信全覧』の中にあり、薩摩藩が「薩摩琉球国」として単独国家の証明である勲章を作成・配布したとして、図版が載せられています（0-5）。

しかしこの図はこの時パリにいた徳川幕府の役人が描き送った図で、薩摩藩が製造のために提供した原図ではありません。この図からすると五尖形は葉のような形をしていますが、実際は現物写真のとおり、直線の二等辺三角形で作られています。おそらく記録した人間の記憶違いでしょう。

勲章を作るには、手仕事で一つ一つを職人が作り上げる場合と、金型を製作しそれを利

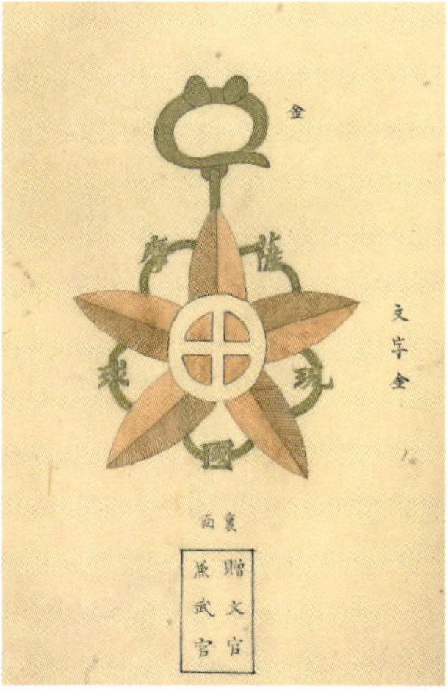

0-5　薩摩琉球国勲章図（外交史料館所蔵）

0-4　薩摩琉球国勲章（尚古集成館所蔵）

0-7　フランス・レジオン・ド・ヌール勲章

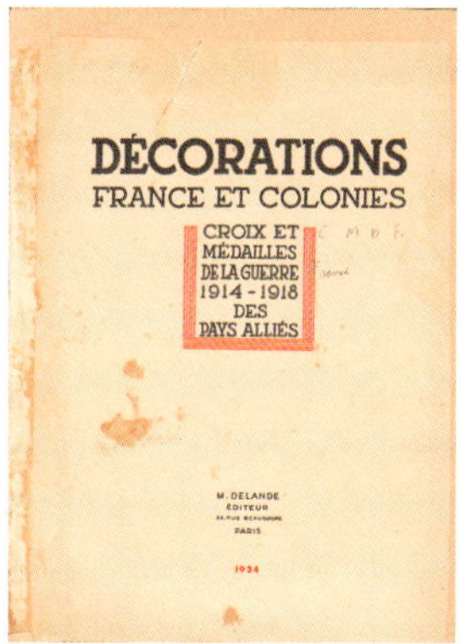

0-6　『フランスと植民地の勲章』

0-9・10　チュニジア勲章

0-8　モロッコ勲章

用して大まかに外形を作り、それを職人が細部を手直し作り上げる方法があります。もちろん後者の方法のほうがサイズや装飾は安定したものができます。前者は硬い金属を彫り下げ加工し、焼入れをしたりするので非常に時間がかかります。

一九三四年発行の*DECORATIONS DE FRANCE ET COLONIES*（『フランスと植民地の勲章』0-6）を見ると、薩摩琉球国勲章と非常に似ている二つの勲章があります。フランスの制度を完全にまねることはできないので、植民地の制度を参考にしているわけです。レジオン・ド・ヌール（0-7）は別格ですから、薩摩藩が参考にしたと思われる一つはMOROCモロッコの勲章（0-8）、もう一つは下げ緒の所が同じ形のTUNISIEチュニジアの一八六四年または一八六七年の勲章です（0-9・10）。

これらはすべてフランスの勲章製造会社で製作されていて、会社に金型があったので、それを組み合わせ利用して安価にしかも短期間に製造したものではないかと考えます。またフランス製と思われる根拠は、この勲章の五尖形の部分の赤色七宝です。当時日本では透明七宝は徳川の御用を勤めていた平田彦四郎しか作れませんでした。こうした勲章の製造に関しては、先に述べたモンブラン伯爵の関与があったと考えます。一つは、勲章製造工場の紹介です。短期間の内にある程度の種類とその製造数を満たすためには設備が必要です。また勲章を配布して欧米列国に対する薩摩の威信を高めようという考えです。この二つの問題をいかに満たすかは、当時の欧米の社交界で名を轟かしていたモンブランの考えが影響しているのでしょう。

❖四　薩摩琉球国勲章の意匠

この薩摩琉球国勲章は現物が鹿児島に二つあります。一つは島津の尚古集成館にあり（0-4）、もう一つは以前鹿児島市立の黎明館にありました。

戦前の斎藤昌司『勲章の知識』の「勲章叢談」に「第一項　徳川幕府及び薩摩藩の功牌」という箇所があります。その本には「既にパリに於いて製造された薩摩の功牌二種は現在も鹿児島の尚古集成館に保存されている」とあり、二つは以前、両方とも尚古集成館にあったことがわかります。この二つの勲章、比べてみると大きさがまるで違うものだそうで、今尚古集成館にあるものは勲章径が五十二ミリで、中央の円盤つまり島津の丸十の径が二十二ミリ、レジオン・ド・ヌールのコマンドール（三等中綬）とほぼ同じ大きさで、しかもその勲章に付いている綬は首から下げるもので、それもレジオン・ド・ヌールのコマンドールと同じ長さと幅でした。

黎明館にあったものは勲章径が四十ミリで、中央の島津の丸十の円盤の径は十七ミリと尚古集成館のものよりやや小さく、しかもそれ

0-11　薩摩琉球国勲章と付属の箱（薩摩伝承館所蔵）

がレジオン・ド・ヌールのシュバリエ（五等）と同じ寸法です。これは個人所有で黎明館に寄託されていたもので、その後オークションで地元指宿の旅館（白水館）の経営者によって落札され、現在旅館に併設された展示施設・薩摩伝承館で見ることができます。

私も黎明館にあった時、何回か現地を尋ね現物を見てみましたが、たまたまこの二つとも黎明館に飾ってありました。ところが、別々の場所に展示してあったので、同じものかあるいは片方がレプリカだと思っておりました。

黎明館にあったものは、以前は共箱がなかったように思いましたが、その後赤い革張りの箱がついているのがわかりました。それは旧式のレジオン・ド・ヌールの箱と同じ形をしていました。もしかするとそれは古いレジオン・ド・ヌールの箱だったのかも知れません（0-11）。

その箱は一部が大きくなっていて変形箱、一方尚古集成館の箱は長方形で横開き。黎明館にあったものの本体は綬がほつれだしていましたが、現在は修復されています。

この二種類がフランスの勲章の制度を真似ているという事実から、恐らく五等級の制式があったのであろうことが想像されます。そうであれば当然、レジオン・ド・ヌールの制式でいうグラン・クロス（一等大綬）とグラン・ドフィシェが存在していて、パリ万国博覧会において、さまざまな高官には二等以下が、皇帝であるナポレオン三世に与えられた薩摩勲章は、彼の胸をレジオン・ド・ヌールと共に飾ったに違いないと考えられます。

しかし、尚古集成館の話ではナポレオン三世からの返礼としては金と銀のナポレオン三世の顔のレリーフが入ったメダルだけだったそうで、これは当時フランスが徳川幕府を応援していたためで、もしも返礼のために薩摩に勲章を出してしまったなら、徳川幕府に対しても出さざるを得なかっただろうし、外交上まずいことになったでしょう。

これらの薩摩琉球国勲章のどちらか一つは、薩摩出身の樺山資紀海軍大将が渡欧中パリのパレ・ロワイヤルの勲章店でたまたま発見し、買い求めたもので、彼がもとからこの勲章の存在を知っていたものか、あるいは勲章本体に漢字が書いてあるので興味本位で買ったものなのかは定かではありませんが、島津家に献上するという行為は、武士としての藩主に対する忠義心からでしょう。

この薩摩琉球国勲章の配布は、欧米人に薩摩藩と徳川幕府が対等の独立国であるかのような印象を与えました。渡欧していた幕府の高官たちは面目をつぶされ、勲章制度を本気で考えざるを得なくなり、その後いろいろ議論の上どうにか原案の作成までこぎつけました。それに当時幕府の陸軍奉行であった大給恒（おぎゅうゆずる）こと松平乗謨（後述）が関係していたことは確実です。当時陸軍にはかなりのフランス軍事教官が来ていて三兵を訓練しており、それらの多くの者がレジオン・ド・ヌールを佩用していたと考えられ、後の賞勲局総裁の松平乗謨自身も当時軍事顧問団として日本に来ていたシャノワンから勲章のことを聞いたり、また資料を彼を介してフランス本国より取り寄せていたようです。

では次に、幕府の計画していた勲章とはどのようなものであったか検証してみましょう。

❖五 徳川幕府の葵勲章

幕府による葵勲章は草案だけで、実際には作られなかったことを最初に申し上げておきます。

幕府の勲章草案では、異国人用、御国人用があり、一等より五等までありました。一等は金で大君用、二等は金で列侯用、三等は拝謁以上つまり旗本で金、四等は拝謁以下つまり御家人用で銀、五等は兵卒足軽用で銀でした。制度的にはフランスのレジオン・ド・ヌールのそれに酷似しています。もちろん同国のものを参考にしたわけです。

勲章本体の形ですが、これは文章で記載されているものもありますが、薩摩琉球国勲章のように実物が残っているわけではないので、想像してみるしかありません。その記述が平山成信男爵が後に書いた文章の中にあり、大震災で焼失したと書いてあります。

『風俗画報』の編集長となった山下重民の説では、

回顧すれば三十余年前大蔵省に在籍中誰かが一片紙の図記を持ってきて一見して徳川幕府制定の勲章だと思い直ちに書きとっておいた、それによると

為酬其労　異国人へ　以賞有功　御国人へ　第一等大君　金　賞勲　第二等列侯　金　賞勲　第三等拝謁以上　金　賞功　第四等拝謁以下　銀　賞労　陪臣士分百俵以下御手当二十両　第五等兵卒足軽　銀　賞　御手当十両

模写されなかったのが残念です。ただその形状寸法は記録があります。

旭日章の下双龍左右より葵章を抱いている。旭日章及び双龍は金で葵章は黒地に白色、長さ二寸七分五厘巾も同じ、綬は長さ一寸八分巾二寸七分

これを検討してみると、勲章自体の長さ及び幅が二寸七分五厘（約七センチ）というと、縦と横が同じですから綬で下げるタイプではなさそうです。これは二等の星章のことかも知れません。綬の長さと巾の関係はどうやら書き違いらしく、長さと巾を逆にしてみると、大体旭日章に似ているような感じがします。フランスのレジオン・ド・ヌール勲章は、一等大君用はグランクロア（一等大綬）、二等列侯用はグラン・ドフィシェ（二等・一等副章で星章）、三等拝謁以上はコマンドール（三等中綬）、四等拝謁以下はオフィシェ（四等）、五等兵卒足軽はシュバリエ（五等）となっていたらしく、大君である徳川慶喜は、徳川の家紋の入ったスター勲章（胸につける勲章の俗称）を大礼服の胸にレジオン・ド・ヌールのグラン・ドフィシェと共につけ、葵勲章の大綬を肩から脇にかけて下げ、その下に葵勲章の一等をぶら下げる予定になっていたと思います。明治三十年代に平山成信が語ったことによると（榎本半重『大給亀崖公伝』）、

一日古文書を披閲せしに箱底より勲章図案二枚を得たり。これを熟視するに、円内三つ葉葵の周囲を昇龍降龍にて取り巻き、白と紫の綬を付したるは、明に幕府の勲章なるを以って之を大給総裁に示したるに亦同意見なりしが、「是は予の考案には非ず、誰人の手に成りたる者にや兎も角珍らかなるもの」と語られたり。因て参考に供せられたし。呈せしかば悦んで受納せられたり。必定賞勲局に秘め置かれしならん云々。半重此言を聞き思へらく是は恐らく向山公使の図案ならんか、夢寐（ママ）にも知らざる当局者をして之を描かしむるは、猶木に縁て魚を求むるより難ければなり。一言の疑問を付して他日の証明を待つ。以上の如く向山及

び侯の建議を我国勲章の濫觴（ママ）とするも。敢て過言に非るを確信す。

このことにより徳川葵勲章は、綬の色が白と紫であったということがわかります。また「予の考案には非ず」とあるので、この勲章の図案には大給恒は関わっていなかったのでした。現在でもおそらく賞勲局のどこかにこの図案がしまってあるはずです。また平山は、仏国公使の向山一履（黄村）の案ではないかと考えていますが、別の人の図案かもしれません。平山は功牌の件を朝廷にお伺いを立てるにあたって、葵が強調されすぎているため、葵紋の上にある旭日章を菊花章にでも変更しなければ、このデザインではとても上奏できなかったであろうと書いています。

また山下の「双龍左右より葵章を抱いている」の表現と、平山の「三つ葉葵の周囲を昇龍降龍にて取り巻き」との異なった表現が気になるところです。

❖六 賞勲局総裁・大給恒

さて、明治九年八月二日から賞勲事務局の設置で本格的な勲章制度がスタートし、その後「賞勲局」となります。当時省庁が長官・副長官の制度であった時、大給乗謨（おぎゅうのりたか）は伊藤博文の下で副長官を務めていました。

その後明治二十八年に総裁となった大給は、天保十年十月三河奥殿藩主・松平乗利の子として生まれました。初名は三郎二郎、号は亀涯（亀崖）、本名は松平縫殿乗謨でありましたが、嘉永五年六月乗利の後を継いで奥殿藩十代となりました。奥殿藩は文久三年奥殿から信濃田野口に居所を移し、田野口藩一万六千石と改称されました。慶応四年にはさらに竜岡藩と改称。大給は幕末期若年寄老中格陸軍奉行を歴任、戊辰戦争では恭順したが、恭順が遅れたため一時謹慎させられました。明治になって「大給恒（ゆずる）」と名前を変えております（0-12）。明治四十三年一月に七十一歳で亡くなっており、菩提寺は広尾の臨済宗香林院です。

大給の明治になってからの勲章との関わり合いは、明治三年六月に江藤新平が勲章の議題を上げ、明治四年九月左院において賞牌の取り調べが始められた時に三等議官として参画した時より始まります。賞勲局では、明治九年十一月六日元老院議官より賞勲局副長官、さらに十一年三月五日に長官制が廃止になって賞勲局副総裁任官、そして明治二十八年八月六日賞勲局総裁になっています。

0-12　大給恒の奏任官時代（右）・勅任官時代の名刺と写真（左）

明治以前には、陸軍奉行、陸軍総裁、つまりは陸軍大臣クラスまで上りつめた大給ですが、後任を勝海舟にまかせて、慶応四年に辞任しております。大給は徳川幕府においてフランス軍人との付き合いが多くあり、シャノアンやロッシュ、陸軍大尉のアルペルサリ・デュ・ブスケ（du Busuke）等とはかなり深く付き合っていたようです。そのため勲章に関しては当時他の日本人の知らないことまで、細かく知っていたはずです。彼が賞勲局総裁になったのは、幕府の陸軍大臣の時に、一度徳川幕府のために資料をフランスおよび各国から取り寄せ勲章制度を考えたので、その知識を明治政府がとりあげ、生かしたものと考えられます。陸軍は明治中期まで江戸時代と同じく仏式を採用していましたし、お雇い外国人も江戸時代からの引き続きのようなもので、明治政府においてもフランス人が多くいました。

　大給は賞勲局でその後の人生を送りますが、明治六年六月二十九日には式部寮御用係となり各国の勲章類を調査しました。フランスのレジオン・ド・ヌール等も細かに調べ『仏国賞牌図式』として著しています。当時お雇い外国人であったデュ・ブスケにも相談をもちかけ、「旭日章」の図案に苦心しており、榎本半重『大給亀崖公伝』には次のようにあります（大給は青山霊園にあるブスケの顕彰碑を書いています）。

　総裁が始めて製くられたる勲章は、即ち旭日章で随分最初の模型は不恰好のもので用に立ちそうになかったが、思考力に富んで居られることゆえ幾度か改作して遂には外国品にも劣らぬようにでき上がったが、総裁の非常に苦心せし点は自分の製作品が不完全の為もし他人に命ぜられて改作などの事ありては第一職責上申訳無く次には自家の名誉を傷くる訳ゆえ、此一点に注意して尤熱心に従事せられたものである。是は多くの人の知らぬ所である。彼のジブスケに質し平田に問われたなども此時である。

　熱心にデュ・ブスケにはその図形の相談をし、平田には技術的なことを相談し旭日章を作り上げたものでしょう。平田彦四郎は勿論のこと、勲章の綬については杉村清吉が綬の織目に水紋を織り出すのに成功し、我が国の勲章は「大給恒・平田彦四郎・杉村清吉の合作」と『大給亀崖公伝』にも書かれておりま

0-13　大給に贈られたハワイ王国の勲記

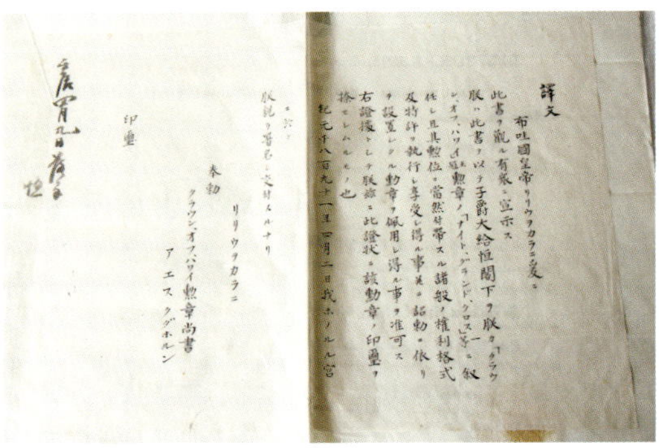

0-14　右の訳文

す。下に掲載した勲記は大給恒が一八九一年にハワイ王国最後の女王リリウヲカラニから戴いた勲記とその訳文です（0-13・14）。

❖七 造幣寮と勲章

造幣寮では勲章はできなかったということは冒頭に述べましたが、では当時造幣寮がどのような状況にあったか調べてみましょう。一八七一年（明治四年）四月四日に造幣寮は開所されました。それは名前の通り貨幣を製作するためでした。本来はフランスの力を借りて、一八六六年頃までには、蒸気機関を動力とした造幣局を横浜に開設する計画でした。そこでは柴田日向守剛中が指揮を取っていましたが、交渉中途で幕府崩壊となりました。

新政府となり今度はイギリスがフランスに代わって主導的立場になります。イギリスは香港に香港造幣局を設立、一八六六年には操業を開始しています。

しかしイギリスが東南アジア向けに国際通貨を製造するために作った造幣局は製造額が伸びず、結局廃業に追い込まれます。徳川幕府はその時点で香港造幣局の機械一式と造幣局長のキンドルを含む数多くの技術者の受け入れを交渉していたのでした。それも幕府の崩壊で途切れていましたが、明治になりイギリスとの交渉が再出発します。

結局当時ジャーディン・マセソンの社員だったトーマス・グラバーを通じて機械を購入することとなります。香港の機械設備は横浜ではなく大阪に届きました。そして有名な加納夏雄らが雇われ、金型原型を製作、明治三年には洋式コインの製造が始まるわけです。コインは金・銀・銅等の延べ板に蒸気機関によるプレス機械で圧写します。勲章の場合は貨幣の凹凸よりもさらに深い彫り込みが必要ですが工程は同じです。勲章ではその彫り下げた溝に七宝剤を流し込み焼結させるわけです。

当時外国では勲章製作は既に家内工業の域を脱していて、工場で製造されていましたから、当時賞牌の製造にあたり調査していた大給も、考えていた通りのものが新鋭の大阪造幣局でできると思っていました。彼自身造幣局に出向き試作を製造させましたが、なかなかうまくいきません。

局では外国人技師を中心に機械作業で貨幣を製造し始め、メダル類も製造しましたが、勲章だけはできませんでした。局では七宝作業ができないと言っていたようです。

そこで、大給は平田彦四郎春行に相談を持ちかけたのでした。平田家は代々七宝の家でしたが、廃刀令が出たため刀の飾り物等は一切製作せず、舎密学（化学のこと）の薬品を扱ったりして生計をたてていたようです。そこへ本来の七宝の仕事が入って来たものですから、昔の仲間を呼び寄せ試作に励んだのでしょう。

❖八 七宝の歴史と平田家

七宝の家元・平田家は初代道仁から十代の春行まで続いています。初代道仁は通称を彦四郎と称して京都に住んでいました。豊臣秀吉の時代にはすでに彫金七宝師として活躍していたようです。慶長十六年には、徳川家康に召し抱えられており、十人扶持を支給され駿府に移り住み、元和二年には江戸呉服町に家屋を授かり嫡男就一と共に江戸に移り住みました（0-15）。道仁は明和三年二月二十八日に亡くなります。

二代目の就一はその三年後に亡くなります。

七宝は、基本的に金属にガラス釉薬を焼きつけて作ります。その技術にはいろいろな言い伝えがあります。一つには豊臣秀吉の朝鮮出兵に際して、朝鮮人からその技術を習得したという説、また、慶長の頃に道仁本人が徳川家康の命で朝鮮に渡り七宝の技術を習得して帰国したという説、さらに長崎でオランダ人から七宝技術を学んだという説、それと我が国には昔中国より伝来した泥七宝という技術がありますが、これを道仁が研究し改良を加えたという説までであります。

0-15　初代彦四郎による七宝文刀鍔（東京国立博物館所蔵）

0-16　勲章初代平田彦四郎・春行

平田家の略歴等を簡単に説明した記録が、大正時代にあります。勲章の二代目平田彦四郎・春行が自分で書いた『大日本勲章記章図誌』の中に略歴が掲載されているので、検討してみることにします。

この本が書かれた時期（大正初期）の勲章はまだ造幣局では製造されておりませんが、この時代の勲章は明治初期の皇族や高級官僚のためのごく少量の製造ではなく、日清戦争・日露戦争以降、大量の発注をすでに受けていましたから、勲章製造の本家では、一番忙しい、また羽振りの良かった時期でもあったようです。元来慶長年間に御腰物金具・七宝細工の元祖平田彦四郎・道仁から数えて

初代　平田彦四郎・道仁
二代目　平田彦四郎・就一
三代目　平田彦四郎・就久
四代目　平田彦四郎・重賢
五代目　平田彦四郎・就門
六代目　平田市蔵・就行
七代目　平田市蔵・就亮
八代目　平田彦四郎・春就
九代目　平田彦乗・就将

そして明治に入り勲章製造の初代が七宝十代目の平田彦四郎・春行です（0-16）。

初代春行は、明治六年のオーストリア博覧会事務局で仕事をしていますが、この時の博覧会総裁が参議で大蔵卿の大隈重信で、副総裁は佐野常民、共に佐賀出身でした。佐野常民は西郷隆盛が蜂起する西南の役（明治十年）の際、日本赤十字の前身になる博愛社を後に賞勲局総裁となる大給恒と共に作った人物です。また佐野は慶応三年（一八六七）にパリのシャロン・ド・マルスにおいて第五回万国博覧会、いわゆるパリ万博に幕府御用として参加、ところが前述したように同じく参加していた薩摩には、「薩摩琉球国」という名目を使われてしまいました。

薩摩は、日本国は徳川幕府のみが唯一の政府ではなく、ドイツなどのようにいろいろな国王が支配する国が集まっているかのように思わせる作戦だったようです。ここで佐野も勲章の必要性とその効果を実感したと考えら

れます。しかしまだこの時点では当時幕府の御用を勤めていた十代平田彦四郎・春行は関連を持っていなかったと考えます。『大日本勲章記章図誌』には

明治七年一一月太政官御用相勤メ勲章製造ニ従事ス。即チ前賞勲局総裁伯爵大給恒閣下在院議官在任ノ時　賞牌創設ノ議ヲ建テ其ノ事務ヲ主管セラル。而シテ其ノ製造ニ方リ本邦固有ノエマイェルハ洋製ノモノヨリ遥ニ卓越善美ノ故ヲ以テ特ニ春行ヲ抜擢シ其製造ヲ命セラル。春行素ヨリ閣下ト一面ノ識アルニアラス唯其ノ技ノ用フベキヲ以テノミナリキ。於此春行大ニ感奮激励閣下ノ指導ノ下ニ能ク其ノ効ヲ卒ルコトヲ得タリ。是実ニ本邦勲章製造ノ初也。
明治七年台湾戦役行賞御用ニ引続キ同西南戦役ノ行賞御用相勤ム。當時ハ今日ニ比スレハ文明ノ度猶低ク随テ其ノ勲章ヲ製造スルニ方リ固ヨリ完備セル機械ナク多クハ一々手彫ヲ用ヒ其ノ製造ノ数モ三十七八年戦役ノ如ク夥多ナルニ比フヘクモアラサレトモ其製造ニ困難ヲ極メ日夜兼行ヲ以テシテ猶命ニ応スル能ハサル有様ナリキ。
明治一二年春　養子就之ニ手代大木宗保ヲ添ヘ勲章製造視察ノ為メ仏国ニ差遣ス。
明治一二年九月　就之及大木宗保帰朝ス。
明治一二年一〇月　彦四郎春行隠居ス。

とあり、ここまでが十代彦四郎春行の経歴です。

明治一二年一〇月二八日　就之彦四郎ヲ襲名相続キ御用相勤ム
明治二三年六月二〇日　就之彦四郎死亡ス。

この十一年間が就之の活動期間です。

明治二三年七月　就之長男潤蔵彦四郎ヲ襲名。御用相続シタレトモ夭折ス。
明治三五年九月二六日　更に隠居春行命ヲ蒙リ御用仰付。
明治三七年四月　春行製造所ヲ下谷区上根岸ニ起シタレトモ病躯ノ故ヲ以テ実子一三（イチゾウ）ヲシテ代ワラシメ己ハ之ヲ監督シ以テ三七八年戦役行賞ノ御用ニ當リ之カ製造ノ大半ハ一三ヲシテ之ニ當ラシメタリ。
明治三九年九月二三日　春行死亡ニ依リ御用中絶ス。
明治三九年一一月二一日　（春行実子）一三襲名シテ二代目春行トナル。
明治四三年二月一六日　二代目春行蒙命御用被仰付。
明治四三年六月　製造所ヲ下谷区池之端ニ起シ。
明治四四年一二月　製造所ヲ下谷区上野大門町ニ移シ以テ現時ニ及フ。

この略歴から平田彦四郎・春行は、明治七年から勲章を製造していて、初期においては一つずつ手仕事で製作していたことがわかります。また明治七年から明治十二年まで現役で製作にうち込んでいたが、明治十二年には養子就之に襲名させました。就之は平田彦四郎・春行に仕えていた大木宗保とフランスの勲章製造会社へ視察旅行に旅立ちます。この視察旅行は大給恒の内命でしたが、欧行の旅費は自弁でしたから、勲章製作で収入が増えかなり羽振りもよくなっていたことが判ります。またフランスから勲章の参考品や製作に関する資料も持ちかえり、その後の勲章製作に生かすことができました。

しかし就之は二十三年に亡くなり、その長男潤蔵（『大給亀崖公伝』の「平田春行君談」では潤三）が幼年ではありましたが、後見人

を立てて勲章製造の御用を勤めておりました。ところが彼もその後歿したため、そのまた弟が相続していたが、御用が勤まらなくなり、明治三十五年にはまた初代平田彦四郎・春行が返り咲き、明治三十九年まで御用を勤めました。しかしその頃には大分眼も悪くなってきていたし昔のような腕前はなかったようで、三十七・三十八年の戦役行賞の勲章は、春行の実子で明治十三年生まれの一三がこれの製作にあたっていました。

勲章製造の平田家の家系は安定していましたが、勲章製造の後継は複雑で、明治十二年春行は隠居して養子の就之に勲章製造関係は譲って、その後に生まれた一三には勲章製造のことには関係させず他の職業につけさせるつもりであったことが開拓使仮学（北大の前身）に入学させようとしていたことでわかります。その時の出所は、「第四大区小六区東京府貫属平田彦四郎倅（セガレ）　平田一三」となっています。

また、隠居した彦四郎春行は同年に「七宝双鳥巴文鏡」という作品を作っています。これは東京国立博物館本館に保存されていて、彼が勲章以外の装飾品にも再び情熱を傾けていたことを表していると考えます。就之らが亡くなってから、三十五年に返り咲くまでの間の勲章製作は大木宗保ら独立した弟子達が従事していたのでしょう。大木宗保以外にも平田春行にはかなり多くの弟子がいました。たとえば本家平田は大門町ですが、松永町にも平田がいます。本家は直接賞勲局から勲章を受注していましたが下請け孫請けも多く、また受注が多くなるに伴い平田常吉を夫婦養子とし御徒町に工場を作らせました。これが明治四十年頃松永町へ移転します。八百貫の手回しプレスがあったそうです。そして春行が再び勲章製造の御用についたため、実子の一三を大木宗保の工場に奉公に出しました。そして修行を積んで戻って来たのは明治三十七年三月末でありました。その一三はその後三十九年から襲名して勲章二代目春行となります。

0-17　勲章二代平田彦四郎・春行

つまり勲章初代平田彦四郎・春行は江戸時代からの七宝十代、彦四郎・就之は十一代、潤蔵（潤三）は十二代で、一三（市蔵）は十三代でしかも平田彦四郎・勲章二代目春行ということです（0-17）。

明治七年から昭和になって造幣局で勲章を作るようになるまでは、ほとんど平田春行と大木宗保、それと明治三十九年以降では並河靖之の三人が受注を仕切っていて、彼らが下請け業者に発注していたと考えられます。とは言っても大木宗保は先に述べたように、平田彦四郎・春行の製造所に勤めていて、明治十二年には養子就之とフランスまで勲章製造の調査にまで行ったほどの平田派の職人で、実子の一三を預かって製造を教え込んだほどの人物です。

一方、京都生まれの並河靖之は久邇宮朝房親王に仕えていましたが、副業としてフィラデルフィア万国博覧会・第一回内国勧業博覧会で受賞し、繊細で独創的な有線七宝によって、日本だけではなく世界の人々をも魅了する製品を作り出していきます。

有線七宝という技法を巧みに使い、黒色釉薬などで黒色の中に明るい色の花や鳥をデザインすることで風景を作り出した独特な七宝製品を作り、帝室技官にもなります。

ですから、並河は平田派のように代々受け継がれてきた、しかも他と交流を持つことを嫌っていた職人とは違い、どんどん新しい技術を取り入れました。また濤川惣助は明治二十年代半ばに無線七宝技法（模様の輪郭に針金を用いる）を開発しており、明治四十年頃宮内省から赤坂離宮の壁面の花鳥七宝額もその無線七宝を活かしてまるで絵画のように仕上げています。新しい技術によって七宝を始めた並河も勲章の製造を始めたのですが、かなり後のことだったようです。それは明治三十九年に平田彦四郎春行が亡くなったことによると考えられます。

❖九　七宝とエナメル

もともと「七宝」という言葉は、玻璃や瑪瑙などの七つの宝を散りばめたように美しい、という意味です。先述のように、平田道仁は七宝における平田家の開祖であり、平田家は将軍秀忠に気に入られ徳川幕府お抱えで、門外不出の七宝師となり、技法は代々受け継がれました。平田家の作風の特色は純透明なエマイル（エナメル）にあると考えられます。

『日本の美術七宝』には

半透明のエナメルより純透明のエナメルを製出し、仕切りも銅より金銀に進歩し、その材料も赤銅鉄を主なるものを四分の一地銀地銅地もあり、地も磨きもあれば石目もありて、一様ならず、全部七宝にいきたるものあれば、一部に高肉彫り（深堀りハイレリーフ）を混用せしもあり、而して品目は鍔最も多くして、縁・小刀・柄笄等は少なし。尤も総紋具七宝のものもあり。何れにせよ透明七宝は平田家の特色なり

とあり、それぞれの代によっては多少の上手、下手はあったようです。特に平田五代就門などは徳川家の御用の他に注文が多くあって全盛時代ではあったものの、仕事は歴代中見劣りするものだったようです。初代・五代以外の大部分は無名であるとのことです。

しかし八代春就は、道仁以来の上手であると言われています。江戸時代から明治時代にかけては平田家以外にも何人かの人が七宝を手掛けております。例えば鈴木清一郎や竹内忠兵衛、同じ平田の名前を使っている平田彦三も七宝鍔を作っています。この平田彦三やその子少三郎は細川家に仕え、肥後金工として名を残していますが、幕府御用の平田家とは無縁のようです。また、天保年間に尾張に梶常吉が現れ、名古屋近郊の七宝の隆盛を導きました。

明治になると並河靖之や先述の濤川惣助は七宝花瓶や額などを作っています。その腕は確かなもので「有線七宝の並河」、「無線七宝の濤川」と言われ宮内省にも納入しております。しかしその初期の作品では七宝は不透明で流れや色もよくなく、手法も異なっていました。

ところで、「七宝」とばかり書いておりましたが、太政官布告図や官報等では、「佛菻嵌」と記載されています。この佛菻嵌という難しい文字のことを考えてみます。

当時の外務省の問い合わせ文書が残っており、「今般御頒布の賞牌図式の表中佛菻嵌の文字有之候処　右は何等の意味に候哉難解候問及御問合候也」と明治九年五月十八日にあります。これについて、

賞牌図式表中佛菻嵌は仏語にては「エマイ

0-20　赤ガラスになった頃の勲五等

0-19　七宝日章の頃（明治７年）の勲五等

0-18　七宝日章の頃の勲二等

0-21・22

0-23　赤ガラスの日章を分解したところ

ユ」即ち我七宝の事に有之候

　と賞勲事務局で答えております。当時においても佛菻嵌というものについて判らない人が多かったことを物語っています。外務省では外国人が勲章をつけているのを毎日のように見ているはずですが、わざわざ日本語をフランス語に置き換えて意味を教えています。ではどうして七宝焼としないで、わざわざ佛菻嵌などという文字を使用したのでしょうか。

　七宝はフランス語でEmail、英語でEnamelといわれ、日本ではコップやキッチン用品、風呂桶などに使用される俗にホーローびきと言われているものも七宝の一例です。ホーローというのは、中国語の琺瑯のことで七宝と同じ意味です。七宝という言葉が定着したのは明治以降で、それまでは西方の地名や国名にちなんで「鬼国窯」「大食窯」または中国明時代の時代名で「景泰藍」などと呼ばれていて、その中にたまたま佛菻嵌（もとサンスクリット語ともいわれる）という語があり、その語を利用していました。七宝は昔から装飾品として作られていましたが、当然庶民のものではなく、もちろん役人などでは理解できるものではありませんでした。

日本の平田の七宝は中国七宝とは異なるものでした。中国七宝とは、綺麗ではあるが、それは玉石の深みのある輝きを真似したものと考えられます。ところが平田七宝はガラスの輝きに近い感じを出しています。平田家の七宝はむしろフランスや欧米諸国の七宝に似ています（0-18）。

つまり、この時代ほとんどの日本の職人が中国的な七宝であったのに対し、平田は独自の新しい七宝技法によりガラスのように澄んだ透明の七宝を作っていました。これが勲章に採用された一つの原因と考えられます。今でも旭日章の真中の赤い部分（日章）をルビーか何かの宝石と思っている人がいます。今の勲章は中心の赤い部分は量産の必要と技術がないため、赤いガラスの後ろに銀紙を貼りつけただけのものですが、明治初期のものは七宝でその赤が深く澄んだ色だったため、多くの人がそのような宝石と考えていたかもしれません（0-19など）。

0-24　古い綬

0-25　水紋の入った綬

❖十　杉村清吉のこと

さて、勲章で章身と同じように重要なのが、綬（飾り帯）です。明治勲章の綬に功績のあった勲章所勤務の杉村清吉（一八五五～一九一六）は、長谷川たか（多嘉）と結婚します。そして一八九七年（明治二十八）龍三（画家・長谷川路歌）が生まれます。明治四十年一月に協議離婚し、たかは妹ゑいを頼って本籍を鵠沼村七三六五に移します。そして長谷川多嘉は鵠沼の旅館東屋の二代目女将になります。

鵠沼には大給子爵家が二十五万坪を所有していましたから、何らかの繋がりがあるのかも知れないと思い、記録しておきます。そう言えば『大給亀崖公伝』の第四節に杉村のことがありました。

一水紋綬　賞牌に用いる綬の織目に水紋を顕すことは杉村清吉の発明する所なり。杉村は之が為め財産全部を挙げて費消し殆んど無一物に至れり。然るに職工中其秘法を他に漏洩せしにや類似の発明顕われ、杉村の専業も将に他に奪われんとせしが総裁一人断乎として聞かず克く杉村を保護せり。其意に謂へらく創業者の苦心を無にして之を擬造家に譲るが如きは第一国家意匠奨励の趣旨に背くのみならず道徳上忍びざる所なり。

と言って特に杉村清吉をかばっています。やはり一緒に勲章を開発した仲間を終生大切にしたのだと思います。

第五回内国博覧会で三等賞牌を受領した時の杉村の住所は東京市芝区桜田本郷町四番地で、勲章の綬を作り始める前は洋館室内装飾糸類、和洋糸組物一式の製造販売業を営んでいた店の二代目でした。明治十四年頃水紋綬を発明するわけですが、当時二十七歳でした。「大給亀崖公伝」にあるように、財産全部をつぎ込んで水紋入りの綬を発明したわけです。明治十年には宮内省の御用も務めていました。既に外国勲章の綬には木目あるいは水の流れのような水紋が入っていましたから、たぶん外国勲章を何度も見ている大給恒が杉村に指示し研究させ完成させたのでしょう。杉村清吉と大給の繋がりは相当深いものでした（0-24・25）。

杉村は明治十九年に日本赤十字社が初めて設立されると、その趣旨に賛同し直ちに入社し、明治三十四年には終身会員となり、また金品及び物品を同社に寄贈することは数多く、体育にも力を入れ、日本体育会の名誉会員でもありました。綬を製造していたのは同住所で、明治三十六年当時職工は三十名近くいました。当時の支配人は高橋金次郎といいます。第三回内国博覧会では受賞、第五回内国博覧会では内外国勲章綬に対して三等賞牌を授与されております。

❖十一　明治初期の賞牌（勲章）製造方法

当時、職人は機械を一切使わず、銀塊を叩き出し平板にします。それに図をケガキ（毛書き　先端の鋭い細い鋼棒で金属に線を入れる）で入れ、その外輪より少し大きめに糸鋸やタガネで切り出して行きます。次に内側に七宝が入る部分の彫り下げや溝加工をします。これが彫師の仕事です。銀塊を板にするのはその弟子と若い者にやらせていたのでしょう。そこからが七宝師の仕事で、彫師が彫った七宝溝の輝きをよくするための加工をします。もちろんガラスの食い付きのための加工もし

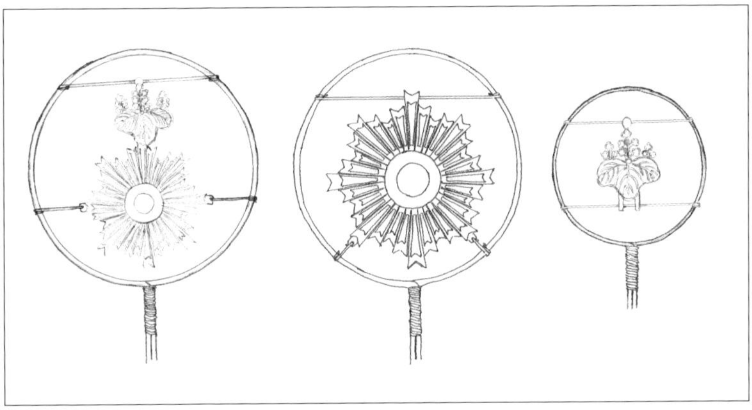

0-26　両面七宝のための道具（左：明治８年以前の一体型の両面七宝のための工具　中央：明治８年以降の章身部分の七宝工具　右：明治８年以降の勲五六等の鈕の七宝工具。図の縮尺は不同）

ます。そこに七宝をします。当時は炉と言っても電気炉とかガスの炉ではなく、炭火に頼っていたのでしょう。

また旭日章は表・裏の両面七宝が施されています。特殊な道具（0-26）を作り、その道具に章身をくくりつけ回転させながら焼くようにします。外気に露出した温度では七宝が溶け出しませんから一応囲いをして炉を作り更に回転させながら焼きつけるという大変な作業を一人でやらなくてはなりません。

造幣局では明治十年二月から賞勲局の注文で旭日章の章身を製造したとあります。明治十年末をもって製造が中止され、この間に七二七〇個製造されたとありますが、これは勲八等のことかと考えます。また台湾従軍記章などのメダルは三六七七個作ったという記録があります（メダルは型押ししているだけです）。

七宝はとにかく専門家でないとできませんが、章身は当時鉄製の雛形で形を作り、銀の厚地金をこつこつ一つ一つ掘り崩して形を整えて行く方法で、とにかく時間がかかり過ぎるので、当局では頭を痛めていたようです。その後は原型を利用して作るようになりますが、あくまでも手彫りの補助でした。だんだん原型彫刻が改良されてきましても、まだまだ外側は以前と同じ方法で切り出していたようです。

結局型打ち（圧写または圧刷）による勲章の大まかな形を銀板に成形するようになりますが、当時はその板に一個一個タガネ（鏨　厚型手掘りの主要用具。抜型などにも用いる）やキサゲ（切下げ　金属を手作業で削る刃物）で彫り出していくのです。結局抜型で外の輪郭を抜くと、ダレ（熱処理不良で型がへこむこと）が生じてしまい、正確なコバ（小ば　徽章、メダルの側面）ができませんでした。できるようになったのはサブ型プレス機が発達した昭和十八年頃です。明治初期では考えられなかったことでしょう。

また当時一つ一つずつ手彫りで作業を行っていた彫師は、後にプレスによる圧写の原型の製作者になります。また昔は勲章一つ彫り上げて給金をもらっていた者が、工賃または制作費として高給取りになり、原型を作り上げていくらという仕事になっていきます。最初は圧写型であり、それはまさに現在でいうプレス型ですから、半硬鋼をタガネや鑢（ヤスリ）で凹型を作り、それを仕上げ、そのままだと何個も打たないうちに摩滅してしまうので、更に焼入れをします。明治時代中ごろにはこの形態になりました。

現在のようにプレス型で圧写から外形型抜きまで行えるようになったのは、先程申した通り昭和十八年以降でした。型抜きしたものですぐにバフ掛け（研磨の一種。布・板・砂・針金、水をかけながらの毛バフなどのさまざまな方法がある）できますから、七宝を入れるだけで、メッキ工程にまわすことができ、時間は明治初期に比べれば相当に短縮されました。

❖十二 三週間以上かかった旭日章、六ヶ月以上かかった頸飾章

私の想定では、明治初期の旭日章は彫りに一週間、七宝に一週間、仕上げに一週間かかったと思われます。それでも足りないくらいだったでしょう。

昭和に入って造幣局では勲章の製造の技術の継承のため、「時報」にいろいろな経験者の体験談を載せています。戦後の話ですが「勲章と歩んだ四〇年」という文章がありま す（造幣局「時報」）。

これによると、まず大勲位菊花頸飾（けいしょく）（第三章参照）ですが、頸飾は唯一金製で「明治」の二字の篆書体を図案化したもので、この「明」及び「治」の飾りは型打ちした金板をその模様そっくりに糸鋸で丹念に切り取っていきます。使用する糸鋸の刃は〇・二ミリという極めて細いもので、内側透かしの部分は一つの部品で切り取る箇所が四十箇所もありますから少しでも手元が狂うとすっかり駄目になってしまいます。この飾りを完全に切れるようになるには少なくとも七年の年季が必要です。切り通した飾りを先の細いヤスリで更に形を整え金篦（磨きに用いる。棒ヘラ・銀ヘラ・木ヘラなどがある）で研磨する。

こうして頸飾の金環一個を作るのに二、三日かかります。これが全部で二十四個ありますから三ヶ月を費やします。次に章身を作りますが、これも金環と同じように圧写された金板から切り出し成形します。その後七宝作業が待っています。七宝はいろいろな色を出す釉薬を盛りつけて約七〇〇度の電気炉で焼き上げます。

これがなかなか大変な作業で、第一に難しいのが釉薬の製造です。絶えず研究を重ねていますが、今もって完全なものはできたことがないといいます。何の原料を何グラムずつ混ぜ合わせて、何度の温度で炊き上げれば、その色の釉薬ができるということになっているが、現実にはそうはいかないといいます。

何年も製作に携わっているが、今でも造幣局内で職人的な職員の勘とコツに頼らざるを得ない、という体験談が「時報」に載っています。そしてでき上がった釉薬を盛りつけて焼き上げます。これも一度では終わらず、うまくいっても三回は反復して作業を行う。盛りつけては焼き上げ、それを研いで艶を出します。拡大鏡を覗きながら少しでもピンホールがあれば、また工程を繰り返す。細心の注意で焼き上げます。着手してここまで四ヶ月、この間一つのものを昨日も今日も明日もと繰り返す作業は本当に根気と忍耐を要します。

またのだんだん完成に近づくにつれ、取り扱いもますます慎重にしなければなりません。ここまで来て疵でもつけようものなら、一から出直しという羽目になります。六、七ヶ月目にようやく完成します。安堵の気持ちと同時に、芸術品にまで昇華された勲章を前に「よかったなあー」とつくづく思ったといいます。

この文章の筆者が昔を思い出しては「入所当時はこの勲章が完成すると職場で祝い酒を酌み交わしたのを記憶しております」と語っています。この時点ではプレス機械や電気炉を使用しており、作業工数はかなり減っているわけですから、明治初期はもっと大変な作業だったに違いありません。

またこの時点でも昔からの道具は使われていました。七宝の研磨作業には朴炭、桐炭、かしを炭（材料は椣木、最もキメが細かく、この炭で研いだものをロイロ〈桐材の棒〉仕上げという）を使います。また、明治以前の工具も使用しています。糸鋸はヘロクロス（ドイツ製の鋸）、キサゲ（またはきしゃげ スクレーパー　精密に表面を仕上げるためのもの）、ヘラ（磨きに使用する）、えんま（閻魔　針金づくりの際などに使う釘抜型の工具）、食い切り（二枚の刃が同時に両方から食い込んで切る日本古来のペンチ）、口細（先の細いヤットコ・ペンチ）、毛書き棒、などの工具がまだまだ現在でも使用されております。

昭和十七年の造幣局「時報」には「勲章造り五〇年」という題で製造過程を書き込んだものもあり、非常に興味をそそられます。たぶん明治二十六年頃から勲章製造に従事した方だと考えられますから、造幣局で勲章を製造するようになって民間の勲章製作会社から引き抜かれた方だと考えられます。

❖十三 さまざまな細部の工法と職人の苦労

明治二十六年頃の瑞宝章の紅色七宝は、盛り上がった七宝を鑢で荒削りして砥石で研ぎ、朴炭でまた研いで平らにして七宝の上盛りをしています。従ってでき上がりは現在とは異なって平らにできていました。また履輪（カップ状になった金属の器に七宝を入れる）はヘラ磨で光沢を出しました。

その後この仕上げ方法で製造していきましたが、明治三十七、八年戦役の勲章製作の時から今のように七宝を研ぐことを廃し、盛り上がったまま焼き上げ同時に履輪のヘラ磨も止めて炭粉及び油で磨くようになりました。

章身と連珠（0-27・28の赤い七宝部分）の組み立ては二人掛かりでカシメた（か締めるタガネや小槌で小さな部分を広げたり絞ったりして留める作業）ものです。

入星（0-29の矢印部分）入れはその時から行っていました。瑞宝章七・八等の模様は手打ちで出していたが、抜き型はできていました。瑞宝章の裏には七宝が入らず、銀地に「勲功旌章」の文字が入ります。裏文字は手彫りで、表は大小十六個の丸い所とその繋ぎ

0-27　瑞宝章（左二点とも）

0-28

0-29　矢印部分が「入星」

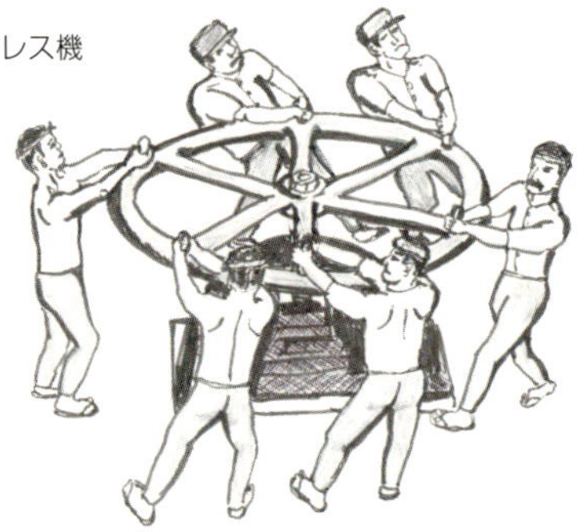

0-30　圧写用のネジプレス機

0-36　手打ち作業

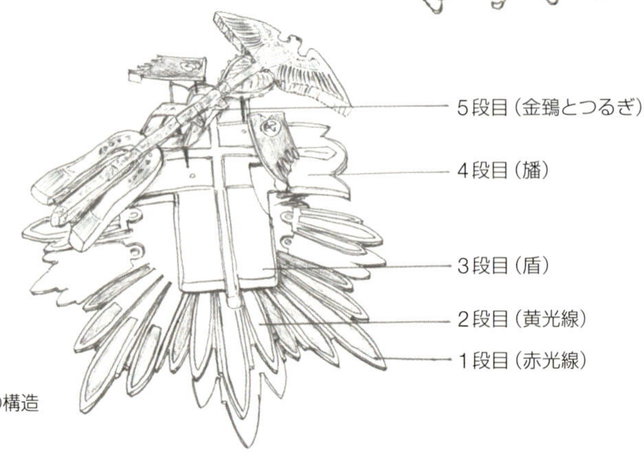

0-31　金鵄章の構造

0-32～35　大木宗保による金鵄章の金型

の線を朴鼠色炭で形なりに研いだもので、それを表裏共ヘラ磨して絹布で包んだ砥石粉をふりかけて皮でこすって艶消しにして仕上げました。

明治二十五、六年にも手回しの圧写機があって、六人掛かりで回したもので、旭日七等以上と瑞宝二等のような大きいものをこの機械で圧写しました（0-30）。平打ちでは打てない両面模様のものと大きなものを打ったのです。旭日章の章身は地金取りをして小延する時、側面から見ると楕円形をつぶした饅頭型に打っています。模様が出やすいためです。鑢仕上げは余分の地金を半月鋸またはタガネで切り取った上を鑢で仕上げます。

七宝が入ってから日章をはめ込みますが、日章の腰の高さに応じて章身のはめ込み部を彫刻師がタガネで深さを定めて日章をはめ、周囲から章身の地金で日章が完全に止まるように金ヘラで伏せ込み、ヘラの跡は砥石および炭で研ぎ馴らして光線両面も炭で研いで油で艶出しして仕上げました。

両面七宝は面倒なことをして焼いていき（29ページ参照）、桐の部分も章身と同様です。桐葉章は鉄線を輪にした工具に、一個宛銅線で縛りつけて焼きながら七宝釉薬を盛って焼きました。七等桐葉章などはそのつど針金を通して縛る部分を作ったものです。

明治二十七、八年頃、日清戦争が起こって大量の勲章が製作されることになり、工程もかなり変化しました。瑞宝章の章身は分割から全部一度に模様の出る刻印ができて、蝋づけして組み合わせるという面倒さがなくなりましたが、やはり手打ちで圧写しました。

以前は裏文字は赤く刷って初めから手彫りしたものが、刻印を作りこれで打った跡を彫刻師がナメクリ（タガネの名称）で彫り上げました。その当時としてはこの方法でかなり能率があがったものです。連珠の工法は変化しませんでした。取付は受タガネで鋲頭を受けてカシメ、分鋲頭はアマルガムで特にはげぬよう、けし鍍金にしました。旭日章の日章嵌入部の穴の深さを工具を拵えて測ったのもその時分からでした。

何よりも大きな問題は明治二十三年に金鵄勲章が制定されたことです。何しろ初めての勲章のことであり、楯（たて）に入っている濃藍色七宝と、旛（はた）の紅色七宝は往々にして溶融点が異なるので同時に焼くことができません。

そこで楯と旛と別々に仕上げて楯の方には穴を開け、旛の裏には打ち曲げ脚を蝋づけして、これを組み合わせ模様を表しています。その組み合わせ部は彫刻師がタガネで彫り下げたものです。七宝のない六・七等は手打ちで模様を出したのです（0-31）。

ちょうどこの頃の大木宗保による金鵄章の金型がありますのでご覧ください。脇に「大木」と入っています。この金型で銀板を叩いて圧写します。素人が試してみましたが、ずれてしまい、二重の箇所ができてしまいました。実物の旧型の金鵄章を乗せると、ぴったりして、ガタも隙間もありませんでした（0-32～35）。

手打ち職人についてですが、明治三十四、五年頃になって刻印で表裏を同時に圧写機で圧写するようになりましたが、それまでは手打ち職人という専門の職人がいて、金槌一つを糧にしていました。五〇〇匁もある金槌を片手で振り上げトントンと休みなく打ち続けるのですから、今の人なら四、五回も振り上げたら腕が参ってしまうでしょう。便利な機械を使い慣れた現今の人達の思いも及ばぬ仕事です。そして裏面を平に打ったものであって、それで瑞宝章などは打って焼鈍して、三回くらい打ち上げていきました（0-36）。
「時報」は、「そうした時代と今とを比べると実に隔世の感がある」と明治後半まで手打ちで圧写していたことを伝えておりますし、七宝の焼き方も紹介しています。旭日章の日章は、私も漆などを接着剤としているものだと考えていましたが、ヘラで押してカシメているだけだったのです。
それにしてもどの勲章も多くの工数がかかる大変な仕事が必要だったのです。

第一章

明治初期の勲章の歴史と形式

❖1-1 勲章の分類について

そもそもなぜ、「明治の勲章」なのかというと、日本の勲章の制度もそれ自体のデザインや形式も基本は明治時代にほとんど完成しているからです。文化勲章だけが昭和期に新たに追加された勲章です。そして金鵄勲章のようになくなってしまったものもあります。

その作りに良し悪しはあるものの、つい最近まで、大勲位菊花章頸飾・大勲位菊花大綬章・勲一等旭日桐花大綬章・旭日章一等から八等まで・宝冠章一等から八等まで・瑞宝章一等から八等までが残っていました。それが今日の等級なし勲章（「勲…等」という制度は二〇〇三年に廃止された）に替えられてしまい、勲章本体は見るに耐えられないようなものになってしまったような気がします。賞勲局でも技術の保持が難しいうえに、民間人への授与など、その数が膨大になってしまった今日では仕方がないことなのでしょう。

勲章の歴史を語るにあたって、私は現物を見たり触ったり手に取らないと信用しない主義ですから、すべてにおいてその過程をはっきりさせないと何も判定できません。ですから、はっきり白黒がつかないものに対しては、「そう考えておきましょう」とか、「そう思います」などの表現をします。

日本の勲章の分類を試みる場合、まずは勲章の勲位による分類が考えられます。本来であればその等級の高いものから低いものに書いていくのが普通でしょう。であれば、日本の勲章で最高位は大勲位菊花章頸飾です。次に大勲位菊花大綬章、勲一等旭日桐花大綬章、勲一等旭日大綬章……と等級づけられています。

しかしそれを年代的に考えてみると、大勲位菊花章頸飾の制定が明治二十一年、大勲位菊花大綬章は明治九年、桐花章は明治二十一年、旭日章は一番古く明治八年です。このように勲章の勲位で分類し始めると時代がまちまちになってしまい、なぜ上級勲章ができてきたのかといった歴史的な経緯、またその製造方法や工程のお話をする場合、進化の過程と一致しない場合が出てきますので、勲章制度が始まった明治八年から始め、十年、二十一年……と実物写真を交えてご説明することに致しました。

私は「旭日章」と呼ばれた「日本最初の勲章」は、造幣局で完成できなかった勲章を日本古来の技術に基づいて七宝師の平田彦四郎春行が製造したものと考えています。

総論で触れたように薩摩琉球国勲章は、日本国内の製造品ではなく仏国製と考えております。また徳川幕府が製造を考えていた葵勲章も現物があれば、明治の勲章の製作過程のお手本と考えて、掲載する必要がありますが、今までに見たこともありませんし、今後も出てくるものではないでしょう。

1-1

勲一等旭日章（本章・副章）

1-2　明治7年12月　勲一等・勲二等

❖ 1-2 明治の最初の勲章

明治八年十二月三十日・三十一日に皇族に勲章が授与されたことは文献においてもご存知の方が多いと思います。しかし、「明治天皇紀」によると、皇族への勲章授与の前に明治天皇がご自分で勲章をつけておられたのは確実です。

「賞牌を制定する」の詔は明治八年四月十日に発令され、「法令分類大全　詔勅式」によると

朕惟フニ凡ソ国家ニ功ヲ立テ積ヲ顕ス者宜ク之ヲ褒賞シ以テ之ニ酬ユヘシ。仍テ勲等賞牌ノ典ヲ定メ人ノ人ヲシテ寵異表彰スル所アルヲ知ラシメシトス。汝有司其斯旨ヲ体セヨ

一品親王　有栖川幟仁、二品親王　山階晃、二品親王　有栖川熾仁、二品親王　伏見貞愛、二品親王　東伏見嘉彰、三品親王　梨本守修、三品親王　華頂博經、三品親王　北白川能久、三品親王　久邇朝彦

以上九親王に授与したことになっていました。

朕曩ニ賞牌ノ制ヲ定メ式ニ依テ鋳造セシメ以テ成ル。今ヤ朕首トシテ之ヲ佩ヒ且ツ卿等ニ賜興ス。卿等ソレ斯寵栄ヲ同セヨ。

とあります。しかしこの順位に付いても、違った記載の書物があり、

一　幟仁親王、二　熾仁親王、三　彰仁親王（東伏見嘉彰）、四　晃親王（山階晃）、五　朝彦親王（久邇朝彦）、六　博經親王（華頂博經）、七　守修親王（梨本守修）、八　貞愛親王（伏見貞愛）

となっているものもあります。前者には北白川能久親王がありましたが、後者にはありません。

北白川能久親王は明治三年からドイツに行っており日本にはおられなかったので、日本におられない方を皇居に呼んで勲章を授与するわけにはいかないでしょう。帰国後の明治十一年十二月の授与となりました。

平成九年に高松宮家から有栖川宮家の品々が國學院大学に寄贈された際『有栖川宮ゆかりの名品』という図録が発刊されました。この図版をお見せすることはできないのですが、そこには貴重な幟仁親王の勲一等旭日大綬章の勲章本体と第一号勲記の写真、熾仁親王の箱に納められた一等勲章と副章の二等勲章、そして第二号勲記の写真が掲載されています。その写真の中で、二等勲章については箱も後のものですし、勲章は八年十二月に親王に授与されているものの、勲章自体が明治九年以降のものだと思われるので、少し疑問があります。しかし一等の方は箱を含めて確実なものと考えます。一家の中で複数の家族が同等の勲章を授与されている場合、勲章自体や箱が入れ替わったりしていることが往々にしてあります。ここでもそのようなことに起こっている可能性があります（1-1・2）。

明治八年の勲章はまだ、その時点では「勲章」と呼ばれていませんでした。当時は「賞牌」と呼ばれていましたが、後に博覧会や民間の表彰者に渡される賞品等も同じく「賞牌」と言われるので、誤解を避けるため、その名前を明治九年に変えます。これが明治以降、最初に正式に与えるものとして作られたものでしょう。製作者は平田彦四郎春行です。平田彦四郎は先述のように七宝師ですから、

明治初期の勲章の特徴

年代	箱	本体の特徴	備考
明治６年製作	アコヤ貝型の革箱	旭光に七宝が入っている 八分割して作られている ほかにも多くの試作品が作られたはず	二等試作品
明治７年12月製作	馬蹄形の大きな革箱 平田の印なし 箱の開閉はボタン式	二等を除き桐と本体が一体 光線のデザインが鋭角的で鋭い 裏面一本足（二等）	8年12月に皇族に授与
明治８年11月製作	やや小さい革箱 平田彦四郎の印あり 二等はフックが前面	裏面一本足（二等）	8年12月に皇族に授与
明治９年12月製作	革箱 8年11月に近い型 平田印あり	裏面三本足（二等）	本来は西郷・三条・岩倉のみ（14年に九条にも与えている）
明治10年３月製作	一等は早稲田大学に大隈重信の勲一等がある。刻印以外は９年製と同じ ほか下級勲章は西南役の論功用	10～11年に配られた中に明治７年の勲五等が存在する	西南役用

※明治７年製作の勲章は７年の箱に入れて８年に与えられたが、それが10年に与えられたこともあり、また10年の箱に入れて与えられたこともある。これとは別に10年製の勲章が10年の箱に入れて与えられたこともある。

金属加工は平田が雇い入れている職人や仲間内に加工させます。「彫長」や「松田」といった超一流の彫金師です。この頃はこのような彫金師が一品一品製作し、プレス金型による圧写（圧刷）ではありませんでした。

当時造幣局では試作に失敗し、大給恒が江戸時代からの平田七宝に試作させ、成功に至った経緯は前述したとおりです。この平田が試作に成功した経緯は、「明治六年にその製造を造幣寮に相談があり、当時造幣寮では七宝作業に経験がなかったので、旧幕府時代の御腰物彫金家で七宝の家元であった平田彦四郎春行に命じ、この試作ができたのが翌年であった」とされています。明治七年ということは判りますが正確な月日は不明です。

『大給亀崖公伝』によりますと、

明治六年三月細川潤次郎二等議官、生田精三等議官、横山由清五等議官、長森敬斐五等議官及び我大給恒三等議官の五名にメダイユ取調御用掛を命じられたり。是左院の建議に由る。六年六月二九日議官は式部寮御用掛と為り賞牌調査の専務を命じられ乃ち心身を此ことに委ね日夜調査に従事せり。六年七月二二日大阪造幣寮に出張して賞牌製造の方法を謀れり。七年二月七日式部寮五等出仕に兼補せらる。七月賞牌及び従軍牌の模型始て成る。

と書かれていました。また同書第二節には

遂に旭日章を発案せられたり。是は内外人の均しく称賛する所なり。聞く所其光彩の輪郭を作るに際し七宝の附着方に少なからざる苦心を費し為に旧幕府刀剣縁頭の七宝師平田某を召し協議する所ありたりと云う。是れより確実なる製造法を発明して種々の勲章記章を製出するに至れり。時に明治七年なりき。

とあります。しかし平田が後に書いた『大日本勲章記章図誌』においても、試作に関する事項はなく、

明治七年一一月太政官御用相勤め勲章製造に従事する

とだけ書かれています。また、

明治七年台湾戦役御用に引き続き明治一〇年西南戦役の行賞御用相勤む。当時は今日に比すれば文明の度猶低く随て其の勲章を後に申製造する方り固より完備せる機械なく多くは一々手彫を用い其の製造の数も三七・八年戦役の時の如く過多なるに比べるべくもない

とも書かれています。

一-三 試作と思われる勲二等

さて、明治六〜七年に明治最初の勲章が作られ、明治八年に初めて与えられたわけですが、それまでには大給によるさまざまな試行錯誤があったことでしょう。そのことを考える上で、貴重な資料が残っています。

勲一等より後に制定された上位の大勲位菊花章のように、旭日の光線の先端まで七宝が入った勲二等勲章があります。同じようなもので台湾製と思われる贋物もありますが、作りはしっかりしており、贋物とは考えられません。私はこれを明治七年ごろに数多く作られた試作品の一つと考えております。箱はアコヤ貝を連想させます。古い箱で革貼り押しボタン型、フランスの古い勲章の箱に似ています。蓋を開けると、ビロードを貼った台座にあまり湾曲のない（あまり反っていない）勲二等旭日章が載っています（1-3〜5）。

通常の旭日章は、大きな銀地台の旭日の上に金色の小さな旭日が載り、その上に赤い日章が乗った三層構造になっています。この勲章の場合は、それが二層で、旭日の光線の重なりを金線で表現しています。つまり厚みが薄いのです。外側の光線には銀地のまま白七宝を入れ、内側の光線には金象嵌か金鍍金を施した中に白七宝を入れてあります。中心の日章は金縁のあるもので普通と同じような作りですが、黒ずんだ赤七宝で、透明感はありません。しかしその裏側を見た時に、外国製の粗悪なものではなく江戸時代から受け継いでいる作り方をしていると思いました。銀地台を大きく作らずに、分割して何種類かの部品を蠟づけして作られていたのです。つまり旭日章を大きく二種類の部品に分け、それぞれ四個ずつ作り、それを組み合わせて溶接して一体とする工法で、あまり大きな原材料を必要としない、大きな型を使わない、したがって費用があまり掛からない江戸時代の錺（かざり）職人のお家芸でした。それが勲章の裏面に現れていたのです（1-6）。全部が集まる中央の組み合わされた部分は円形の別体で隠して処理しています。裏足も一本で簪（かんざし）職人が作るものに似ています。よく見ると、明治八年四月に第五四号で太政官より布告された図（布告図1-7）に非常に似ていると思います。

このような勲章が現在までほとんど無傷で残っているということは、当時かなりな数の試作品が、多くの職人によって作られたもの

❖試作？ 勲二等旭日章

1-5　旭日が白七宝の試作品

1-3

1-4

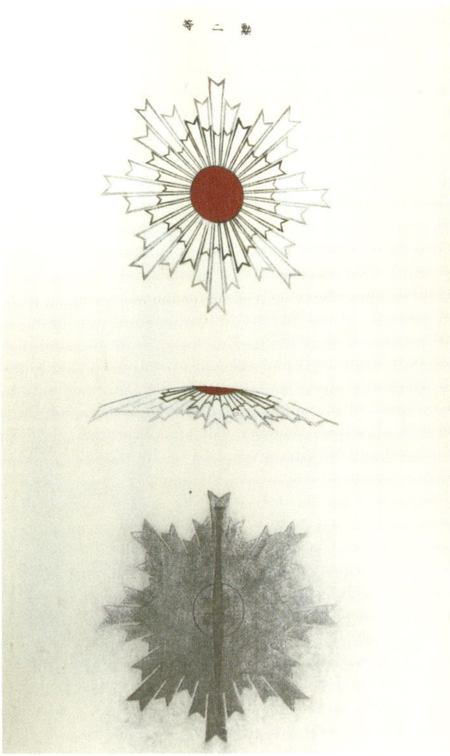

1-7　明治８年太政官布告図

1-6　裏面は分割箇所がわかる

の、採用には至らず、保管されていたからだと考えています。当時勲章の偽物など作ろうものなら官憲が放置するはずがありません。これほど太政官布告図に似ているものは、試作品と考えてもよいのではないでしょうか。大給恒が渾身の力を振り絞って企画した旭日章ですから、当初試作はかなりな数にのぼっているはずです。こうした試作品を検討することによって、初期の勲章製造方法、発達の過程が究明されるかもしれません。

しかし七宝の輝きのなさから見ると、たぶんこの勲章は平田の作りではないでしょう。ただ、こういう勲章を試作したことが後日役に立っていると思います。七年に旭日章ができ、直後にその上級勲章を作らねばならなかった大給と賞勲局が、九年に大勲位菊花大綬章を生み出すにはこうした試作の経験があったからであると私は考えます。何しろ光線の先まで白七宝を入れているのですから。

当時、江戸時代からの勲章を日本にもたらしたのは、まぎれもなくフランスでした。薩摩琉球国勲章・徳川葵勲章等はすべてフランスの真似でした。明治になり勲章を左院で取り上げるようになった時の相談役は、フランス人でした。

フランスのレジオン・ド・ヌールの三等以下は、その外周近くの突端まで七宝は入れてありますが、レジオン・ド・ヌールの一等の副章、二章の本章である「グラン・クロス」では七宝を使用していません。なぜなら大きいため、何かに当たるなどして勲章の変形、七宝の剥がれやヒビ割れを恐れたからでしょう。比較的小さい勲章は多少のぶつかり等でも変形はあまりありません。

実物は残っていないのですが、外周を銀地のまま、内側に七宝を使用した試作品も大給と平田は多く作ったのではないかと想像されます。これも大給以下賞勲事務局及び、平田彦四郎、フランス人のデュ・ブスケ等が考え抜いたものと思います。しかしその後の大勲位には大型勲章の外周近くまで七宝を施すという大胆なデザインを採用しています。つまり、最初は外周まで七宝を入れていなかったのが、上位の勲章の必要が生じたために、先端まで七宝を入れることになったということでしょう。早急な大勲位制度の制定にあたって、このような試作品の経験を活かし、先端まで七宝を入れることができたのでしょう。

❖一-四 明治七年製の勲章

●勲一等の細部

明治七年製の勲一等の章身の周囲に広がるもっとも長い光線の寸法は同じですが、二番めに長い光線と一番短い光線は、後期のものよりも長くなっています。また白七宝の縁の金の幅が太く、これが見慣れない形を形成しています。中央の透明赤玉の縁金は非常に細く、章身の白七宝の中央寄りの金円は幅が狭い。

光線と光線の間にある細い間隔「切れ込み」は、後のものと比べると一種独特な形です。その形状が丸きり違うのに驚かれることでしょう。現物ですからその違いを確認して頂きたいと思います（1-8・9）。

これは勲二等にも共通することですが、ただの鋸刃で「切れ込み」を入れた場合、外周寄りと内周寄りの切れ込み幅は同じになるでしょう。ところがこの場合、「切れ込み」の外周寄りの幅が広く、内周寄りの幅は狭くなっています。つまり、「切れ込み」がテーパー状になっています。それは前面をよく見ても判ります。また光線は先端の角度が他の光

1-8·9　章身と桐葉鈕が一体の明治７年製（1-1·2と同じ）

1-10　9年（左）と7年（右）　まったく別物に見える

勲一等の細部

線よりも深く切れがよく、鋭く、さすがに一流彫師「彫長」の仕事かとうかがわれます。ご確認ください。

　こういう技は明治初期のこの形式のものでしか確認できません。明治九年の勲章では光線の間隔の「切れ込み」はすでにただの均一幅となってしまいます。

　ただ、これは当時の賞牌（勲章）製作が手仕事で一品一品鉄心針でケガキで下図描きをしたための作品だからという訳ではなく、もともと上奏図に描かれている細密な図版によって製作されたものということは、明治七年製の実物と比べるとわかります（1-10）。

　勲一等旭日章は両面に七宝が施されています（二等は片面のみ）。また七年製の賞牌（勲章）は章身の旭日部分とその上部の桐（鈕）の部分が可動ではなく、一体になっています。これは明治七年製の特徴です。それは明治八年の「太政官布告図」でも確認できますが、明治六年「左院上奏図」でもそのようになっています（1-11・12）。

　この鈕は、一・三・四・五・六等につきますが、明治八年以降のものは通常の章身と桐の部分が蝶番状に可動式になります。

❖勲一等の細部

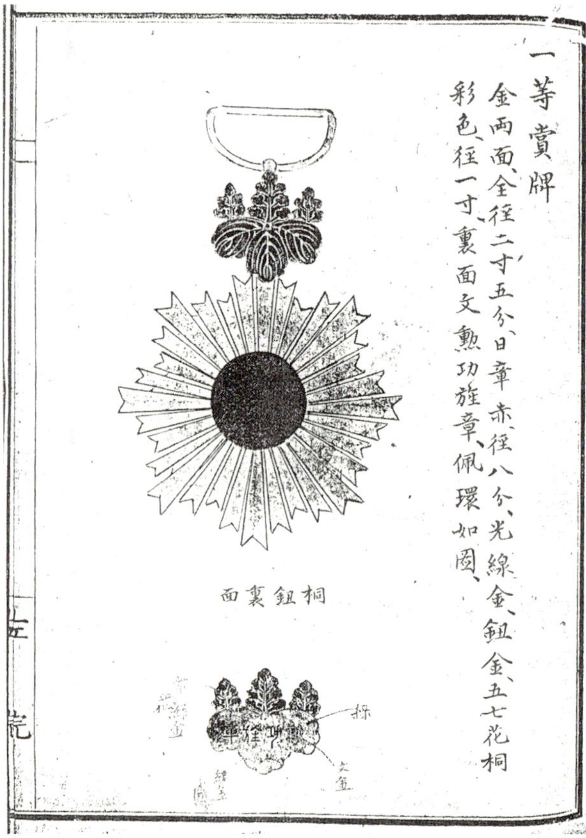

一等賞牌
金両面、全径二寸五分、日章赤、径八分、光線金、鈕金五七花桐
彩色、径一寸、裏面文勲功旌章、佩環如図、
桐鈕裏面

1-11　明治6年左院上奏図

1-12　桐鈕部表裏

桐部をよく見ると葉の葉脈はかなり太く、そのかわり透明紫花の茎部の中央線は非常に細く、裏側の「勲功旌章」の文字も太いことが判ります。この章身を作ったのはたぶん彫刻職人「彫長」でしょう。そこに平田が七宝を流し込みます。金属とガラス質が調和し、二人の仕事の見事さが実感できる作品です（1-12がそれぞれ実物。上が表、下が裏）。

章身表面の七宝は光線が白、桐は緑、桐花は紫、桐花の茎はやや淡い緑、旭日中央の赤、そして白部分には透明感はありません。先の通り桐の緑は下地のせいか透明感がありますが、それがただの透明感ではなく鱗状の輝きを発するようにできており、花の紫、茎の淡い緑とも透明感を持っています。江戸時代の代々平田家の七宝作品を見ますと、確かに透明七宝に鱗状の輝きが加えられており、この賞牌（勲章）でいうと、桐の花・葉の部分・茎部分と同じです。中央の赤玉ももちろん透明七宝でできています。この透明感が造幣局ではできなかったのでしょう。この赤玉は深い赤でまったく気泡もなく素晴らしいものです。ここは鱗状に加工されておらず、まるでルビーかガラス玉のように作られています。

さらにこの頃の桐部の上方の大綬との接合部の環は、丸い輪ではなく横になったアルファベットのD型をしています。

ここで初期のほとんどの勲章の金色について説明します。当時、そしてその後もほとんどの勲章は銀地でできており、金色をしているのはメッキです。当時はメッキ（鍍金）はほとんど「けし鍍金」でした。宮川由多加が電気メッキを初めて行うのが明治二十五年です。日本で電気メッキを初めて行ったのは島津斉彬と言われておりますが、その時点ではまだまだ本格的には至っていませんでした。

けし鍍金はほとんどの錺職人が行います。金を金箔または粉にして水銀に溶かし金のアマルガム（合金）を作り、それをメッキしたい部分に塗り、乾かしてから火で炙り水銀を飛ばす。最初はほとんど白い色をしていますが、二度三度繰り返すとだんだん黄色になってきます。通常は三回から四回繰り返しますが、上等な品は六回から七回位この作業を繰り返します。次にアルカリの液で煮詰め、水洗い、そして針ブラシ等でこすって金色を出します。この方法で古代からやってきました。金色仏像、東大寺の大仏もこの方法で鍍金がかけられていたと言われています。このけし鍍金は火で炙った時に水銀蒸気が出るということで、職人達には非常に危険ですが、厚く鍍金ができ、また鍍金したくない場所には塗らなければ良く、素材と鍍金したい箇所を簡単に分けて作業できる長所があります。しかし鍍金を厚くかけるということは、金自体の使用量が多く電気メッキに比べ費用が掛かります。

当初賞牌（勲章）が作られた時はどこの職人もそうですが、まず銀板の製造から始めたと伺います。

銀塊を叩いて均一の厚さの延べ板にします。それに章身模範の金板（鉄でできた原型）を当て、鉄筆で輪郭の毛書きをいれます。それを少し大きめに糸鋸で切り出します。鋸がとどかない所はタガネで切り出しました。当時は造幣局ではすでに香港から買い入れた圧刷機で貨幣の圧刷も行っていましたから、賞牌（勲章）の表面の凹凸等は簡単に圧刷できた訳ですが、この賞牌（勲章）に関しては、言い値で受注されていたためか、なかなか圧刷機を使わせなかったようです。ですから、数が多くなるにつれて多少サイズや厚みが違うと思われるものが存在します。

この初期には江戸時代から刀などの装飾を職業としていた平田彦四郎をはじめ色々な業種の職人がいましたが、明治新政府になってからは廃刀令が発布され、今までの職業ができなくなったと考えていた折、平田彦四郎に造幣寮からお声がかかり、これまでのように彫刻・彫金・七宝をして来た仲間にとっては、まさに救いの神であったと思われます。平田に頼っていれば食えると考えたでしょう。彫長の沢田忠治郎や松田寿家ら、昔からの仲間もそうでした。そして明治十二年頃までは当て金一つで、彼らがこつこつ一つ一つの勲章を彫り続けます。こういった作業はだんだん時代とともに圧刷に変更されて行くようですが、圧刷の時代になってもまだまだ外側は糸鋸やタガネを使って切り出していました。

◉大綬・略章

大綬は幅の広い、右肩から左腰にかけて斜めにかける帯です。左腰に勲章を下げます。大綬は絹織物でできており、たぶん縦糸に麻を使い横糸に絹を使用しているのでしょう。幅は太く四寸あります。綬の幅は、明治十九年頃幅が狭くなります（現在でも官制上は四

❖略章

1-14

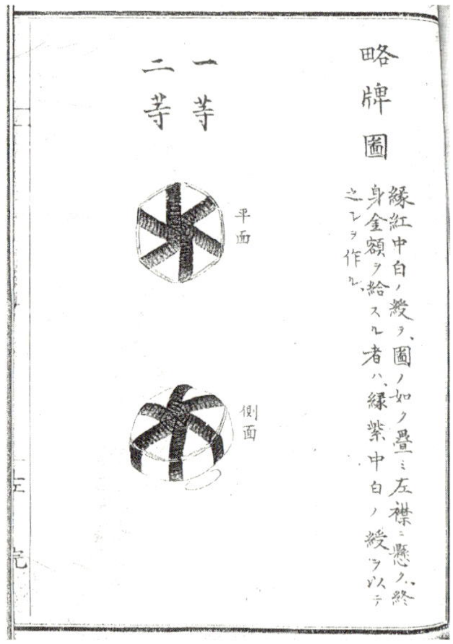

1-13　明治６年「上奏図」

1-15　右が表、左が裏

寸となっていますが、実物はそれより幅が狭い）。また、この頃の大綬には、後のような水の流れ、或いは木の木目のような水紋が入っていません。絹で織られており、両端はやや紫色がかった赤（真紅ではない）の絹です。後のものよりかなり生地が厚く感じます。

明治八年の「太政官布告」の附図では「紅白織」と書かれていますが、明治六年の「賞功給牌　儀左院上奏」には、「一等賞牌綬は縁紅中白、終身金額を給する者には殊に縁紫中白の綬を賜う」と書かれているので、明治六年の時点では二つの種類が計画されていました。ところが八年に制度が実施された時には、大綬は「紅白」に統一されたにもかかわらず、実際の「縁」はやや紫がかっているのです。これは六年の制度が影響していたのではないかというのが私の考えです。つまり、明治七年製の勲章には六年の「上奏図」と八年の「布告図」の要素が混在しています。

さて、勲章には略装（洋服など）の際につける略章が付随します。この一等の箱には八年の布告図（明治八年の「略綬雛形図」（十二月二十八日布告第二〇四号にある図59・195ページ参照）とは異なったかなり大きくて六

❖勲二等の細部

1-16

1-17

1-18　左は9年製裏（留めはネジ）、右は7年製裏（留めはカシメ）

角形をした奇妙な略章が入っていました（1-15、五本ないし六本の紫の筋は勲位を表します）。

この略章は円形をした布告図（1-49）とも違い、明治六年「左院上奏図」（取調）の通りです。それによると、「略牌図は縁紅中白の綬を、図の如く畳み左襟に懸く、終身金額を給する者は、縁紫中白の綬を以て之を作る」とあります。図には大きさの表示はありませんが現物はかなり大きく、上奏図にある「略牌ヲ佩ル図」のものと同じです（この図には一等ではなく三・四等の略綬が描かれている1-14、222ページ参照）。

●勲二等の細部

勲二等を見ていきます。勲一等旭日大綬章受章者には、勲一等が「本章」として、勲二等章と同じものが「副章」として与えられました。このふたつは、別々のものではなくて、「勲一等」の本・副という位置づけです。勲章を身につける場合には、勲一等は大綬によって左肩からかけ、副章を左胸につけます。同様に「勲二等重光章受章者」（明治十年以降勲章のデザインにちなんでこのように呼ばれました）は勲二等が本章で右胸につけます。

ところで、勲一等・勲二等・勲三等がそれぞれ別箱に入れられていました。つまり勲一等の箱には副章は入っていませんし、勲二等にも副章としての三等勲章はありません、それぞれが別箱に入れて授与されました。勲三等は二等の副章として明治二十一年十一月から付随します（73ページ参照）。

賞牌（勲章）の本体では光線と光線の間の切れ込みが深く、また角度がつけられており、その切れ込みには中心寄りと外周寄りの部分では幅が異なっており、テーパーがついているのは勲一等と同じです（1-16）。光線の七宝部分が細いように感じます。これが勲章全体の印象を鋭いものにしています。しかし光線数は同じ数ですから、光線自体の縁の幅が多少広いのかも知れません。箱から賞牌（勲章）を取り出すと、その台座には中央に縦一本の溝があります（1-17）。ここで裏足が一本であることが確認されます。

明治七年の裏足は「太政官布告図」通り中央に一本で、ただの丸棒ではなく、平板で、その中央の幅が広く上部・下部にウエーブを持った形になっています。明治七年のものと明治九年のものとの比較写真を見ていただくと一目瞭然です。七年のものは真ん中に太い一本足があります。九年は三本足です。足の蝶番位置などもまったく違います（1-18）。

足を留める部分は、明治九年のものではすでにそれ以降と同じ丸棒をくるりとねじったものが蝋づけされていますが、明治七年のものでは断面が蒲鉾形をした厚みを持ったものでできており、足を横にスライドさせて留める方式がとられていました。

また、初期のものはネジ留めではなく、カシメてあります。イギリスの古い勲章でカシメてあるものを見たことがありますが、真似をしたのでしょうか。

●明治七年製勲章の謎

ここで疑問が生じます。勲章制度は明治八年十二月の皇族への勲一等の下賜から始まることは先述の通りです。ところがこの賞牌（勲章）の箱には「明治七年十二月」と記されており、年号に矛盾があります。

また、発表された制度では一等から八等まで定められていたにもかかわらず、実際には一等勲章が皇族にしか授与されなかったはずです。しかし二等以下の勲章で、章身と桐の部分が一体となった七年製の勲章が「明治七年十二月」と書かれた革箱に入って存在しています。これは明治十一年の西南役の論功行賞に与えられていました。

なぜこのような矛盾があるのかは現在となっては判りませんが、一つには、明治六年に左院で賞牌について上奏があったことに関連しているものと考えます。たぶんもっと早くに（八年十二月ではなく七年十二月に）賞牌（勲章）制度ができると当時の役人が考えて、明治七年十二月以前に賞牌（勲章）が完成するように、製造業者に注文を出してしまったのに相違ないと考えます。

そして七年製の二等以下の勲章は、例えば明治七年に皇族に下賜を予定していた同年にもしも戦争や内乱があったら、その際に軍人・政府高官にも下賜する可能性があると考えて多く作っておいたのではないでしょうか。実際には、明治八年十二月に皇族が拝受し、翌年九年に臣下の者が初めて旭日章を授与されております。

外国人の最初の叙勲は明治八年十一月九日にドイツ人シュラル・ホフマンとシュレルに四等を製造後与えることにしていると「明治天皇紀」に書かれているだけで、実際に渡したのはおそらく一〜二年後だと思われます（外国人に与えられた勲章については後述しますが、その箱は明治十年代であっても漆塗りの玉手箱でしたから、年号の入った革箱の勲章は、あくまでも日本人に対してのものでした）。

明治七年製賞牌を私は数個所持しておりますが、それは西南役の論功行賞で配られたもので、すでに一世紀以上の年月が経過しているので実際に明治七年に何個製作され、そのうち何個が十年に渡されたのかは、現在公共機関に残っている資料類から判断するのは不可能です（実際に明治十年に作られたものも数多くあります）。後に紹介する明治十四年に勲一等の拝受者に「明治九年」と刻印のある革箱の勲一等を与え、「明治十年」と刻印のある八角形の革箱の勲二等が勲一等の副章として渡されているのも、何か関連がありそうな気がします（59ページ参照）。

●明治十一年に渡された明治七年製勲章

「明治七年十二月」と書かれた一等・二等以外の勲章についてです。この勲章は明治十一年に渡されたものであると、以下に述べるように確証できるのですが、その箱に「明治七年」と書かれているのでここで紹介します。まずは勲五等です。

革箱に「明治七年十二月　勲五等」と篆書の金箔押しがあります。「明治十年」と箱に書かれたものと比べると箱の大きさは同等ですが蓋は表面が平らです。縁の二重線も間隔が広くやや違います。開閉はボタン式です。蓋を開けると蓋裏には「平田彦四郎造」の文字はありません。賞牌の乗る架台も章身の旭日と桐が一体化しているために少し異なっています（1-19）。

蓋裏に珍しく拝受者の名前と授賜年月日が自筆で「海軍大軍医柴岡孝徳　明治十一年六月二十八日」と記入がありますので、西南役の行賞での拝受と判ります（1-20・21）。中の賞牌は勲一等と同じような作りになっており、中心の赤玉の縁金は細く、またその周りの光線の白七宝と赤玉の縁金も非常に細く、更に桐の緑七宝は淡く透明でしかも煌めきを持っています。桐花の紫も同じような透明で花の茎線は細くできています（1-22・23）。

●賞牌・勲章の箱のこと

ここで賞牌・勲章の箱について述べておきましょう。賞牌・勲章を分類するために好都合なのは、明治時代の賞牌・勲章は時代によってその箱が異なっていたことです。また明治十年までは箱の蓋に年月が入っていました。後世に手がかりがあるというだけでも、ありがたいことです。

世界中の勲章を見ても、その本体やケースに製作年、あるいは叙勲年または通達年等のはっきりした証拠となるべきものの表示はありません。イギリスなどでは上級勲章に通し番号が入っているものもあります。日本では、明治八年・九年・十年までの叙勲については箱に表示があったのです。しかしその表示については先にも述べましたように、実際の授与年月とも矛盾があります。おおよそ箱に書かれた年月とは数年の誤差があるようです。箱に書かれた年月は勲章の製造年月ではないでしょうか。

その後勲章の箱にも何度かの変更がありましたが、中身が入れ変わっていなければ、勲章の年代が判断できます。

勲章の箱は

明治七年十二月（革貼りの箱）

明治八年十一月（革貼りの箱）

明治九年十二月（革貼りの箱）

明治十年（革貼りの箱）

明治十四年頃（木の漆塗りの箱）

明治十九年の上級（革貼りの箱）　下級

❖明治十一年に渡された明治七年製勲五等勲章

1-19　明治７年 12 月の刻印箱

1-20·21　西南戦争論功のものとわかる墨書

1-23　裏面

1-22　章身と桐葉が一体

（漆塗りの箱）

明治二十一年瑞宝章（革貼り箱）と変わっていきます。現物がないので確実なことは言えませんが、おそらく明治二十一年制定の最初の桐花大綬章（伊藤博文が拝受した）も革箱だったと考えます。

女性に対する宝冠章は玉手箱（漆塗り・高蒔絵の夫婦箱）で、その後日清戦争前に一般勲章はすべて漆箱になりますが、またさらに、明治二十三年の金鵄章の革貼りの箱が登場するといったように賞牌・勲章の箱は驚くほどに変化します。私が考えるに、新しい制度が制定されて高官に与えられる際には最初だけは正式の革箱で与えられたのかもしれません。しかし、その後はずっと漆の箱です。一部第二次大戦中に使われたボール紙の箱などは除きますが、戦後最初の叙勲では旭日の勲七・八等ではベークライトの品も使われました。

◉賞牌の箱

初期の賞牌（勲章）の勲一等では本章と副章が独立した革貼り箱に入れられておりました。この形式は外国勲章では見受けられます。何らかの訳があってこのように分けられたのでしょう。またこの時期の賞牌（勲章）には旭日章とは呼ばれていませんので（正式に「旭日章」の名称が使われるのは明治九年から）、勲一等と年号の「明治七年十二月」が篆書の金箔押しで蓋に入れられているのみです。

◉明治七年の箱

明治最初の箱は「明治七年十二月」と書かれた革貼りの箱です。八年十二月に皇族に与えられたものの大部分がこの箱に入れられて授与されたと考えます。この時の箱は勲一等と副章としての勲二等の二種類があり、勲一等の箱は明治八年・九年の箱と比較すると長く、押しボタンの留め金があります（1-24）。

表面は山羊の革を水洗いし良く揉み出して、乾燥させて凹凸をつけたゴートシュリンプと言われる黒い革貼りで、一等の蓋の蝶番は二か所、留め金は押しボタン型で丸身を帯びた蓋は馬蹄形、縁には外側にやや太い金線、内側に細い金線も金箔型押しで入っています。蓋の後部は多少湾曲を持って切り込まれており下部に蝶番があるので前側を持ち上げる感じで開きます。

蓋の裏には上質の白絹が湾曲を持って貼られています。本体箱の内部全体にも同じ上質白絹地が貼られており、箱の縁部分の白絹は内部に和紙が入れてあり、多少本体箱の縁より持ち上がっています（1-25）。

勲一等の章身が納まる部分が丘のように盛り上がっていて、木製の架台には表面に白いビロードが貼られていて、中心に置かれる勲章の章身に傷がつかないようになっています。後期のものとは箱の大きさも違いますし、勲章の章身が移動しないための土手はありません。この章身を乗せる架台は下部に空間があり、箱の内装と同じ白絹地は貼られた四本の柱で支えられ、その中に勲一等の章身を下げるための大綬の約半分が格納されるようになっています（1-26）。

勲二等の箱はやはり「明治七年十二月」の刻印があり、少し縦長の八角形の亀型の箱です（1-29〜32）。二本の縁取りも同じく太・細の型押しで金箔が入っています。この縁取り線は後のものと比較すると判りますが、外側の太線と内側の細線とは十ミリ位の間隔があります。この間隔が後には半分以下となります。蓋はやはり一等のそれと同じように前に押しボタンがあり押して開きます。開けると蓋裏内部は同じ白絹地が貼られています。こ

❖明治七年勲一等の勲章・箱

1-24　明治7年12月の箱

1-25

1-26

の箱がどのように作られたか、または何処かの国の真似かというと、まず、オーストリア＝ハンガリー帝国の鉄冠章第一等勲章と副章が考えられます。副章の裏足が一本なのもひょっとしたらオーストリアに影響を受けたのかもしれません。早稲田大学にある大隈重信が明治三十一年にもらった「墺太利国鉄冠章第一等勲章」と副章の箱を見ていただくと、一等及びその副章の箱の形は同じように見えます（1-27・28）。

日本の勲二等の初期のものがオーストリア同様に変形八角形で縦方向が長くなっていますが、賞牌（勲章）そのものは縦横同寸なので、後日正八角形に改められました（1-32）。

この明治七年製の内張りには一等・二等とも「平田彦四郎造」の金文字はありません。なぜかは判りませんが、この製品を作った際、この製品が皇族方に与えられることは確実に判っていたからでしょう。

台座は盛り上がった木製で同じくビロードが貼られています。また蓋の開き過ぎを止める綿製のテープが二本あります（1-30）。また、このほか「明治七年」と刻印のあるのは勲一等（1-24）と勲二等（1-1右）のほかに勲五等（1-19）の箱が確認されており、すべて十二月でした。

❖オーストリア勲章の箱

1-27　勲一等本章（早稲田大学図書館所蔵）

1-28　勲一等副章（OESTERR. KAISERLICHER ORDEN EISENRNEN KRONE STERN　早稲田大学図書館所蔵）。日本の勲一等・勲二等と酷似する箱。

❖明治七年勲二等の箱

1-30

1-29

1-32　明治10年の箱（左）・明治7年の箱（右）

1-31

❖一-五 明治八年製の勲章

一等勲章の八年製では、七年製に比べると桐部分が可動式になり、「切れ込み」がテーパー状ではなくなるなどのデザイン上の細部が変化します（勲一等、二等とも）。明治九年製のものと比べてもほとんど見分けがつけられません。

前章で、元賞勲局職員が賞勲局で勲章を作るようになる大正時代以前の貴重な体験談を引用しましたが、一点一点の手作りであるのに加えて、勲章本体の製作に関しては日進月歩で製造工程・材料の変化・工数削減があったようです。ですから、勲章がすべて同じように見えるわけがありません。明治に入って職を失った錺（かざり）職は必死の思いでその製作にあたったでしょうが、だんだん欲が出てきて、工数を減らす道具を使っているにもかかわらず、役人に見つからないようにごまかし、あるいは少しでも章身を小さくしたり、厚みを薄くして銀の目方をかせぐ、または鍍金の時、けし鍍金回数を減らして金の使用量を減らす等のこともやっていたことでしょう。

先述のように、明治八年十二月に授与された皇族が七人で、そのうち判っているのは有栖川宮二人と華頂宮が「明治七年十二月」と篆書で記されている革箱に入った古い賞牌を与えられ、明治八年の新しいタイプの賞牌が小松宮へと、七個のうち四個は判っています。あとの三個のうち明治七年製が何個なのか、また明治八年製が何個なのかは全部が残っていれば判ることでしょうが、震災・戦災を経験しているわが国では難しいかも知れません。

●明治八年の箱・勲章

最初に作られてから一年後の明治八年に、もう箱が変わります。この七年とか八年というのは製作された年月なのか、授章を予定していた年月なのかは判りませんが、賞牌自体は両方とも一緒に明治八年十二月の授章式で配られたのは間違いないものでしょう。

一等と二等の箱蓋裏の内装の絹地に製作者の「平田彦四郎」の金文字が入るのもこの時からです（明治八年・九年・十年のみ）。その後の箱には平田の文字はなく、勲章章身に「ヒ」などの刻印だけになってしまいます。平田の技術・特徴がなくなってしまってただの大量生産品になってしまった時代でしょうか。

明治八年の箱は勲一等と勲二等が確認されています。すべて十一月の刻印です。これはある皇族の持ち物でした（1-37・38）。つまり、「明治七年」と書かれた賞牌箱に入ったものだけが七親王に与えられた訳ではなかったのでした。この箱は一等・二等共に明治九年～十年の勲章の箱に似ています。似ていると書いたのは、文字が違うだけでなく一等は箱自体が違うからなのです。中の賞牌自体も明治七年のものよりそれ以降のものに近い感じがします。

この箱は明治九年の箱に似ていますが、蓋の縁取り線が多少異なります。また箱の幅はほぼ同じですが長さが若干短く、表面のカーブも多少違いがあります（1-39）。また表面に貼られた革も種類は同じゴートですが、凹凸が小さいようです。留め金はボタン式ではなく、カギフック型が二つつきます。このフックは現在では使われていませんが、フランス等では贈答用の古い箱に見られるもので、記念スプーン等が入れられている箱についているのが見受けられます。

一等の蓋を開けると蓋の裏には綿入れの白絹が貼られていて、その中心には二重縁を持った「平田彦四郎造」の金箔押しがあります

❖明治八年の勲一等

1-33

1-34

1-35

1-36　右は副章の二等

❖明治八年の箱

1-37　右の箱は1-37と同じ

1-39　8年（左）・9年（右）の比較

1-38

（1-33）。九年以降は皇族以外の臣下などにも授与されたので、誰に与えられるかが判らなくなるため、八年からはすべてに「平田」の金文字を入れたのであろうと考えます。それとともに、フランスやイギリス等の各国では各業者のネームが蓋裏に入っているのが通例ですから、それも真似たのでしょう。

　この内貼りは明治九年に変わり、賞牌本体が載る台はだいぶ小さくなります（1-36）。七年の箱では台の長さが全体の半分以上ありましたが、八年製は台の長さが全体の三分の一程度になります。ですから大綬がかなり見えるようになります。中にある賞牌の章身ですが、既に桐と旭日章身は蝶番のように可動になっています（1-34）。

　大綬は四寸幅、やはり白地にやや紫赤で彩花はありません。章身とは金具ではなく紐で留めるようです。

　二等（副章）はほとんど明治九年の箱と同じです。ただカギフックのついている位置が異なり、前の方に二個ついています。やはり内側には「平田」の金文字があります。

　勲二等を裏返して見ると、裏足は明治七年のような太い一本足です。旭日二段の留め方は七年にはカシメであったものがネジ式にな

❖明治八年の勲二等

1-41

1-40

1-43

1-44　裏面（すでにネジ留めになっている）

1-42

っています（1-44）。八年と九年では大きな変更がありませんが（裏の足が八年では一本、九年では三本となる）こうやって年代ごとに見てみると一年足らずで刻々と変化が見られます。初期の製造段階でも同じものを作らずに、どんどん改良していく様子は驚きです（1-40〜44）。

1-45

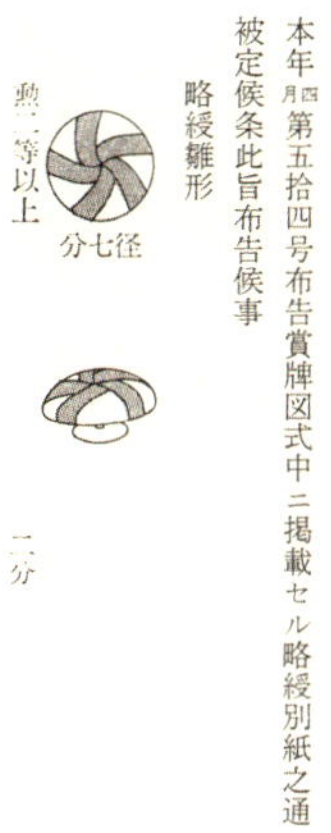

明治八年十二月廿八日
第弐百四号
本年四月第五拾四号布告賞牌図式中ニ掲載セル略綬別紙之通
被定候条此旨布告候事
略綬雛形
勲二等以上
径七分
一分

1-46

❖一-六 明治九年の勲章

明治九年には臣下への授章が始まります。とは言っても勲一等が三個だけです。まずは明治九年二月二十二日には西郷従道（隆盛の弟）に勲一等、そして十二月には時の太政大臣三条実美・右大臣岩倉具視の両人への勲一等旭日大綬章の授与です。そして明治九年十一月十五日に賞牌という名前は勲章とその名前を変えます。勲一等は、勲章自体はほぼ八年製と同じようです。

大綬の幅は四寸で色も変わりませんが、しかし大綬に彩花がつくようになります。その円形を勲章章身の上に展示する意味で箱が少し長くなったことが理解できます。また、この勲章箱には、略章が入っていました（1-45）。七年製のものにも残っていましたが、少し形が違います。少し小さく丸い形をしています。中の赤い（赤紫）線は五本です。これがこの時の制式でした。七年制だと勲三・四等のものです。それが勲一・二等用に変更されます（1-46）。

次ページで紹介する勲章には箱に「十年三月　勲二等」と篆書文字のある二等が付随していました（1-52）。なぜ九年の一等に十年の二等が付随しているのかということは判りませんが、後日参考となる勲章を入手して、推測してみました。

これは九条道孝が明治十四年二月に拝受した勲一等旭日大綬章でした。「九条家40」と印のある木の箱に入っており、蓋に「道孝公旭日大綬章　旭日重光章」と並んで墨で書かれています（1-47〜53）。中には箱の中で移動しないように勲章箱にちょうど納まる木枠があり（1-51）、「明治九年十二月　勲一等」と「明治十年三月　勲二等」が箱に入って納められていました（1-49）。結局九条道孝公は英照皇太后の弟で明治天皇の叔父にあたる方なので、当時出来のよかった在庫の「明治九年製の一等」と「明治十年製の二等」を授与したのではないかという結論に達しました。後に明治十四年製の勲章を紹介する時にその理由を説明したいと思います（97ページ参照）。

九条公のものではない先の九年の勲章（1-39・60・62〜64）についても同じようなことか、あるいは、勲二等の製造品の在庫がなかったため、明治九年に一等だけを渡し、後日に二等を渡したとも考えられます。九年には三人

九条道孝の勲一等

1-47

1-48

1-49

1-50

1-51

1-52

1-53

1-54・55　勲一等（本章）

1-56・57・58　勲一等（副章）

に三個しか勲一等が授与されておらず、一等の副章としての二等も「明治九年〇月　勲二等」と篆書金箔押しの勲章の箱は見たことがありません。したがって明治九年に副章としての二等は出されていないのではと考えます。

ところでこの「明治十年三月　勲二等」の勲章（1-56〜58）は非常に出来がよく、単品で入手した西南役の行賞で授与された勲二等とは比べ物にならないくらい立派なものでした。七年のものと比べると光線の切り込み及び溝は一定幅ですが、光線の枠が細く中の魚子打ちも素晴らしいし、光線の外枠が細いので白七宝が大きく見えます。白七宝は輝きがあり、平らです。また日章の赤が引き込まれるように澄んでいて、その外枠も細く作られています。裏面の文字は太く、しかもしっかりしていて自信を持って彫り込んでいるようです。裏足は三本、中心の可動足は平らで、上下中央がやや膨らみを持つ曲線も細い割にしっかりしています。両端及び可動足の留め部は丸棒ですが、溶接部はやや叩いて広くしてあります。裏から見ると光線の切り込みは少ないようです。台座付きの四本のネジで留められています。1-58をよく見ると、ドライバー溝の方向が揃っているのは、まだ章身自体が分解されたことがないからでしょう（新品はそのようになっています）。この二等は後で紹介する十年の二等とはまるきり彫りが違い、何か特別のものにも思えます。同じ十年の箱に入りながら様子が異なっているのは、やはりこの品が明治九年の勲一等の副章として揃いで渡されたものと推測させます。

◉明治九年の箱

九年に箱はまた変化します。毎年変わるとなると基本的なものがあるわけではなく、その都度適当に製作しているのではとも思われますが、そういう訳ではありません。

箱は大きさや形が多少変わりますが、書体や年号の文字は同じ書き方で、まだ「旭日大綬章」とは入っていませんでした。日清戦争時の大本営があった広島城を記念しての展示会の写真帖（明治天皇行幸記『展覧会写真帖』）に、西郷従道が明治九年二月に拝受した勲一等を明治十九年制の陸軍大礼服に大綬によって下げているのが写っています（1-59）。その右下方に八角箱に入った形で副章の勲二等が写っています（白色矢印部分・勲一等の箱は写っていません）。これによると明治九年の箱は八年ないし十年の箱とたいして変わらない八角箱であったことが判ります。

この西郷の二等の箱に「九年」と書かれていたかどうかというと、アメリカで撮られた別の写真（1-61）がカギとなります。彼は明治九年二月に勲一等を拝受し、そのままフィラデルフィア万国博覧会に出張します。もちろんこの時の勲章も明治八年制の陸軍中将大礼服とともに持っていきます。したがってこの勲一等及び勲二等は「明治九年」と書かれていたと推測できます。

蓋に「明治九年十二月　勲一等」と篆書で金箔押しされているものは、馬蹄形の革箱は八年製のものより少し長く、蓋のカーブが違う程度の違いがあります。蓋を開けると「平田」の金文字、ただ蓋裏の白絹地でできた綿入れの感じが違います。八年製のものは平らでしたが、手前側が盛り上がっています（1-62・63）。これはいわゆる勲章押さえになっています。勲章を置くビロードの部分も勲章の形の八角形で土手ができ、勲章の章身がずり落ちないようになっています（1-64）。

また、勲章の形式として九年から大綬に綵花がつくようになります。これは綬を加工して作りますが、四寸の幅の綬を折って絞った上、ぐるりと回して円形の綵花を作ると四寸

1-59　明治19年制陸軍大礼服（左）に勲一等旭日大綬章が見える。右は明治22年制海軍大礼服。中央の写真額の右下（矢印部分）に二等勲章が見える（広島城での展示）

1-61　明治8年制陸軍大礼服（アメリカで撮影されたもの）。胸につけた副章の上に台湾従軍章が見える。左肩にある肩章らしいものは、アメリカ陸軍中将の肩章と思われる。

1-60　西郷従道が明治9年に授与されたものと同じ形式（1-64と同じもの）

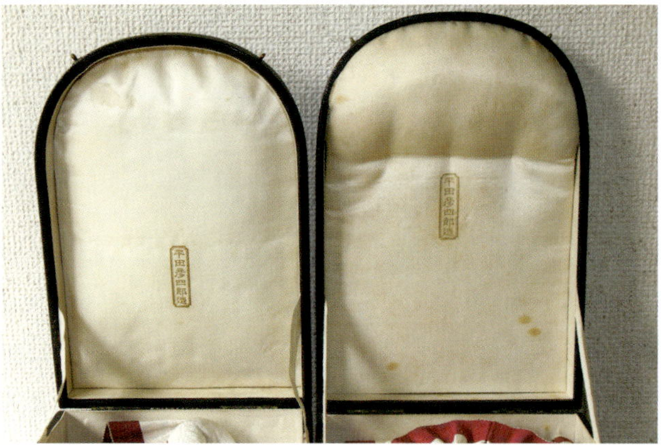

1-63　明治８年（左）・９年（右）

1-62　明治９年の勲章箱蓋裏（章身を押さえるために一部が盛り上がっている）

1-64　明治９年製（ズレ止めの土手がつく）

の長さが必要になります。ですから、その綬花がそのまま見えるためには箱の中のスペースの大きさが必要です。そのため明治八年の箱より少し長くなります。「明治九年」と刻印のある勲章箱は勲一等だけ確認されており、すべて「十二月」と刻印があります。しかし一等に付随する勲二等の箱はなぜか「明治十年三月」と刻印があります。

◉明治十年の箱

私は「明治十年」と書かれた勲一等は持っていませんが、早稲田大学の資料で大隈重信の勲一等が確認できます。その図版によると、「明治十年三月　勲一等」と書かれていますが、外側・内側および勲一等の大綬は明治九年製と大差ありませんでした（1―65）。

❖大隈重信の勲章

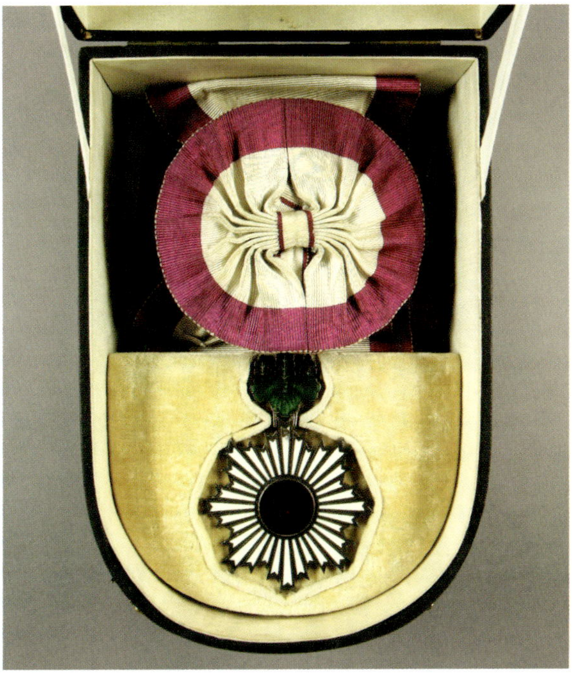

1-65（4点とも早稲田大学図書館所蔵）

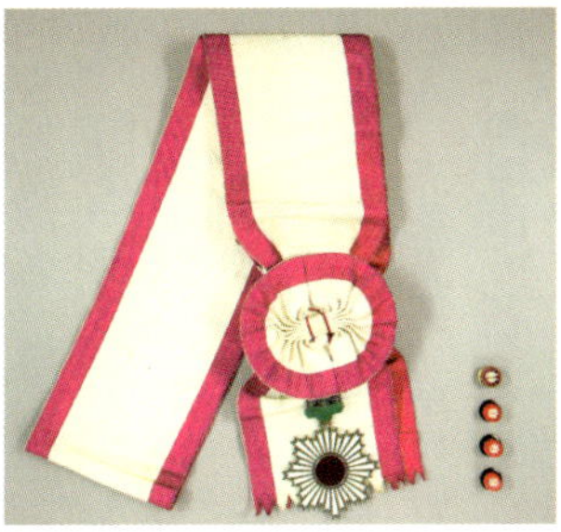

❖一-七　勲記について

◉明治初期の勲記

八年十二月叙勲の勲記一号は冒頭に述べたとおり、有栖川幟仁（たかひと）親王です。二号は有栖川熾仁（たるひと）親王の勲記写真で確認できます。勲記番号一番から八番までの皇族名が判りました。

一　幟仁親王
二　熾仁親王［※別格］
三　彰仁親王（東伏見嘉彰）
四　晃親王（山階晃）
五　朝彦親王（久邇朝彦）
六　博經親王（華頂博經）［※死去］
七　守修親王（梨本守修）
八　貞愛親王（伏見貞愛）

ところが「太政官　賞勲局勲位録　明治十一年七月」では熾仁親王は、別格に記載されています。これは勲位録が明治十一年に発行されたためで、熾仁親王に西南役の論功行賞により最初の大勲位菊花大綬章（旭日章より上位）が授与されたわけですが、旭日章の勲一等では二番目の拝受者に当たるわけです。

大給恒などはフランスからの意見を聞いており、また参考になる書物、フランス人による助言を聞いているのに相違ありません。レジオン・ド・ヌール等の勲記等も見ているはずです。なのになぜ、最初から国際的に通用する勲記を作ることができなかったのか。おそらく天皇に奏上する機会も、取り次いでくれる方もいなかったからなのでしょう。

睦仁

1-68　伊東祐麻呂とその勲記（第29号）

第二章

明治十年から十八年の勲章

❖二-1 明治十・十一年の勲章（西南役論功行賞）

西南役は明治十年に勃発し、明治十年から十一年にかけて（七、八等においては十三年後半まで）その論功行賞として、大量の叙勲が行われました。

高級軍人に対する勲一等の授与は明治十年の十一月から始まり、徐々に下級将校が行賞されました。そのため、明治七年に作られた勲章の在庫を「明治十年三月」の箱に入れて授与することが二等から八等まで行われました。したがって、十年の勲章と十一年の勲章を明確に区別して説明するのは不可能です。

さらにこの時期は年号が刻印されていない漆塗りの木箱が使われ始め、年代の確定をますます困難にしています。したがって、本節では勲位録と勲章本体、そして箱を見比べながら明治十年と十一年の叙勲について一緒に説明します。

明治十年の叙勲は木戸孝允で始まります。木戸の場合は西南役での戦死ではありませんが、五月二十六日に亡くなっています（五月二十四日という説もあります）。その後明治十年七月九日に叙勲されたのではないかと考えます（実際の勲記は現在では存在しませんが、複数の資料からこのように推測されます）。

木戸に続いて明治十年十一月二日、十一月九日、十一月二十二日、十二月五日、十二月十五日、十二月二十八日まで叙勲が行われています。続いて明治十一年も将校の叙勲です。下士官兵はかなり遅れての叙勲となったと考えます（勲章の箱には「明治十年」と記されているのですが）。

一方で天皇がすべて署名するとした法令が制定されていましたが、西南役によって大量の叙勲が発生しました。そこで明治十一年六月三日に勲七等・勲八等については天皇が親書しないこととすることを賞勲局が上申しました。宮内省としては、そもそも下級叙勲者に署名を与える考えは持っていなかったはずです。

ここで十一年の勲位録と勲記番号に矛盾が生じないように補ったのが次のリストです。明治十年の拝受者を勲記番号を添えて挙げてみましょう。

◎勲一等　十年七月九日……十一号木戸孝允

◎勲一等　明治十年十一月二日……十二号山県有朋、十三号黒田清隆、十四号川村純義、十五号大久保利通、十六号大隈重信、十七号大木喬任、十八号寺島宗則、十九号伊藤博文

◎勲二等　明治十年十一月九日……二十号山田顕義、二十一号三浦梧楼、二十二号谷干城、二十三号野津鎮雄、二十四号曽我祐準、二十五号三好重臣、二十六号大山巌、二十七号川路利良、二十八号高島鞆之助、二十九号伊東祐麻呂、三十号赤松則良

◎勲一等　明治十年十一月二十二日……三十一号徳大寺実則

◎勲三等　明治十年十二月五日……三十二号福原実、三十三号黒川通軌、三十四号小沢武雄、三十五号揖斐章、三十六号野津道貫、三十七号田中光顕、三十八号林紀、三十九号品川氏章、四十号岡本兵四郎、四十一号樺山資紀、四十二号岡沢精、四十三号堀江芳介、四十四号川崎祐名、四十五号田邉良顕

◎勲二等　明治十年十二月十五日……四十六号河野敏鎌、四十七号柳原前光

◎勲三等　明治十年十二月十五日……四十八号林友幸、四十九号岸良兼養

◎勲四等　明治十年十二月十五日……五十号品川弥二郎、五十一号関口隆吉、五十二号渡邊清、五十三号岩村通俊、五十四号石井省一郎、五十五号香川真一、五十六号富岡敬明

◎勲五等　明治十年十二月十五日……五十七号船越衛、五十八号石井邦猷、五十九号安田定則、六十号折田平内

◎勲五等　明治十年十二月二十八日……六十一号小畑美稲　六十二号大塚正男、六十三号安藤則命

以上です。このように勲記番号は、最初は勲一等、勲二等、勲三等という順番ですが、途中で等級ではなく日付によるものとなってしまいます。筆者はこの第二十九号と第四十一号の勲記を保管しておりますのでここに紹介いたします（二十九号は68ページ参照）（2－1）。

2-1　第四十一号樺山資紀勲記

●勲一等

続いて明治十年の勲章本体のことについて説明を致しますが、その根拠となる「明治十年」の刻印のある勲一等の箱はこれまで残っていないと考えてきました。以前雑誌に明治の外交官で樺太千島交換条約の交渉に当たり、明治十年に叙勲されている寺島宗則の子孫が勲一等を斜めに下げて、手に二等を持っている写真がありました。その時は、寺島宗則の勲章が残っているのだ、とだけ思っていました。その後ＮＨＫで、「翔ぶが如く」が大河ドラマになり、いろいろな本が出版され、日本放送出版協会で『翔ぶが如く　第二部明治編　ドラマストーリー』にカラーで寺島宗則の箱なしの勲一等と勲二等が載っていました。高橋善七著『日本電気通信の父　寺島宗則』には箱入りで写真が掲載されています。箱は馬蹄形（本章）と亀型（副章）の組み合わせですが、どちらも箱の蓋に書かれた年号は確認できません。

たまたま鹿児島の黎明館に展示されているのを知り、何回か伺いじっくり拝見させていただきました。その時、勲一等の箱は明治九年の箱と同じ、そして二等の箱は明治十年と同じだと思いました。隅々までじっくり見ましたが、同じようです。ところが「明治十年三月」と刻印のある勲一等の箱が確認できました。それは、総説で紹介した大隈重信のものです。

早稲田大学にある大隈重信の勲記番号十六号の勲一等と勲二等の箱にはともに「明治十年三月」の刻印があります。その箱や本章は私の持っている明治のこの時期の勲章とほぼ同じでした。寺島宗則は勲記番号十八号で、大隈重信の二番あとですから、寺島の箱にも「明治十年三月」の刻印があった可能性が大きいと思います（65ページ参照）。

❖勲二等

2-3

2-2　勲二等として単品で授与されたもの

2-5

2-4

◉勲二等

一―六で紹介した明治九年のもの（九年の一等に付随する十年二等）と比べると、写真2-2～5は軍人のものだったのか、あまり程度の良いものではありません。明治十年の勲二等は高官と将官クラスでは異なったものが与えられたようです。勲一等の副章としての二等勲章は、先ほど見たように（1-56）、高官向けで出来がいいものです。ところが、本章としての二等勲章の出来はあまりよくないのです（二等勲章はこの年軍人にしか授与されていません）。

七宝にヒビ割れはありませんが、銀地光線がまっ黒になっています。裏側もそうです。白七宝の入る内側の旭日は金の縁幅が広く、結果的に光線の白七宝が短くなっています。外側の光線の縁も幅があって窪みが小さく、優雅ではありません。日章の赤玉もヒビや疵はないのですが、先の1-56と比べると何か格落ちの感じがあります。

ちなみに明治二十一年頃から始まった宮中晩餐会でお土産として出されたボンボニエール（金平糖が入っている）が、一つ一つ作られており、宮中席次（天皇に近い順）の高位のものほどできがよいと言われています。

勲章箱は留め金の位置が違う明治八年や明治九年（1-53）のものと同じようです。「明治十年三月　勲二等」と篆書金箔押しでの刻印があります。ほかにも数点の明治十年のものがありますが、すべて「三月」となっています。

「明治十一年七月の勲位録」によりますと、勲一等は七月と十一月に叙賜、勲二等は十一月と十二月に叙賜なのに「明治十年三月」というのはわけがわかりません。どちらにせよ、勲章箱に書かれた文字は必ずしも信用できないことは先にも述べました。これらのことからしても、勲記にしても正確な日付かどうかは怪しいものだと思います。

十一年には明治十一年二月六日に四人、五月十四日に六人、六月二十八日に一人と記載されています。「明治十三年四月二日の勲位録」にはそれ以外の人はいませんから、十三年四月二日までには勲二等は出ていないことになります。

◉勲三等

私が所持しているのは二種類あります。一つは明治七年製と思われる章身と桐が一体となったもの（2-11〜14）、もう一つは前章で紹介した勲二等（1-56）と一緒に譲り受けたものでした。明治十年から明治二十一年までの勲二等旭日重光章には、副章としての勲三等中綬章はつきませんでした。明治二十一年十一月より付随するようになります。

明治二十一年十一月十六日　勅令七六号勲章佩用式　第三条第二項ニアル勲二等ハ右肋ニ佩ヒ其副章ヲ中綬ヲ以テ喉下ニ佩フ。

明治二十一年十一月十九日
勲章佩用式第三条第二項ニアル勲二等旭日章ノ制式ヲ示ス

賞勲局告示第一号
明治二十一年十一月十六日勅令七六号勲章佩用式第三条第二項ニアル勲二等旭日章ノ副章ハ其制式勲三等旭日章ニ異ナルコトナシ

これらによってそれ以前の勲二等旭日章には副章がなく、単品だったことがわかります。

明治十年の勲章佩用式では
第二節　勲一等旭日大綬章に限リ旭日重光章ト共ニ両個ヲ佩フヘシ、勲二等旭日重光章以下ハ各一個ヲ規則トス、例エバ勲三等旭日中綬章ヲ佩ル者　勲二等ニ叙シ旭日重光章ヲ賜フトキハ嘗テ佩ル所ノ三等勲章ヲ止メ二等勲章ノミ佩ルカ如シ

とあります。

さて、この「一体型」についてまとめておきます。勲章を集め始めた頃、明治八年太政官布告の付図（228ページの「図式」）を入手しました。非常に綺麗な本で、すべて木版の図が載っていました。毎日眺めていましたが、よく描けているけれど勲章の旭日部分と桐の部分が一体となっていて変な図だなあと思っていました（まだ一体型の勲章を持っていなかったのです）。その後昭和五十三年頃に賞勲局より百年記念で賞勲局の内部資料『賞勲局百年資料集』上下二巻が刊行され、早速入手し調べていると、明治初期の図はやはり旭日と桐が一体の図が掲載されていました。既に可動型の明治九年・明治十年の勲章は所持していましたので、何故こんな図が載っているのだろうと思っていました。

ところが、*ORDERS & MEDALS OF*

❖勲三等（可動型）

2-8

2-6

2-9

2-7

2-10

❖勲三等（一体型）

2-12

2-11

2-14

2-13

JAPAN AND ASSOCIATED STATES by James W.Peterson edited by Phillip M Weberという洋書を目にして、「目から鱗が落ちる」という思いでした。写真が掲載されており、それが章身と桐部分が一体となったものだったのです。「Order of the Rising Sun-Third Class made by Hirata around 1875 with the Pawlonia crest directly affixed to the sun badge Author's Collection」と説明があります。まさに太政官布告付図のままなので驚き、なぜ日本になくて外国にあったのかと思いました。アメリカ人に授与したものだろうとか、外人が太政官布告付図を見て普通の勲三等を改造したのだろうとか、その時は色々考えました。しかし、改造するためには蠟づけで溶接する必要があり、七宝が駄目になってしまうから全部やり直ししなければならないし、などと考えて、ほとんど毎日その写真を見ていました。

しかしそんなことをしていると向こうから寄って来るものです。業者からアメリカから変な勲章が入ったから見に来いと呼ばれたので見に行くと、まさに毎日見ている本物がそこにあったのです。すぐに購入、訳を聞くとやはり先の洋書の発行元であるO.M.S.A. (The Orders and Medals Society of America)を通じて入手したということだったので、本に掲載された勲三等の実物でした。その後日本国内からも数点が出現しまして、やはり太政官布告付図は正確だったのだなあと改めて感じました。

この勲章とは関係ありませんが、太政官布告付図にある勲二等の七・八年製までの裏足が一本なのも、実物がありましたので、またまたこの図の正確さにはその後感心しました。

その勲三等が前頁の図版です（2-11～14）。

旭日の章身は桐と一体です。よく見ると章身と桐の接合部ですが、桐の方が章身より厚く、桐の下端に旭日の光線がめり込んでいる感じがします。拡大鏡でよく見ましたが、接合箇所が分からない程です。今のものでしたら、どこから溶接したのか何らかの切り口の形跡が残っているはずですが、やはり明治の職人芸は素晴らしいものだと再度感心いたしました。

桐の緑七宝は淡い透明で魚の鱗の様にキラキラしています。桐の花の紫は透明で、その茎の中にある七宝は、やや色が変わって見えますが、たぶん葉の七宝色と同じ色だと思います。細い部分ですし、七宝が入る溝の深さが違うために色が違って見えているのかも知れません。裏面文字も七年の一等を縮小した感じでした。綬も当時のままでした。長いものがそのままついています。両端は残念ながら留め金具は失われていて、切ったままでした（金具ではなく、平紐だったと思われます）。

この三等を見ていると、当時の外国人の叙賜の品物をアメリカ人が持っていたものなのか、或いは終戦後進駐軍が日本国内で闇市で買って持ち帰ったものなのか、経歴が判らないのが残念でした。ただ、革箱が残っていたので、今後の研究に役立てばと考えております。箱は外国にあったためか表面がつぶれています。文字はかすかに「明治十年」と読めますが、月は読めません。三等と同じ箱（2-6）だと思います。

74ページの図版（2-6～10）が可動型の三等です。この勲章自体は、章身と桐の間に可動の蝶番があるぶん、以前の一体型よりもやや縦長です。ですから勲章箱の架台の勲章が載る部分の凹部分も以前のものとは違います。章身は結構出来がよく、日章や桐は澄んだ透明七宝です。写真ではカメラのストロボのせいで桐の部分が裏から光を照らしているように見えると思いますが、実物は太陽光で見てもそのように見えるのが平田七宝の特徴です。章身の金属加工も結構よいものだと感じます。

光線の白七宝部分は少し窪みがある部分があります。これは平田七宝の特徴で何回も七宝を焼き、研ぎを行うため、金属に近い部分は金属と同じ高さですが、中央に行くと多少凹みができます。これがまたよい感じを与えます。金属部は研ぐことによって角に鋭さが出て来ます。綬は綺麗な状態で水紋のない赤紫・白の厚い平織りで、留め金がついています。これは明治時代全般で使用されており、かまぼこ型の金属に切り込みのある留め金を差し込んで留める方法で、外国製には見かけないため、日本独自に考えたものであろうと私は考えています。

勲章の箱は角のしっかりした例の山羊革の箱です。この時代は角が角ばっていました。蓋の縁には太・細の二重の金箔押しの罫線が引かれています。中央には「明治十年三月勲三等」の篆書金箔押しがあります。留め金は以前の物と同じ鎌のようなフックが前面に二個あります。その留め金をよく見てみると、一回留めると少し動かした程度では開かず、爪を掛ける部分があってそこを回すと回転します。昔のものは本当によくできていると思います。蓋を開けると裏の白絹に「平田彦四郎造」の印があります。勲章は白ビロードが貼られた架台に載っています。

また、「明治十一年七月の勲位録」によりますと、三等の叙勲者にはやはり明治十年三月はなく、明治十年十二月五日十四人、十二月十五日に二人、十一年一月四日に二人、二月六日に三人となっています。明治十一年七月末までには合計二十一個出ています。勲二等と同じく明治十三年四月二日までには追加の授章者はおりません。

◉勲四等

何点かあります。旭日・桐の一体型は私のコレクションにはありませんが、それにしても全体的に見てみると、全部が少しずつ違うのです。本来は工業品ですから、すべてが均一同等品でなければならないわけです。しかし当時の勲章は一つ一つに製作者の個性が出てしまって、数を並べてみるとまるで違うもののように見えてしまうのは、どういうわけなのでしょう。明治十年時は平田しか製作をしていないはずです。では、どうしてこうまで違うものができてしまったのでしょうか。

それは、おそらく西南役需要に対応し切れなくなった平田が数多くの下請けを使い始めたことによるものだと思います。先にも申しました通り、明治になり仕事がなくなってしまい彫金等を行っていた刀小物業にとって、平田は救いの神でもありました。本来昔の江戸職人はすべて分業制で、圧延・彫刻・彫金・七宝・磨き・象嵌・鍍金・箱屋は自分の仕事の範疇のみを行い、他の職分を侵すことはしませんでした。しかし賞勲局による大量発注により、バランスが崩れ、結局外注頼りとなる状態が続いたと考えられます。外注発注といっても、七宝は平田本家とその弟子しかできないので、他の職人が担ったのは銀地台の章身のみでしょう。しかしそれにより章身に多少の大きさ・厚さの誤差が生じてしまい、見た目の違うものができてしまったのであろうと考えます。

さて、勲章を見てまいりましょう。四種類あります（①〜④）。

すべて「明治十年三月」の箱入りです。それぞれ章身は作りが違うようです。桐部の花の茎の緑の色が桐の色と違うのもあれば同じのもありますし、茎の緑の太さもいろいろあります。また使用状況にもよるのでしょうが、

❖勲四等—①

2-15　略章

2-16

❖勲四等—②

2-17

2-18

2-19

❖勲四等―③

2-22

2-20

2-21

金色がやや落ちていたりするものもあります。綬は赤紫・白が当時のものです。

まだこの時期綵花はついていません。綵花がつくのは明治十九年になってからです。

勲四等・五等・六等は章身自体が同じ形で大きさも同じです。桐の花の数や金銀の違いはありますが、遠目に見た時には同じように見えてしまいます。

法律的には、過去に授与されたものより(同じ勲章であれば)上級の勲章を授与された場合、過去の低い等級の勲章はつけてはならず、また明治二十二年三月からは法律で還納しなければなりませんでした(84ページ参照)。したがってたとえば明治十年に四等勲章を授与された人は、明治十九年に四等に綵花の制度ができた場合、その間に陞叙(位階・階級が上がること)がなかった場合は、新たに配布された綵花を綬に縫いつけることが必要になったため、綵花がついている場合もあります。勲章コレクターとしては明治十年・十一年頃の革箱入り「平田彦四郎造」の勲章の多くが陞叙によって賞勲局に還納され、つぶされて銀塊となってしまったことを非常に残念に思いますし、美術品の破壊であったとすら思います。

陸軍会計二等司契・西池成顕の勲章と明治八年製大礼服

2-23

2-24

2-25

2-26

勲四等について「明治十一年七月の勲位録」によりますと、明治十年三月はやはりありません。明治十年十二月十五日が最初で七人、明治十一年一月十四日に一一人、一月三十一日に一四二人、この中には陸軍会計二等司契の西池成顕が含まれており、この西池の勲章はその大礼服と一緒に入手しましたが、勲章の箱正面には「勲四等　明治十年三月」と刻印があり、可動型のものが入っていました(2-23~26)。

続いて明治十一年六月二十二日に二人、六月二十八日に二八人となっています。明治十一年七月末までの勲四等は一九〇個となります。また「明治十三年四月二日の勲位録」によりますと、十一年七月八日に二人、八月二十八日に二人、十二月十八日に二人、十二月二十七日に花房義質・九鬼龍一の二人、計八人でした。ですから奏任官以上（つまり四等以上）の西南役の論功行賞は明治十一年には終わっていたと考えます。しかし七、八等は十三年頃まで続きました。

箱の文字は、一は壱ではなく「弌」、二は「弍」、三は「弎」を入れています。四からはまた違うのです。勲一等で七年は十二月でその「十弍」と、八年が十一月でその「十弌」をよく見てもらえば判ると思います。つい見逃しがちな漢字です。箱は革貼りで出来がよいものです。

◉勲五等

「明治十年三月」と刻印のある箱に章身と桐が一体になっている旧型が入っているものがありました(2-27~30)。この一体型は桐の下部がブラブラして白七宝に当たらないので、白七宝が割れる率が低く、個人的にはこのタイプが好ましいと思います。細部もよく出来ていますし、見た目のバランスも良く、桐の透明七宝は光によって緑の下から銀色に輝く部分が見え、これが江戸時代の平田七宝の感じを彷彿とさせます。また原型が違うのでしょうか、可動型の桐とは形が違います。桐裏の文字もさすが名人達が彫り継いできた歴史を感じさせます。五等は「双光」ですから、光線の縁部分が金と銀とが交互になっています。その金色が濃いからか、金と銀とがはっきり区別できます(2-28)。この一体型の五等の二個を見ていますと、作り手は同じように見えますが、赤玉の周りの章身の金部分、つまり赤玉を銀（取り付け後金メッキ）のカップ内で作り、それを章身にはめ込む時にヘラで押さえ込んで固定させる部分の幅に違いがあります(2-29と2-31右の比較図参照)。

また箱の縁取り金線の太・細との間隔に違うものがありますから、箱自体も一か所ではなく、何か所かで製作されていたのでしょう。綬は両端が赤紫の厚い綬で裏の留め金はフック・環の両方とも縫いつけです。

「明治十一年七月の勲位録」によりますと、五等は明治十年十二月十五日が最初で七人、明治十一年一月三十一日に四人、六月二十二日に三六九人と数が多く、六月二十五日に六人、六月二十八日に四十二人、この日に前章の「明治十一年に渡された明治七年製勲章」(49ページ)で紹介した「明治七年十二月」と箱に刻印のある、海軍軍医柴岡孝徳の一体型勲章の拝受が入っています。この事実によっても、いわば在庫としてあった明治七年製作の勲章が倉庫にあった他の勲章と一緒に配られたことが実証されると思います。

さらに明治十一年七月八日に一人が叙勲されています。よって明治十一年七月末までの勲五等の総数は一四九個とわかります。明治十三年四月二日の勲位録によると十一年八月二十八日に二人、十二月十八日に一人、十二月二十八日に七人、明治十二年二月十日に一

❖勲五等（一体型）

2-28

2-27　明治十年三月と書かれている

2-29

2-30

2-31　勲五等（一体型 上4点とは別のもの）

❖勲五等（可動型）

2-34

2-33

2-32

2-36

2-35　水紋はないが、縁が紫色ではない

2-37　前ページ一体型勲五等（2-31）との比較

人、六月五日に一人でした。

また、一体型ではなく可動型の蝶番タイプも揚げておきます。(2-32〜37)

◉勲章還納

当初は上級勲章を賜った場合でも、下級勲章は佩用さえしなければ返納する制度はありませんでした。ところが明治二十二年三月二十一日閣令第九号により、勲章還納手続きが決まります。「同種上級ノ勲章ヲ授与セラレタル者ハ一週間以内ニ其下級勲章ヲ賞勲局へ還納スベシ」とあり、また明治二十二年勅令第三八号により、同じ種類の勲章の追贈があった場合、それ以前に配布されていた等級の低い勲章を賞勲局に返納しなければならなくなります。勲章の種類とは、旭日章や瑞宝章等のことです。ただし勲記は返納する必要はありません。

以下にある領収書は、「勲五等双光旭日章」が還納された際のもので、勅令が出された直後の明治二十二年五月十六日に返還しています。この志村徳行は埼玉県出身の陸軍軍医で、西南役に出征し、明治十一年十二月二十八日に勲五等を下賜されています(2-38・39)。もちろん革箱入りの平田勲章でした。その後明治二十二年五月の勲章還納時点では、陸軍二等軍医正でしたから中佐クラスの階級でした。その間に勲四等に増進したのでしょう。彼はその後陸軍を退役し故郷埼玉・石原村に戻ります。やはり中佐ともなると地元では名士です。明治二十年頃から熊谷町と石原村との合併問題が起きていましたが、彼は町長選に担ぎ出され、一八九三年七月八日から十二月十五日まで町長(首長)となります。現在でも熊谷市の二代目の市長としての記録があります。石原地区とは秩父鉄道で熊谷の次の駅です。明治期は熊谷より石原地区の方が有名だったのです。

この勲章還納領収書には第八九二号の通し番号があります。勲記は入手していませんので勲記番号はわかりませんが、明治十一年十二月二十八日頃の勲記番号は、これにだいたい近い数値です。八九二号が勲記番号だったのかも知れません。いずれにせよ、繰り返しますが、西南役で配布された数多くの貴重な「平田勲章」が、その後の「勲章増進」により、賞勲局に還納され、潰され溶かされ銀塊になってしまったことは、まことに残念なことです。

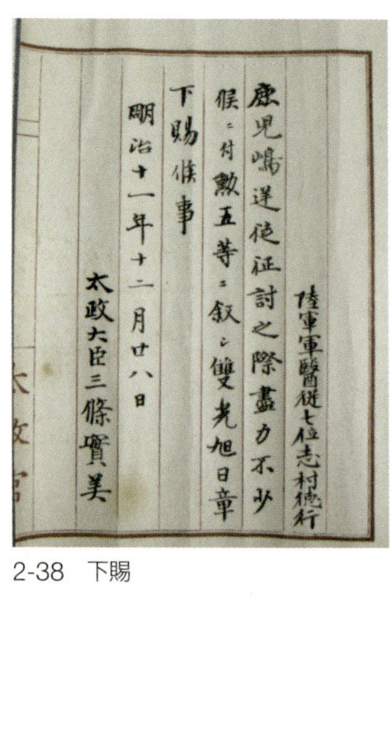

陸軍軍醫副七位志村徳行
鹿児嶋逆徒征討之際盡力不少
候ニ付勲五等ニ叙シ雙光旭日章
下賜候事
明治十一年十二月廿八日
太政大臣三條實美

2-38 下賜

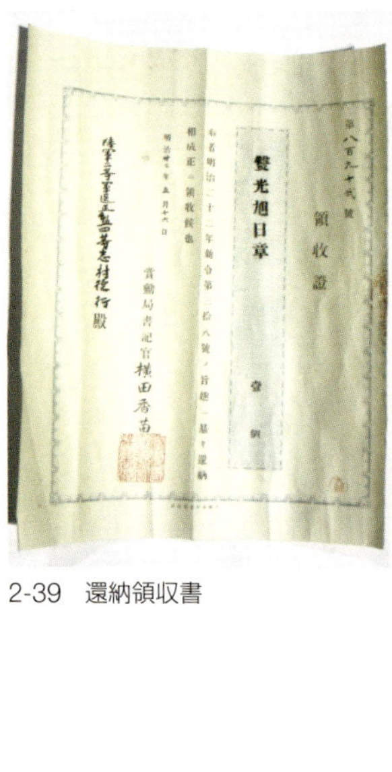

領收證
雙光旭日章
壹個

2-39 還納領収書

◉勲六等

一体型の勲六等です(2-40〜44)。箱の篆書を見ると「四」等の字と間違えます(2-42)。「六」は天辺が尖っています。ちょっと見には私も間違えてしまいます。私の手元には、明治十年三月の箱に納まっていた章身と桐が一体型のものと、別体で蝶番になっているものがあります。本来は非常に多く支給された勲章なのに、なかなか現物は出てきませんで

❖勲六等（一体型）

2-41

2-40

2-42　勲六等（左）と勲四等（右）

2-44

2-43

勲六等（可動型）

2-45

2-46

2-47

2-48

2-49

した。章身は銀色です。この勲章は先程の一体型の勲五等と比べると桐部の幅が狭いことがわかります。製作者のせいなのか、原型のせいなのかはわかりませんが、見慣れるとまあまあの形をしています。「五七の桐」や桐の透明緑の七宝は一体型の五等のものと同じ輝きをしています。五等以上の桐も透明緑七宝の下地は金メッキはされていないのです。つまり勲章制作の手順として、七宝を入れて七宝表面を研ぎ出してから、縁部分に金メッキをしたものとわかりました。しかし六等はその縁部分をはじめどこにもメッキがされていませんでした。

この桐の部分は、桐の花の葉の数の違いで「五七の桐」「五三の桐」と呼ばれます。つまり中心部の花が七個、両端が五個のものが「五七の桐」、中心部の花が五個、両端が三個のものが「五三の桐」です。これは昔からの階級表示方法で、従四位以上と従五以下とを分けたことに由来しています。

この六等には略章が残っていました。赤線は等級を表しています。五等・六等は同じ線数です。

「明治十一年七月の勲位録」によりますと、明治十年には勲六等は出ていません。明治十一年二月十一日に当時正七位だった、後に法制局長官・逓信大臣・内務大臣となった末松謙澄（伊藤博文の娘婿）が一人拝受しています。ところが、他の資料によると彼が明治十一年一月二十九日に英国公使館付一等書記官見習になり、拝受前日の二月十日に横浜港を離れ英国に旅立っているので、勲位録と矛盾しています。勲位録はこのようにかなりあいまいな部分を含んでいます。

続いて五月十四日に一人、この方は仏サンシール帰りの太政官少書記官でした。そして六月二十二日から西南役の論功行賞です。一二二人が拝受、六月二十五日に一人、六月二十八日に一八人、七月八日に九人で、更に「明治十三年四月二日の勲位録」によりますと、明治十一年七月八日に八人、八月二十八日に二四八人、十二月二十六日に三五九人、十二月二十七日に一一〇人、十二月三十日に三人となっており、明治十一年中には八八〇人が勲六等を拝受しております。この八八〇個もの大量需要に対して、どの様な生産方式で行ったかが考えさせられます。

おそらく西南役の論功行賞は、この明治十年の可動式の蝶番型の勲六等で行われたのだと思います（2-45〜49）。

これらの軍人に対する叙勲は大体が少尉以上、大尉クラスの若手将校に行われ、明治二十二年以降の勲章増進の際、下級勲章を返納してしまったため、現在残っている勲章の数が極端に少なくなっていると考えられます。

◉勲七等

明治十一年六月二十八日に一人授与されます。橋口住正という鹿児島県士族です。勲位録には軍人の表記はありませんから軍人ではなさそうです。この勲章は私も持っていません。下士官・兵のような判任官の叙勲は、相当に遅れました。その原因はやはり論功に対しての予算がないのが一番でしょうが、それ以外にも、勲章関係でもいろいろなことがあったようで、第一が先述した明治天皇の勲記への署名の問題でした。最初の明治八年十二月十三日太政官による「勲等賞牌令中勲記書式改正」による勲記は、第一章で紹介した天皇の署名がない勲記でしたが、明治九年八月三日の「賞勲事務局伺　改正規則」によって天皇の署名が入ることになり、ずっと現在までの勲記の草案となっていて、それにはすべて天皇の署名があるはずなのです。

ところが、西南戦争の論功行賞による大量

の叙勲がある時期までにも非常に多くのご署名を頂きました。実際に明治十一年七月末までに西南役関係で五三〇枚近くのご署名を頂きましたが、明治十一年六月三日に賞勲局の上申で西南役の論功行賞による勲七等・勲八等の大量の叙勲を控え、勲七等・勲八等の勲記にご署名は頂かないことと決めます。西南役では陸軍だけで、即死が四一九名、負傷後死亡が一八二九名、快癒が六二四名、明治十一年二月六日時点の療養中のものが三三一名で、全体で死者は六〇二三名、内下士官・兵の死者は五七七〇名にもおよびました。西南役で尉官以上は、ある程度の勲章とか御下賜金が出されておりますが、下士官・兵には何の御沙汰もなく、日給やら官給品の支給品まで削減され、ついには、近衛兵が反乱を起こします。明治十一年八月二十三日のいわゆる「竹橋事件（騒動）」です。処刑者は五五名にも及びました。

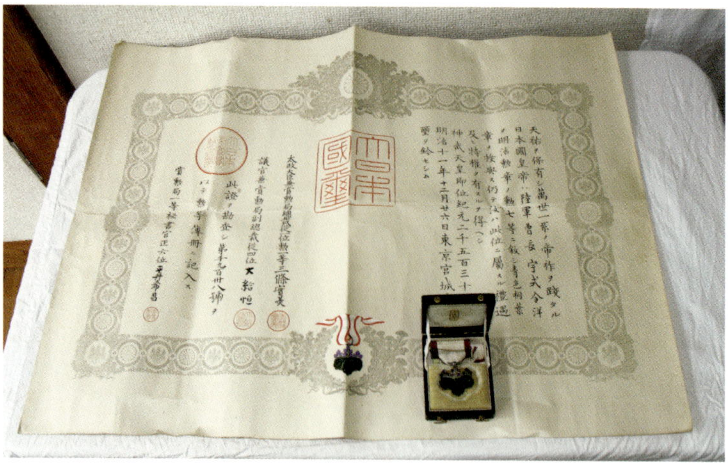

2-50　宇式令洋の勲記（勲章は2-52～54）

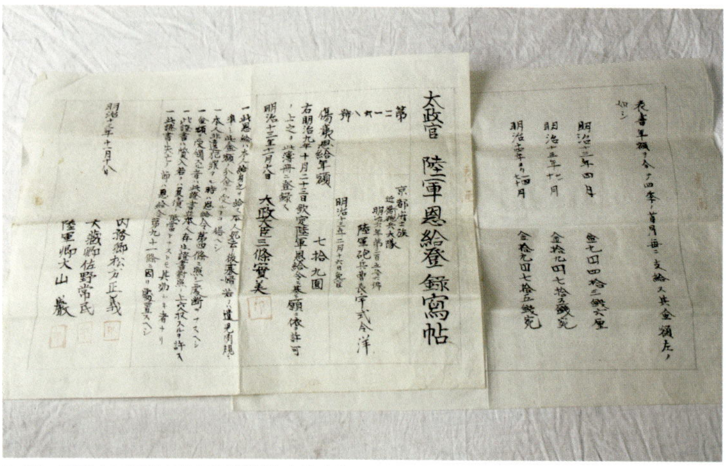

2-51　手書きで写された恩給登録と支給金額

　何も天皇のご署名が欲しいということが騒動の遠因となったわけではないでしょうが（というのもそもそも下士官クラスで天皇のご署名など頂けるはずがないからです）、天皇を保護すべき近衛兵の反乱によってまた叙勲は遅れます。結局兵・下士官への叙勲は明治十一年十二月二十六日からでした。

　この写真はまた別の勲七等勲記と勲章です（2-50・52～54）。この宇式令洋という人物は近衛砲兵大隊の陸軍曹長という下士官でした。この勲記と一緒に「太政官恩給登録」の写し（2-51）がありました。それによると明治十三年二月十六日に免官になっており、恩給年額は七拾九円となっています。これから推測すると、彼は西南役でかなりの重症を負っています。宇都宮少佐（明治十一年二月に竹橋事件鎮圧の際に亡くなった）により彼の昇進が上申されていますし、十一年五月の書類には入院患者の移送のリストに彼の名前がありますから、十三年の免官時には病院にいたも

❖勲七等（宇式令洋拝受）

2-52

2-53

2-54

❖勲七等（宇式とは別種）

2-55

2-56

2-57

のと考えられます。ですから宇式は竹橋事件には関係がなく、そのために西南役行賞の最初の叙勲者となったのだと思います。

勲記の形式は現在のものとほぼ同じですが、文字を取り囲む銅版画による模様は、現在の褒章のような形です（2‐50）。図案はかなり有名な方の作品でしょう。勲記番号は既に一九〇〇番台です。勲七等・勲八等は数が多いので現在は把握できません。しかし勲記はしっかりできていて、下部中心の勲章図は勲一等からすべて同じで一つ一つ手書きで描かれています。

中の勲章は両面七宝の「五三桐」で革箱に収まっています。こんなに小さい桐でも作りは実によくできていて、透明七宝はやはり平田彦四郎だけあって透明度が高く、緑がキラキラ輝くように見えます。この製作にあたり七宝を入れる所を一つ一つ彫り下げて彫刻をし、七宝を何度も特殊な道具を使い回転させながら両面に入れて行く、更にそれを平らに研ぎだすという手間暇を掛けてやっと一個の完成品にいたる訳です。到底二、三人の分業ではできるものではありません。当時から相当な人数を使用していたか、下請け、孫請けと発注をしていたものと感じます。やはりこの勲七等は可動部が環だけなので、七宝に傷みが出ません。

この箱も「明治十年三月」と刻印があり、明治十年のものは二等から七等・八等もすべて十年三月の箱であることがわかります。革貼りのこの箱はかなり凝った作りで（2‐54）、勲三等から全部作りは同じです。ただ小型にしただけで、むしろ勲三等などの大型箱よりも作るのが難しく思われます。

しかし西南役の論考行賞では、大量に出された勲章はすべてが革箱ではなく、後には木箱が使われました。後述する木製の角ばった漆塗りの中に青いちりめんの勲章台がある箱です。

そういえば、ロシアの皇太子ニコライが遭難した大津事件（明治二十四年）の津田三蔵も西南役でこの勲七等を与えられていたのでした。西南の役以後、西郷隆盛がロシアに逃げて生き延びているという伝説があり、ニコライ皇太子が来日した際に一緒に日本に帰ってくるのではという噂がたちました。すると、西南の役で勲章をもらった津田は西郷に勲章を取り返されてしまうという妄想を抱いたのでした。それが事件のきっかけとされています（参考・夏堀正元『勲章幻影』）。何もなかった明治以前の生活から考えれば、このような綺麗な七宝品を貰ったならば、一般人は固執したことでしょう。

◉勲八等

革箱にはほとんどお目にかかりませんでしたので、かなりな数が出ているため、西南役の勲章といえば、七等も木製の角型漆塗りの箱で行賞をしていたものとずっと考えていました。しかし勲八等の箱で革製の「明治十年三月」の刻印のものがありました（2‐58〜61）。最初期には革箱で出され、のちに木箱になったということでしょう。

明治十一年は勲六等で八八〇個出た時で、勲七等はそれをはるかに超えていたでしょうし、勲八等はそれどころではなかったと考えます。

その勲章の製造数について考えてみましょう。造幣局が賞勲局に納めた数量（銀板に圧刷して貨幣のように凸凹をプレスしたもの）は、詳細はよくわからないながらも（従軍徽章の数字かも知れません）、『造幣局一〇〇年』には、明治九年・一五五組一〇〇個、明治十年・八七〇個、明治十一年・四九〇〇個、明治十二年・一等、二等、五等、六等で一七

○個、明治十三年・一等、二等で五○個となっており、明治九年から明治十三年の間で合計すると一等二○個、二等五五個、三等一○五個、四等二○○個、五等は六等と同じ形ですから両方で七四○個、七等四五○個、八等なんと五七○○個という記録があります。

　それから想像しますと、例えば六等ですが、勲位録の数字では西南役の論功に八八○個使用しています。造幣局で四五○個しか作っていませんから、外国人分を含めて四三○個は民間の業者が銀を叩いて作っていたということがわかります。つまり、造幣局のプレスでの加工と、民間の職人によるものと二通りあったのです。造幣局では当時香港からの中古ながら日本では最新鋭の機械で、外人指導で貨幣を作っていましたから、銀地台を両面を正確な厚さで品質的にも圧写する事は簡単にできたはずです。それで圧写した銀板を賞勲局に納めていたのです。やはり八等は何個出たかは正確には判りませんが、五七○○個以上は作っていたのでしょう。

　繰り返しになりますが、圧写された銀板を職人が一つ一つ切り出し、葉脈等の模様の毛彫り、裏の文字を入れ、そして研ぎをかけます。当時は炭や色々な研磨剤を使用して磨きをかけます。大変な手間がかかります。大勢の人を雇い入れていたことでしょう。

❖勲八等

2-58

2-59

2-60

2-61

❖二-二　明治十年に増設された菊花章

　ここで、旭日章ではない、新しく設けられた勲章についてお話しします。それまで旭日章しかなかった勲章に対して、その上級勲章の制度ができます。「大勲位菊花大綬章」は明治九年十二月二日に増設され、十年十二月二十五日に太政官布達第九七号で図式が出ます。

　この時の布告図（図版なし）を見ますと、副章の裏足は初期の旭日章と同じように一本でした。最初に菊花章を西南役行賞によって受章したのは有栖川熾仁親王ですが、勲記等はどういうわけか布告図が出される前の明治十年十一月二日になっています。さらに次の菊花章の授与は間が空きます。次の授与は十五年四月に三条実美、十一月に岩倉具視、十二月に小松宮彰仁親王となります。

　明治八年に日本で初めての勲章ができ、その翌年にはそれより上級な勲章を作らねばならなかったことについては、勲章製作に携った人々は大変な思いをしたことでしょう。旭日章という、素晴しいデザインの勲章の上に更に何か考え出さなくてはならなかったのです。西南役での各将官や政治家・外交官に勲一等旭日大綬章を授与していましたから、皇族でありながら戦地に赴いていた有栖川宮にはそれ以上の勲章を出さねばならなくなってしまったと考える方もいます。しかしこれ以外にも理由があったようです。

　明治五年六月にペルー国の汽船マリア・ルース号が台風に遭遇しマストの一部が折れ、横浜に入港した際、マカオから乗船させられた清国人二三一名の内二名が海に飛び込み、たまたまそこにいたイギリス軍艦に保護されます。そのことがきっかけで、奴隷船と判り、時の外務卿副島種臣（そえじまたねおみ）は大江卓に真相を解明させます。すると虐待・奴隷売買等の問題が次々に判明、船長は無罪放免されましたが、清国人二三一名は清国に引き渡されます。その後ペルー公使は日本に謝罪と賠償を求めてきます。この問題は年を越すごとに大きくなります。

　副島はこの問題は人道上黙許すべきでないと国際裁判に提訴、明治八年にロシア皇帝の仲裁裁判判決により日本の主張が認められる訳ですが、「明治十三年刊の外国人叙勲録」を見ると、その間ロシア外交官等に勲一等勲章を連発しています。それまでにも数多くの勲一等勲章を授与しておきながら、事件の判決に寄与したロシア皇帝が臣下の外交官と同じ勲章のままではいかがなものかと考えられたのでした。皇帝にはそれより上位の勲章を授与する必要があります。外国人叙勲録を見るとロシアだけでなく、その後、菊花章を他

2-62　明治14年の『明治勲章図譜』（左も）

2-63

の国の皇帝・元首等と同等の臣下にも与えています。こうした事情だけではありませんが、この事件が勲一等旭日大綬章の上に上位勲章を作らねばならなかった遠因となったと考えられます。

　さて、大勲位菊花大綬章ですが、この勲章は旭日章のように一等から八等まであるというものではなく、単一で大綬章とその副章からなっています。明治十年当時最初に熾仁親王に授与された勲章は、先に述べた國學院大学発行の図録で確認できます。ただ大綬には変わった綵花がつき、本章と副章が同じ大きさなのは、誰かほかの人の綬と入れ代わっているのだと思われます。

　昭和天皇がご幼少の時、菊花章を四分の三の寸法で蒲生徳治が製作したことがあります。昭和天皇のその時の菊花章であるはずはないのですが、おそらくご兄弟の有栖川家を受け継いだ宮様の品ではないでしょうか。箱は大きく、上部に大綬がのぞきます。

　本書で紹介する菊花章は明治十年製の有栖川宮のものではありませんが、本章は黄色七宝の菊の鈕が付いています。その裏に「大勲旌章」と入ります。これは「この勲章は大いなる勲と功労とをあらわす」を意味します。

章身は光線が白、葉が緑、菊が黄、菊の中心が赤となっていますが、七宝の溶ける温度が違うので、もちろん何度かに分けて焼いたにせよ、よく同じ色が出せるものだと思います。しかも本章は両面七宝です。すべて七宝を入れてから研ぎ出すため、勲章の七宝と金属の高さが同じで、七宝の中心がやや窪んでいるのは、多彩色のため、そう何度も焼くことができなかったからでしょう。葉の緑が透明七宝です（2-64〜71）。

　たとえば旭日章二等の場合は、銀でできた光線部分の上に中心赤日章を嵌めた白七宝入りの旭日を置きネジで止めた三層構造ですが、菊花章は菊花のある緑七宝を入れた光線のある土台の上に、白七宝の上下左右方向の光線がある部分を置き、赤日章を嵌めた白七宝入りの旭日を乗せ、ネジで止めた四層の構造となっています。それぞれの盤の曲がりや切抜き・外形がぴったりと合わなければ見栄えがよくありません。大変な作業です。

　七宝の透明度は素晴しく、菊の中心の赤い七宝部分は、その下地の金属が露出すること

2-64

2-65　副章、上下とも明治10年のものではなく、中央の可動足の形が異なり、両側に補助足がある。

2-68

2-66

2-67

2-69

2-70　本章表

2-71　本章裏

によって、赤に陰影が加わる点など技術・芸術的な要素が多分に含まれています。この時点では平田彦四郎の製作でしょうが、腕のよい職人がいたものだと感心いたします。

この勲章（2-66～69）も皇族のものですが、明治三十七年頃のものです。副章（2-64・65）は、白七宝の光線が上下左右に延びており、それを菊花と葉が連結しています。この葉のおかげで白七宝に力が加わるのが少し和らぐため、七宝の割れは、後にできる瑞宝章よりも少ないのではないかと思います。

初期のものはこれより箱が大きかったようです。明治二十年十一月五日の島津久光が拝受した大勲位菊花大綬章が鹿児島に展示してあるのを見ると、初期のものと同じく箱が大きいのが判ります。大勲位菊花大綬章はもともと本章と大綬と副章が一つの箱に収められます（2-69）。別箱となっていることは最初からありませんでした。箱には蓋表面に七個の菊紋が入っています。硬い赤の組紐がついている玉手箱です。蓋裏は本金梨地の金箔入りの漆塗りで、「大勲位菊花大綬章」の文字がありません。勲章の載る台座は「雲鶴」といって飛翔している鶴と雲の模様の織物です。その後与えられる際の箱は普通の菊紋一つの「大勲位菊花大綬章」と書かれた角がやや丸みを帯びた箱になります。おそらく明治二十年前後にこのような箱になったものと考えます。

その箱内部の織物は紫ビロードです。その台の下に大綬が収まります。大綬は両端が紫色で中央が紅色で、最初はまだ水紋が発明されていませんから平織りでした。この大勲位菊花大綬章は三寸八分とその時期に叙賜していた旭日大綬章のものより細いものです。このために後の旭日章の大綬幅が後に細くなったのかもしれません。また、この時点で、今までの勲章の略綬の大きさが統一されたようです（2-74）。

菊花章（桂太郎）

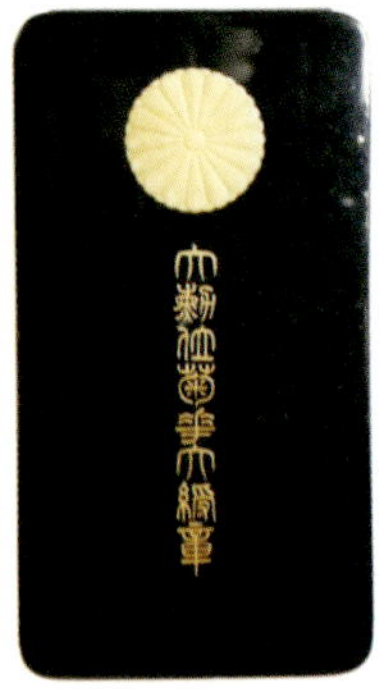

2-72

2-73

2-74

2-75

2-76

2-77

2-78

もうひとつ、明治三十九年四月一日日露戦争の論功行賞で桂太郎陸軍大将・内閣総理大臣が拝受した大勲位菊花大綬章をご紹介いたします（2-72～78）。この論功ではあの有名な東郷平八郎海軍大将も同じ日に拝受しておりますので、それもまったく同一品だと思います。また当日は井上馨・徳大寺実則・松方正義等も拝受しております。

桂は公爵・陸軍大将・内閣総理大臣という肩書きですので、他の人と異なりいろいろな場所に出席し、その都度この大勲位菊花大綬章の副章を左胸に佩用せねばならなかったため、副章は結構傷みがあります。しかしその使用頻度にしては傷みが少ない方でしょう。この勲章の細部は先の勲章とたいした差はありませんが、勲章箱が異なっています。箱は角の丸い素晴しい漆塗りで、大きな高蒔絵の御紋章と「大勲位菊花大綬章」の盛り上がった文字があります。箱をあけると縁が金色なのに気がつきます。なぜか蓋裏には紫ビロードが使用され、勲章台地には雲鶴が使われています。箱の内側は本金梨地漆塗り仕上げになっていて、そこに大綬が入っています。

❖二-三 明治十年以降明治十四年までの旭日章

さて、旭日章に話を戻します。取りあえずこのような節題をつけてみました。この時期には西南役の行賞も終わりに近づいていますが、確実な勲記と勲章が一体のものにはお目にかかっていません。しかし、大体の想定はついております。総論にも書いておりますが、明治十四年に杉村清吉が水紋入りの綬を発明するに至り、この時期の勲章のほとんどがそれ以前の綬をつけていたことで、これが指標になります。

革箱よりも数段制作が簡単な木箱は大量の叙勲に対応するため、明治十一年頃、西南役行賞から使われていました。ということは、水紋綬が作られた明治十四年以前の勲章で木箱に新しい水紋入りの綬とともに入っていることはないはずです。もしあればそれは綬があとになってつけ替えられた可能性がありますす。綬だけによって年代を決めるつもりはありませんでしたが、木箱に入っているものは勲章自体の出来もよく、革箱に入っている章身と比較しても、章身そのものは同じように見えますし、十一年ごろから十八年ごろまで四角い木箱が長期間にわたって使用されていたらしいこともわかっています。勲章箱の表に書かれた勲章名の文字は、きちんとした小篆とやや装飾的な篆書の二種類ありますが、これはその長期に亘った間に変更されたものなのか、あるいは箱の製造に当たる業者またはその地方によるものなのかは、これからの課題と考えます。

これらの勲章に関しては、勲一等から勲八等まで、勲章箱に共通した系統があります。八角形の勲二等の箱型を除き、長方体の箱で漆塗り、箱の蓋に「勲○等　○○章」と勲級と牌名が入ります。年号は記されていません。牌名とは旭日大綬章・旭日重光章・旭日中綬章・旭日小綬章・双光旭日章・単光旭日章・青色桐葉章・白色桐葉章といった名称のことです。また、その箱を開けると、一等だけは別で、三等の旭日中綬章以下は蓋裏には貼りものはなく、勲章は青いちりめんの高坏のような架台に嵌められて納まっています。

◉勲一等旭日大綬章

勲章自体はあまり以前のものと変わりません。章身は青い縮緬製の綿入れに埋もれるように納まっています。この勲章を置く台はそ

勲一等

2-79

2-80

2-81

2-82

のまま取り外すことができます。この勲章台は丁度お膳のような形で勲章が乗った縮緬座布団を両脇の壁で支え、箱から出しての展示もできるようになっています。この時期の箱は勲一等にだけ蓋の裏に同様の縮緬綿入れが貼られています（2-79〜82）。

　勲一等はかなり偉い人が拝受します。それは大礼服を着用する機会のある人です。その際には大綬をつけて勲一等を佩さなければなりません。このため当時最新の杉村清吉の発明の水紋が入った大綬に交換されているのかもしれませんし、もともと水紋綬だったとも考えられます。大綬の両端は赤紫ではなく、赤みが多い朱色の感じです。綬幅は細くなったので、箱の幅が目立ちます。四寸の幅の大綬に合うように作られた箱なのでしょうが、明治九年に大勲位菊花大綬章ができた時にその大綬章の大綬幅が勲一等旭日章より細く設定されたので、勲一等旭日章も変更になったのかも知れません。ただし、今でも「四寸」の規定は変わってないのは何か意味でもあるのでしょうか。明治十四年発行の狩野則信の勲章図（『明治勲章図譜』、240ページ、2-83・84）明治八年の『図式』（232ページ）、2-81の写真を比較すると、綬の幅が変化していることが判ります。

2-83

2-84

　勲章箱はそれまでと一変して木製の漆塗り箱となります。これによっておそらく明治十四年以降のものだと考えられます。しかし勲一等とその副章である勲二等は依然別箱に入っています。勲一等の入っている箱はかなり大きいものです。蓋の表面に「勲一等」、少し下がった横に「旭日大綬章」と金漆で書かれています。篆書体ですが、字画の先が尖っています。箱は全面に漆が塗られていて、開閉は押しボタン型の留めです。蓋の開き過ぎを止める紐はありません（2-80）。一等の副章である勲二等は詳しくは次の勲二等で紹介しますが、ここでは勲一等と並べた時の感じを見て下さい。角ばった一等の箱に角ばった二等の箱が似合っていると思います。

◉勲二等旭日重光章

　二等は勲一等の副章でもあり、独立した勲二等でもありました。重光章というのは、銀地の光線を土台にして、白七宝の光線が組み合わされたデザインです。最初にご紹介する勲二等は先の勲一等についてきたものです（2-85〜87）。

　勲章章身ですが、確かに出来は良いものです。すべてが明治十年（一一六参照）のものと同じようです。勲章裏側の足は三本で、中心の足は可動式で細いですが、ほどよい曲線を持ち気品さえあります。裏の「勲功旌章」の文字も以前のものと変わりなく手彫りです。この「旌」の字は、その功徳を人に知らせる意味で、「章」はその印です。しっかりした字体で入っているものが良いものでしょう。

❖勲二等

先の勲一等に付随したもの

2-85

2-86

2-87

勲二等旭日重光章として授与されたもの

2-88

2-89

2-90

2-91

次に勲二等として単品の勲章です（2-88～91）。これを見ていただくと先の明治十年の所で紹介した、革箱入りのあまり出来のよくない勲二等単品の勲章に似ています（72ページ参照）。先程の二等は旭日の先端のV字の幅が狭く、また旭光の縁取る線の幅が狭く、窪んだ魚子打ちの部分が広かったのですが、それが対照的に魚子打ち部が狭く、旭光の先端が厚く膨らんだように鋭くできています。二等勲章でも、出来のいいものは一等の副章として使われ、そうでもないものは二等の本章として使われたようです。勲章の出来によって文官と武官との間にも差をつけたと考えるのは考え過ぎかも知れませんが、とにかく作りが違います。

さて、箱は八角形の漆塗り箱になります、もう亀を想像するようなものではありませんが、蓋がほどよく盛り上がったカーブを持ち、前ページ（2-80）で申したとおり一等の長方形の箱の隣に置いても違和感がありません。やはり押しボタン式。蓋には「勲二等　旭日重光章」と篆書で書かれ旭日の「日」の書体が勲一等とは違うのが興味を惹きます。蓋裏には何も貼ってなく、漆仕上げで、勲章が入る所は青い縮緬の綿入れになっていて、ひな人形の木目込みのような作りに見えます。青縮緬架台はそっくりそのまま外すこともできます。裏地も貼ってあり、勲章を載せたまま箱から外して、勲章箱の脇に置いて飾ることもできるようになっているようです。

◉勲三等旭日中綬章

勲三等は一応二種類ありますが、両方とも同じ書体で正統的な小篆です。他の等級はやや装飾的な篆書です。両方を比べてみればどちらが新旧なのかわかるかもしれません。十四年改正の綬だけが判断できる基準です。私のコレクションでは古い綬と新しい綬とがあります。この勲章のように新しい形式の綬がついていても、後から変えたものとも考えられます。しかし例えば装飾的な篆書の箱に新しい綬がついているものが数個出現すれば、装飾的な篆書は十一年以降に使われるようになったという判断もできます。今のところ六等に同じ書体の箱に新旧の綬がついている事例しかありません（2-92～96）。

例えば一族に同じ時期に同クラスの軍人がいて中身が入れ換わったり、故意ではないかも知れませんが、時が経つとともに何らかの形で入れ換わってしまったのかもしれません。または、この箱は明治十四年までに、書体が変えられたのかも知れませんし、古い綬が使われたのかも知れません。今後研究が進めば判ることでしょう。

上の二点は新しい綬の方です（2-92・93）。中身は同じです。ただ箱の文字が違います。ですが、官から依頼されたものですから勝手に変更はできないはずです。ましてや、勲章箱の表書きです。

次に古い綬がついているものです（2-94～96）。どちらも箱の形・大きさは同じです。中の青い縮緬の座布団も同じです、ただしこの座布団はその大きさは異なり、入れ換えることはできませんでした。箱そのものにバラツキがあり、それに合わせて座布団が作られているので一つの箱には一つの座布団です。

箱の形は長方体で漆塗り、蓋の表に「勲三等旭日中綬章」と金漆入り、蓋裏には何もつかず、漆塗りのまま、押しボタン式、箱には勲章が納まる座布団の高台があり勲章がすっぽりその座布団に嵌り込み、つまりひっくり返しても勲章がずれることがなく、蓋裏に当たることがありません。こうした箱の仕様は勲三等（勲一等も同じ）から勲八等まで、大きさは異なりますが、すべて同じです。

❖勲三等

新しい綬が付随したもの

2-92

2-93

古い綬が付随したもの

2-94

2-95

2-96

◉勲四等旭日小綬章

勲四等はすべて金色です。勲四等は明治十年の勲章の所で説明いたしましたが、明治十一年七月までに一九〇個が出され、それ以降「明治十三年四月二日発行の勲位録」までにはわずか八個だけです。ですから、木箱に入った勲章は、八個しか出されていなかったのではないかと考えています。であれば、数的には当時十分革箱のものでも対応できたはずです。もし木箱で叙勲されていたとしても、四等・五等・六等は元々同じ箱の作りですから、蓋の文字の書き分けで対応できました。

勲章本体は、章身は同じ金型で四等が全体に金鍍金、五等は十字方向が金鍍金、六等は銀地のまま、それに四等は「五七桐」がつき、五等・六等は「五三桐」がつきます。ここで思うのですが、明治七年の章身と鈕である桐が一体の製品は、四等は四等にしか使えず、五等・六等のみが共用できたものの、製作所としては在庫管理が大変であったのかも知れません。可動型は章身が四・五・六等に共通で使えましたから、大量に作れたわけです。それ以外にも、白七宝と透明緑七宝の溶解温度管理が大変だったのは当然のことで、製造変更になったことと思います。私はまだ見たことがなく、図版もありません。あったとしても四等は、相当数が少なかったと思われます。

❖勲五等

2-97

2-98

◉勲五等双光旭日章

双光章は光線部分の地が金と銀との交互になっているデザインです。「明治十三年四月二日の勲位録」によると勲五等はほとんどが明治十一年に出されていて、明治十一年中にはわずか七個、明治十年には一五二個、明治十二年中にはわずか九個のみです。やはり木箱のものは少ないようで、ご紹介できるものは一個のみです（2-97・98）。勲章の章身自体も四・五・六等は同じで、金色か金銀か銀だけかの違いなのですが、当時は作り手が違うとまるで違うもののように見えてしまいます。勲章自体を作った人によって、出来のよいものと、出来の悪いものが存在しています。つまりバラつきが多いのです。

また金鍍金にしてもその回数によって金の厚みが増しますから、鍍金回数の少ないものは年月が過ぎるとその輝きは薄れてしまいます。五等は特に金鍍金部と銀地部が隣り合っていますから、金銀の部分が目立ちます。出来のよいものですと、金・銀の区別がはっきりしています。この勲章は金鍍金回数が少なかったのでしょうか、金銀があまりはっきりしていません。

勲章の綬は水紋なしでかなり使用感があります。しかし水紋なしですから、明治十四年以前のものでしょう。綬についてはあまり詳述しておりませんでしたが、初期の綬の留め金はカシメではなく、赤十字の有功章に見られるような、縫いつけです。番定の大きい(太い)赤紫絹糸でしっかり縫い留められています。略綬は九年改正のものです。

箱は先にも申し上げました通り四等・五等・六等は同じ大きさで、文字だけが異なっています。表にはやや装飾的な篆書で「勲五等双光旭日章」と金文字があります。

●勲六等単光旭日章

単光旭日章は旭日の形を保っている中では、最下位の勲章ですが、前から申しているとおり、旭日章身自体はメッキされておらず、銀地台のままというだけで実際には四等と同じものです。この時期の六等は明治十二年よりも、明治十一年の方が遥かに多く叙賜されています。西南役の論功行賞は明治十年はまったくなく、十一年に四〇〇個でした。そして明治十二年には三六三個でした。結構多いものです。十一年までに七六三個も叙賜しています。ですから木箱の勲章も多い訳でしょう。この勲六等は装飾的な篆書のものもあれば(2-99)、正統的な小篆のもの(2-100)もありました。その両方に旧型の綬がついていましたから、どちらの文字の箱が古いのかということは判断がつきません。ですからこの書体の変化は、明治十一年頃から明治十四年までに行われたことがわかるのみでした。しかし先の資料で勲六等の西南役の論功行賞は明治十二年までですから、調べてみたら、ある勲六等の勲章の箱(正統的な篆書のもの)の中に、西南役で使われたと思われる大隊配置の一枚の用紙が勲章押さえに入っていました(2-101)。その用紙は西南役後に、この勲章の拝受者が記載し勲章の中にしまっておいたものだったので、すべてが解決しました。つまり西南役時点では正統的な小篆、それ以降が装飾的な篆書だったということのようです。五種類紹介します(①~⑤)。

●勲七等青色桐葉章・勲八等白色桐葉章

勲七等・八等は下士官・兵に叙賜した勲章です。旭日ではなく、桐葉型のデザインです(2-120~129)。先ほど陸軍曹長・宇式令洋の七等勲章の話をしましたが(88ページ)、七・八等の下級勲章は竹橋騒動の余波で当初の予定よりさらに叙勲が遅れたようです。木箱入りの勲章が西南役論功行賞勲章と言われていましたが、少なくとも明治十一年末までは、(勲記の年月日が偽装でなければ)勲章は革箱に入っていたということが判ります。

写真のものは綬は古いものですし、勲章の章身も出来がよく桐の緑七宝は透明感があります。しかしこれは先ほどのものとは作り手が違うのか、桐の花の葉と茎の七宝が同じ緑です。十年の所で紹介した革箱入りの茎はもっと明るい青緑で、色が違います。

ここで前にも触れた『造幣局一〇〇年』のプレス圧写した数と思われる数字を見てみます。明治九年に一五五組と一〇〇個で合計四一〇個、明治十年に八七〇組・一七四〇個、「組」というのは、たぶん章身と鈕の桐部を指しているのでしょう。そして、明治十一年に四九〇〇個、これは章身と桐部ではなく、単体の勲七等または勲八等を意味しています。

❖勲六等—①—箱表面の書体が年代によってやや異なるもの

2-102

2-100

2-99

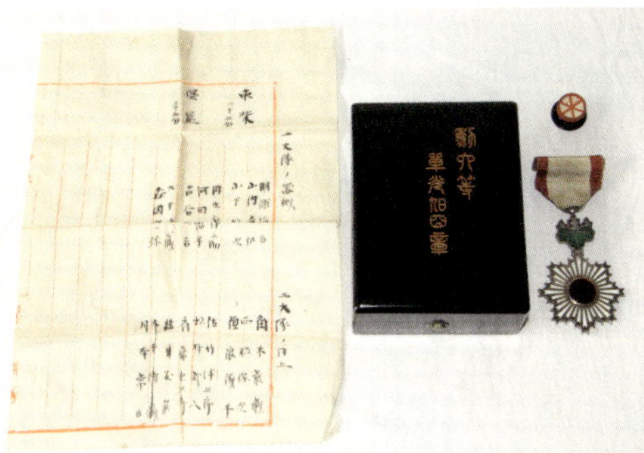
2-101

❖勲六等—②古い綬が付随したもの

2-105

2-104

9-103

❖勲六等—③杉村清吉の水紋入りの綬がついたもの

2-107

2-106

❖勲六等④——箱の書体が異なったものの比較

2-109

2-108

2-111

2-110

2-112

2-114

2-113

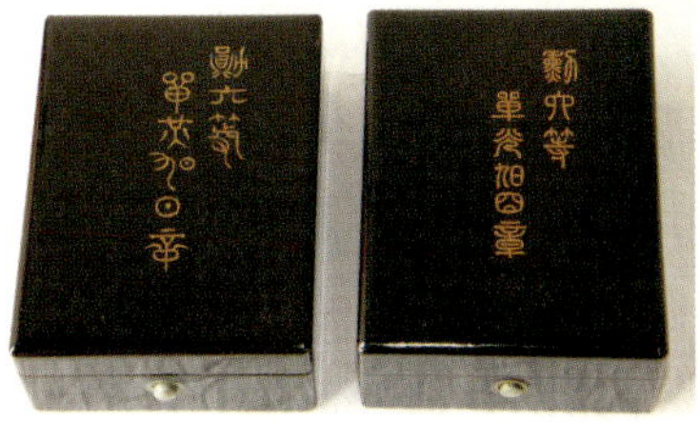

2-117

2-116

2-115

2-118

❖勲六等——⑤

圧写はしっかりしたプレス金型があれば、当然民間の業者よりも官営の造幣局の方が優れているし、納期も確実、材料の品質もよく、間違いないものができるのは確実です。

その後明治十二年には一七〇個、明治十三年には五十個となっており、その時の勲位録から数（実際に与えられた数）を示すと、一等二十個、二等五十五個、三等一〇五個、四等二〇〇個、五等及び六等（桐が「五三」で共通しているからでしょう）が七四〇個、七等四五〇個、八等五七〇〇個となっています。七等以上の勲章は、平田が作り置きをしていた勲章以外のもの（つまり平田の下請けが担っていたもの）で、十二～十三年頃から急激に増える外国人叙賜を含めれば数としてはこのくらいの規模でしょう。

七等が四五〇個というのは、革箱入りの勲七等の在庫がかなりあった（平田が作りおいていた）ものと考えます。八等は下士官・兵の死傷者が五七〇〇名以上あった西南役でしたから、五七〇〇個は当然でした。平田の革箱入りのものが少ないのは、その程度の数なのか、または違った意味で民間での保存に問題があったのかも知れません。全体数としては把握できておりません。

革貼りの箱も木製漆塗りの箱も勲八等・勲七等とは箱蓋の文字が違うだけで、まるきり同じです。勲章の章身は八等では造幣局から送られて来た銀板を圧写したものを成形し、裏面に文字を入れ、環を取りつける穴を開け、環をつけ、環を蠟づけして、一応は手を離れる訳です。しかし勲七等は両面七宝があるので遥かに大変な作業です（2-119）。

この八等勲章は先に申しましたが、たぶん明治十二年頃でしょう。その時の叙賜した方の箱の箱、つまり勲章木箱が紙箱に入っていて、それが残っていたのです（2-122・123）。箱は勲章箱よりも八ミリ位大きくて上部には紙を丸めたクッションが入っていました。横幅は勲章箱の大きさで、紙箱の周囲に茶封筒のような感じの紙が貼ってあります。内閣賞勲局からの佩用伝え「叙勲者履歴届出心得」が底に入っていました。内閣賞勲局名で明治十一年十一月の日付印刷のものでした。明治十一年十一月の年月日入りということは、西南役の下士官功賞すべてがそれ以降だったのかも知れません。このような形で叙賜されたものと考えます。市場に出て来る七・八等はこのようなものばかりで、多くが水紋のない平織りの綬がついていました。まれに少し朱色になった薄い水紋のある綬を見ることがありますので、十四年以降の水紋のある綬は赤紫ではなく、朱色の綬となっていることが判りました（2-127）。七・八等でも箱の中の縮緬製の勲章台座は勲一等と同じようにしっかり作られています。取り外して展示することもできるように、全面に貼りものがあります。

2-119　勲七等の本章部分作業

●勲章保存の状況

この辺で勲章が授与された人物の手元でどのように保存されていたかを検証してみようと思います。まず、勲一等だけに限り調べてみますと、明治八年の皇族綬章と北白川宮は除いて、明治十年には西南役論功行賞で十人が拝受、明治十一年は誰もいません。

明治十二年は二人、明治十三年も二人、明治十四年は四人、十五年は四人、十六・十七年は誰もいません。十八年に一人、十九年三人、二十年四人、二十一年三人、二十二年二人、二十三年四人、二十四・二十五・二十六年は誰もいません。二十七年一人、二十八年に日清戦争の論功行賞で九人でした。このように誰も該当する人がいない年もあり、勲一等は毎年せいぜい二～三人でした。そして明治十年以降、更に上級勲章の菊花章ができていますから、先述のようにその勲章を拝受した場合には還納を要求されます。しかし皇族の場合は手元に保管されているのが常です。また、九年西郷従道が拝受したものも、後日の写真で還納はされていないのが確認されています（63ページ参照）。

例えば桂太郎の場合を例に挙げますと、明治十三年に勲四等を拝受していますが、その後十八年に勲三等が贈進されており、十三年の勲記は残っておりますが、勲四等は還納されていました。しかしその後明治三十四年十二月二十七日に勲一等が贈進されていますが、その前の勲三等は自宅に保管されていました。還納制度は、お偉い人にはあまり関係がなかったのかも知れません。当然皇族には無関係

❖勲七等青色桐葉章

2-122

2-121

2-120

❖勲八等白色桐葉章

2-125

2-124

2-123

2-128

2-129

2-127　水紋のある綬

2-126

であったに相違ありません。
しかしこの還納制度によって、前述したように貴重な平田彦四郎造の多くの初期勲章が銀塊になってしまったものと考えます。
西南役での論功行賞で作り置きしていた勲章が一斉に軍人の手元に渡されましたが、その後優秀な軍人達は名を上げ、その十七年後に清国と戦争し、勝利しました。その時点で西南役の時に勲六等程度を拝受していた尉官達は佐官・将官になっていました。当然勲章は贈進されました。
たとえば西南役の時に大佐であった野津道貫は明治十一年に勲三等を拝受しましたが、明治十五年少将の時に定例叙勲で勲二等を、明治二十八年には勲一等旭日大綬章と功二級金鵄章を拝受します。何故か野津家には勲二等が残っていました。たまたま将官時だったので、当時の還納はいい加減なものだったのでしょう。しかし佐官・尉官・下士官・兵にとっては厳格な制度だったに違いありません。その為に数多くの下級勲章の現存するものが少なくなっていると考えます。

❖二-四 明治十八年頃の勲章

◉勲三等旭日中綬章

この時期の勲章は勲一等及び勲二等が確認されていません。よって勲三等から説明致します。これは、桂太郎が明治十八年十一月十九日に拝受しております。勲記と一緒にありますから時代は間違いないものです。勲章本体は、明治十四年以降のものとあまり変わりません（2-130〜132）。
箱は角が丸身を帯びた漆塗りの木箱で、押しボタン式で蝶番にバネが入っていて、ボタンを押すと自動的に蓋が開くようになっています。だんだん現在の勲章箱に近づいて来ている感じがします。桂太郎は明治三十四年十二月二十七日に勲一等旭日大綬章を追贈されていますが、それは、よく見受けられる現在のものと同じような勲章箱でした。この勲章は蓋を開けると勲章が乗る架台が現在の勲三等と同じように手前側を支点としてせり出すようにできていて、箱の中に勲章を入れたままでも、展示することが可能になっていました。
次に紹介するのは古いタイプの三等です

❖勲三等（明治十八）

2-130

2-131

2-132

（2-135〜138）。勲章本体はかなりできがよく古い年代を感じさせ、光線の白七宝は昔と同じく釉薬を盛りつけ何度か焼いてから、砥ぎ出して七宝と銀地を同じ高さにしています。ですから、七宝の中央部はやや窪みができるのが常です。鈕の桐の七宝も透明七宝で下地処理により輝きが見えます。ただし桐花の茎の緑は桐の緑と同じ色です。綬は十四年改正の水紋入りのものがついていました。留め金は差込式です。

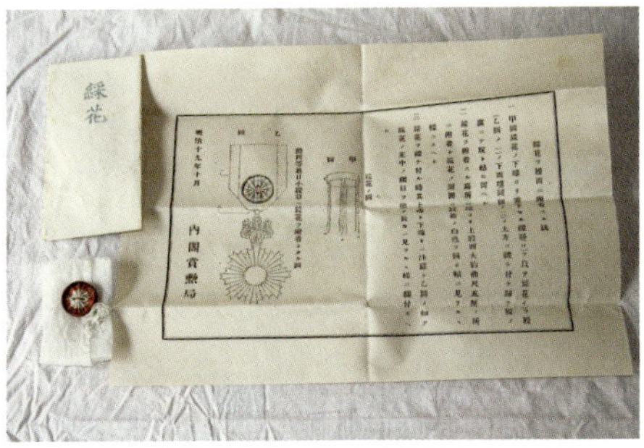
2-133

2-134

蓋の表には細いしっかりした篆書の金漆文字・二行で「勲三等　旭日中綬章」とあります。蓋裏には紺紫色の綿入れ絹地が貼られ、勲章の押さえになっています。箱の大きさは、以前の角ばった木製漆塗りのものから比べるとかなり小さくなりました。

❖勲三等（古いタイプ）

2-135

2-136

2-137

2-138

●勲四等旭日小綬章

四等から六等までは章身の元型も同じですが、金鍍金の違いと、鈕の桐に違いがあります。この四等を見ましても、出来はかなりよく、金鍍金はまだ「けし鍍金」と思われ、厚くかかっています。綬に綵花がついていますが、裏側に結び目がありますので、明治十九年以前に拝受したものに十九年以降に綵花を取りつけたものと判ります（2-136）。綬はやや朱がかった赤で水紋が入っていますから、それでも十四年以降ということが判ります。この時期の綬についている引っ掛け金具は既に糸で縫いつけではなく、綬を貫通させて内側で座金を通して曲げてカシメる形式で、フックの方も縫いつけではなくカシメてあります。またフックには板バネが付き外れにくくしてあるのが特徴です。略綬も残っていました。古いタイプの大きいものです。

勲四等・勲五等・勲六等の箱は作りが同じです。ただ、字が違うだけです。箱の文字は細い書体で二行「勲四等　旭日小綬章」と金文字で書かれています。蓋を開けると四等・五等・六等ともやはり同じで、勲三等やその後の金鵄章と同じように勲章が乗っている赤紫ビロード貼りの架台が可動式です（2-139～143）。まだこの時期は四等に綵花がついていませんでした。明治十九年十月になりますと、それ以前に四等勲章を拝受した方に綵花が送られて来ました。それを自分でつける訳です。ですから、綬の裏側に綵花取りつけ用の糸が出ていて結び目があります。たまたまその書類と綵花の現存品がありますのでご紹介致します（2-133・134）。綵花と印刷された和紙に包まれた書面と非常に薄い和紙に包まれた綵花が入っております。これは四等と五等・六等が見間違えられるのを防ぐ意味で綬につけるのです。後の金鵄勲章に綵花があるのも同じ意味です。四等と五等・六等は鈕の桐の花部分を見ればそれが「五七桐」（四等）か「五三桐」（五・六等）かは判断がつくし、金鍍金の状態が、全部か部分か銀地のままかでも判断がつきました。しかしだんだん金鍍金が薄くなり、金鍍金の下地の銀焼けが出て来てしまうといったことも綵花の追贈の理由かも

❖勲四等（明治十八）

2-139

2-140

2-141　後に送られてきた綵花をつけたもの（右）。綬の裏に留めるための糸が見える。

知れません。

◉勲五等双光旭日章

　なかなか出来がよいものです。しかし中央の日章は輝き方がガラス玉です。五等は「双光」ですから、金鍍金が斜め方向に入り、鍍金しない部分と鍍金した部分が交互になっています。見た目、金・銀がはっきりしないと六等に間違えられやすいものです。

　この時期、まだ宮川由多加が下谷区竹町にメッキ工場を作る前で、明治二十年に宮川がメッキ工場を開設し造幣局賞牌製造の一部を行います。つまりは、けし鍍金から電鋳メッキにさせて金の使用量を極端に抑えて経費を削減する意味があったのでしょう。その後のものは金鍍金の厚さが非常に薄く、金色が薄れて内部の銀焼けが露出してしまうものが多くなります。製造後一〇〇年以上経過した現在見ると一目瞭然で、明治二十年以前の勲章の方がそれ以降のものより遥かに金色を保っていることが判ります。勲章は時代を経るに従ってだんだん質が悪くなって来ているように思えます。手作りであったのが、企画通り均等に出来るようになって来た訳です。

　七宝は先の四等と同じでよい出来です。鈕の桐は「五三」となります。綬はやはり朱色の赤が両端で杉村の発明した初期の綬で、裏の留め金も四等と同じく完品です。略綬も古いものでした。箱は文字が違うだけで、四等と同じです。「勲五等　双光旭日章」と二列で金漆文字があります。蓋は軸は細いが押す部分は大きい丁度キノコのような形をしています（2-142〜145）。

◉勲六等単光旭日章

　勲五等の金鍍金をしていないものが、勲六等です。この時代規格が厳しくなり、製品のバラつきは少ないようです。よい出来の勲章です。六等は五等と同じ「五三桐」です。透

❖勲五等（明治十八）

2-142

2-143

2-144

2-145

明感のある緑色でよい七宝です。旭日章身も白七宝を何度も入れて焼き上げたのでしょう、またそれを研ぎだして七宝は銀の光線と同じく平らです。工程には時間をかけているのが判ります。

ただ、初代平田彦四郎は明治十二年で製作をやめています。なんと言っても旭日章の命はその中心の日章にありますが、それができなくなったのです。二代平田彦四郎は明治十二年から明治二十三年までの勲章製作を行いますが、以前は七宝日章だったのを、赤ガラスの日章に変えたのです。つまり明治十二年から二十三年までの勲章は、ガラス玉の日章でした。その後、二代目が亡くなって初代の平田彦四郎が復活しますが、あまりよいものはできず、またガラス玉になり、現在に至ります。

それにしても透明度を持った七宝を製作した初代の平田彦四郎春行は江戸時代の刀の鍔等の製作をしていた代々の平田よりも凄い腕を持っていたのではないでしょうか。

四等・五等・六等の箱は同じ作りで、書体が違うだけです。製造過程か、時期によるのか、保存による違いかは判りませんが、漆の色がやや違います。しかし規格は同じです（2－146～149）。

❖勲六等（明治十八）

2-146

2-147

2-148

2-149

●勲七等・勲八等

勲章箱は、大きく言って革箱――ボタン開閉による四角い木箱――から蝶番とピンによる丸みを帯びた木箱へと変わっています。

この時期の勲七等青色桐葉章並びに勲八等白色桐葉章は、六等以上の勲章の箱の角が丸みを帯びて来ていますので、七・八等も勲章の箱としてよく見る箱になって来ているものかと考えてみましたが、七・八等の箱は、開閉の部分が蝶番とピンのものしかありません

勲八等（明治十八）

2-150　右が通常の箱

2-151　右が通常の白色桐葉章

2-152

2-153

2-154　初期の瑞宝章（上）や黄綬褒章（下）の箱と似ている。

2-155　上図の箱のみを見る。

（七等の写真は割愛）。勲七等・勲八等だけが他の勲章よりも先んじて蝶番方式を採用することはなかったであろうと考えます。よって、それ以前の四角い箱のものを配っていたと考えています。

また例外的な形式と思われる、変わった勲八等白色桐葉章がありますので一応ご紹介いたします（2-152・155）。但しこれがこの時代のものであるかは疑問です。この勲章は後（日清・日露戦争頃）の通常の勲八等白色桐葉章との比較写真でその箱の大きさが判りますが、非常に小さい箱で、開閉部分は簡単な押しボタン型になっています（2-150・151）。初期の革箱入り瑞宝章（2-153）や大砲図（メダル部分）の黄綬褒章（2-154）のものと同じ作りをしています。これがこの時代の頃のものであったとも考えられますが、比較的市場に出て来ていないことから、ごく少数の配布で終わっている可能性があると思われます。

●明治十八年の箱

明治十八年〜十九年に作られた箱について補足します。

勲一等は、現在のように一等と二等とその下に大綬が入る箱で、当初は革貼りの箱でした。すでに大綬の幅は細くなりましたから箱も幅がなくなり、ほぼ現在のものと同じようです。しかし角ばっていて、二〇〇三年までの瑞宝章のような箱でした。勲三等も同じような箱に入っていますから、たぶん勲二等も残っていれば現在と似たような作りで、角がある革貼りの箱ではないかと想像できます。ただ、この時点で貼られた革は次の二十一年で貼られていた革と同じように、明治十年以前の革箱のものとは違います。初期のものは

❖勲章箱（明治十八）

2-156

2-157

2-158

それなりの年月を経ても痛みがあまり見受けられませんが、この明治十九年以降の革は表面に粉が吹いたり、ヒビが多く出たりして痛みが激しいのです（2-156〜158）。同時期の外国勲章を見てみると先の明治十年時の箱のように傷みがあまりないのに気づきます。たぶんこの頃から国産の革に切り替えたのだと思います。同じ革でも、そのなめし作業の処理によって長持ちするか否かが微妙に関連しているのでしょう。ですからこの時期から少し経た金鵄勲章の二十九年の製品以降、革貼りの箱はなくなります。

この時期からやや時間がたつと、三等以下の勲章の箱は明治十九年頃にはまた角が取れて丸みを帯びたものになります。押しボタン式でボタンが飛び出しています。ボタンを押すと蓋の蝶番にバネが入っていて自動的に開きます。この時期の品は二種類あり、章身の収まる部分が固定されているものが初期で、後期は章身の架台が手前側が支点となって勲章を載せたまま見ることができるように持ち上がります。この型式は現在まで続きます。

◉明治二十四年頃から明治二十八年頃の旭日章

勲章自体はそれ以前とほとんど変わりませ

❖勲四等（明治二十四〜二十八）

2-159

2-160

2-161

2-162　架台が固定された箱

2-163　沢良煥（海軍大佐当時）

ん。

　勲章箱は、箱の外見は同じですが、更に変化します。勲章を乗せる架台が動くのは、後日の金鵄章や旭日章三等・瑞宝章四等（ともに後述）に残りますが、この時期の勲四等からは勲章台が固定された箱になります（2－162）。

　これは、海軍少将・沢良煥（りょうかん）（2－163）が大佐で海兵校長の時、日清戦争の論功行賞で明治二十八年九月に拝受した勲四等で、この箱にはせり出す勲章架台はなく、勲章を置く所が少し高くなっているだけでした。この勲章本体につく綬には綵花がもともとついていますから、明治十九年以降のものに間違いありません。

　蓋の書体は均一の太さからなる小篆です。だんだん現在のような形になってきました。ただし、開閉は依然ボタン式です。この明治二十八年の日清戦争の論功行賞での旭日章は、一般的には現在のような留め金が多く見られ、この押しボタン式の旧式の箱は以前に製造されたもので在庫の箱であると考えています。おおよその想定ですが、このタイプは明治二十四年から明治二十八年頃までのものと考えております。

第三章

明治二十年代の勲章

❖三-1 明治二十一年頃の旭日章（勲一等旭日大綬章）

この時期の勲章は、明治期以降にも共通することですが、勲一等の本章と副章が一つの箱に入っていました。

既に中央の日章は七宝ではなく赤いガラス玉になっているようです。本章の桐部分は多少透明感はあるようですが、キラキラした輝きは見えません。桐花の色は紫色で茎の七宝も桐と同じ緑です。この時期鍍金方法が電気鍍金になったのでしょうか、鍍金に厚みがないため金色が薄くなってきています。それまでに比べ品質が落ちているように感じます。

箱は何故かまた革貼りの箱になります。しかしスリムになり、幅は細くなっています。これは先に述べたとおり、水紋入り綬を杉村清吉が発明したことにより、何らかの形で綬自体が薄くなり、また幅も変化して、綬の幅に合わせた大きさの箱になった訳でしょう。蓋には金線枠が一本入り、その中央に篆書で「勲一等旭日大綬章」と金文字で入ります。蓋の留め金もボタン式ではなく、現在のものと同じ蝶番にピンとなります。この時期に貼ってある革は、先述の通り、明治八年から十年頃まで使用されていた革とは質が違って傷みが出やすくなっています。以前の山羊革は表面の凹凸がしっかりしていましたが、この時期のものはあまり凹凸がなく、年月が経つと磨り減ったり茶色の粉を吹くようになります。これはこの時期から外国製の高級革から、日本製に変更になったことによると考えております。新品のうちは表面の黒い塗料で何とか見栄えはよいのですが、一〇〇年近くも経つとその下処理の悪さが出て来るものと思いました。イギリス等の勲章も同じような革箱に入っているのですが、表面の変化はあまりありません。日本のこの時期の革製品は、勲章箱だけでなくカバン等の革も茶色の粉を吹いてしまう事があります。革の鞣し方の経験不足だったのでしょう。

箱の留め金は既に現在のものと同じような蝶番金具とピンです。蓋を開けると、紺紫のビロードの上に勲一等及びその副章があります。蓋裏には同じ色の綿入れ絹地が貼られていて、勲章押さえの役目をしています。ビロードの板は中央で曲げることもでき、勲章が乗せられるところはその形に凹ませてあり、副章の三本足の切れ込みもあります。その架台の下に大綬が入ります。大綬は両端がやや朱色がかった赤で水紋があります（3-1〜7）。

●勲二等旭日重光章

勲二等はこの時期のものは見たことがありません。この時点ではまだ勲二等には副章の制度はありませんでしたから、おそらく勲二等旭日重光章は以前と同じ八角形の漆塗りの箱に入った単体のものだったはずです。明治二十二年十一月になってから旭日重光章は副章とともに渡されるようになりました。

●勲三等旭日中綬章

勲章自体を比較してみると、明治八年などの古いものと似ているようにも見えますが、章身中央の日章は、これは裏に銀紙を貼った赤ガラス玉でした。綺麗には仕上がっていますが桐の部分の透明度はなく、金鍍金も薄いようで下の銀地の銀焼けがもろに出てきています。

勲三等は革箱がありました。一等と同じように蓋表面に金線枠があります。その中央より右に「勲三等」中央に「旭日中綬章」と二段に金文字があります。明治十四年の木箱のものと比べて見るとだいぶ小さくなったことが判ります。しかし現在までのものはほとん

❖勲一等旭日大綬章

3-1　革貼りの箱に入った勲一等

3-2

3-3　水紋の入った大綬

3-4　勲一等本章

3-5　本章裏

3-6　勲一等副章

3-7　副章裏

勲三等旭日中綬章

3-9

3-8　革貼りの箱に入った勲三等

3-11

3-10　勲三等旭日中綬章

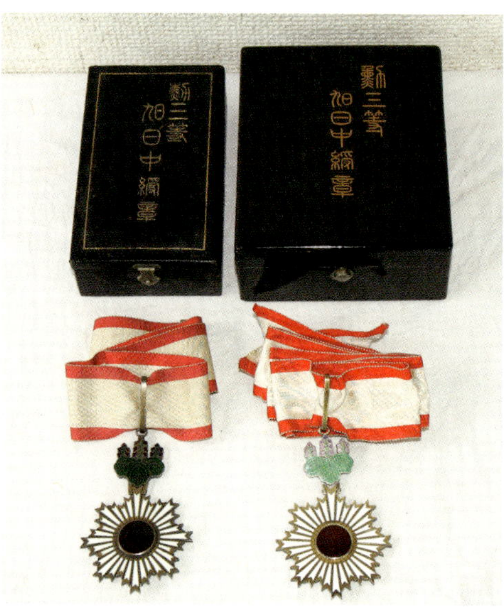

3-12　木箱（右）に入った旧型との比較

どこの大きさです（3‐8〜12）。箱の留め金は、先の勲一等と同様蝶番金具とピンです。この蝶番金具とピン方式は現在の勲章まで使われています。これは年代確定の決め手になると思います。

三等以下でこの時期の革箱入りの勲章は確認されておりません。

❖三-二　明治二十一年の勲章増設

この時期までは、日本国の勲章は旭日章の八種類と単位勲章の大勲位菊花大綬章しかありませんでした。

そこにまず女性用勲章の宝冠章（一等から五等まで）ができます。また旭日章と大勲位菊花章との間に中間的な勲一等旭日桐花大綬章ができます。更に年功で与えられる瑞宝章ができます。そして大勲位菊花大綬章の上に大勲位菊花頸飾という首飾りが制定されます。また二十三年には軍人専用の金鵄章が作られます。

これらの勲章増設には、何らかの外国からの圧力あるいは、在来勲章を出し過ぎてしまって収拾がつかなくなってしまった事情があるのではないかと思います。先にも勲一等旭日大綬章をロシア皇帝の他に臣下の大臣に多数出してしまって収拾がつかなくなったために、その上級勲章の大勲位菊花大綬章を無理やり作らざるを得なくなってしまった話をしましたが、この時期の増設も同じようなものです。しかし頸飾章だけは、そうした意味で増設されたのではありません。

宝冠章は女性だけの勲章です。外国では女性には綬や本章・副章を少し変えて授章していますが、明治初期の当時、まだ封建的な日本ではそこまで考えられなかったのでしょう。旭日章は男性だけの勲章でした。皇后にも出していませんし、もちろん他の皇族夫人にも当然授与していません。功労のあった外国人の夫人にも出していませんし、女性は勲功に値しないと考え、授章価値がないと考えていたのでしょう。それが時代が世界的に変わって来ると今までのように行かなくなった訳です。そこで女性用の勲章を作ることになりましたが、最初は皇族だけでした。

勲章の増設にあたってはまず宝冠章、次に金鵄章、旭日桐花大綬章、瑞宝章、菊花大勲位章の頸飾が議論されました。当初の勅令は、のちになって変更された部分があります。

当初、宝冠章は大粒真珠を使用しない形で案が出されていました。また一等の大綬は以前と同じ丸い綵花がつきましたし、勲三等宝冠章は首から下げる形式のものでした。

金鵄章の章身は当初から勅令と同じようですが、大綬の綵花の制式は宝冠章に使用されている蝶結びのものでした。結局金鵄章は他の勲章類より二年遅れての制定になります。

勲一等旭日桐花大綬章は「勲一等旭日桐花章」と呼ばれていました。勲章本体の桐花のデザインが本章・副章とも制式とはやや違いました。また大綬の綵花は普通の丸い綵花の上に蝶結びが載っていました。

瑞宝章の案と実際の形は、旭日章に形は似ていますが、二等にわずかに七宝が入る（実際には案より多く七宝が入った）だけで、西洋の勲章のように叩き出しで製作した数多い丸い宝石もどきが連なる光線で出来ています。七等八等は案のままのようでした。また勲一等瑞宝章は「瑞宝大綬章」、勲二等が「瑞宝章」、勲三等が「瑞宝中綬章」、勲四等が「瑞宝小綬章」、勲五等が「瑞宝双光章」、勲六等が「瑞宝単光章」、勲七等が「瑞宝金章」、勲八等が「瑞宝銀章」という名称でした。大綬は綵花の部分が特殊な形をしており、蝶ネクタイ折りの上に旭日四等の綵花のような縁が立っているタイプの綵花が載っています。勲三等は首から下げ、それ以下は三角折りをした通常の綬がつきました。しかしこれらの章身・綬のデザインは結局採用されませんでした。勲三等およびそれ以下の三角折りの綬のデザイン案は活かされます。

❖三-三 明治二十一年十一月二十二日に増設された大勲位菊花頸飾章

この勲章はこの時期から今日に至るまで、日本の最高位の勲章です。この勲章は明治二十一年制定ですが、明治天皇以外では明治二十八年の有栖川熾仁親王が最初の拝受者でした。歿後の受勲とも言われています（一月十五日薨去）。または十四日に賜ったともいわれますが、私はそうではないと考えています。当然ながら頸飾をつけた絵は残っていますが、写真はありません。外国の王族にはかなり出されていますが、日本人は皇族でも限られた人しか拝受しておらず、臣下での受章者はほんのわずかで、生前中の拝受者などは大山巖・山県有朋・伊藤博文・松方正義・西園寺公望・東郷平八郎だけでした。皇族では有栖川宮をはじめ昭和天皇を含む天皇を入れても十四名、臣下は現在までで十三名でした。これで判ることは、歿後の叙勲は九名ということです。皇族でも生前の拝受数は遥かに少なかったようです。

首飾り・本章ですが、本当に素晴らしいものでほれぼれしてしまいます。頸飾部・本章共に金でできています。

まずは本章から説明します。本章は大勲位菊花大綬章の本章と同じ作りですが、大きさは三分の二程度の大きさで、上部には丸い可動環がありません。前後を通した穴があるだけです。両面七宝でできており、上の方には黄色七宝の菊花紋章があり、その裏面には「大勲旌章」の文字が入ります（3-18）。勲章は一枚の金板よりできています。一枚に白・黄色・緑・茶色の溶解温度の違う七宝釉薬を盛りつけ焼成するのは大変な技術が必要です。金という柔らかい材質を使っての作業ですから、深い傷をつけないように注意を払うだけでも大変な作業です。作業中に手を滑らせ床にでも落とそうものなら、一から作り直さねばなりません（3-17〜21）。

頸飾部は「明治」の文字の篆書体を図案化したもので、六個ずつ作らねばならないし、その間に入る透かした菊葉模様のある菊花紋章部分も十二個作りそれぞれを縄目模様金線で連結していきます。これらの頸飾部は裏面も七宝が入っているだろうと思われている方が多いと思いますが、頸飾部の七宝は片面のみです。頸飾部中央の菊葉・菊花も裏面は七宝なしで、章身をぶら下げるフックがあります。この部分の菊花は金地のままです、その上部の横面菊花も金地です。菊葉は透明七宝で、金台ですからその透明度も旭日のような銀台の透明七宝の輝きとはまた違う感覚です（3-21～25）。

「総論」の「明治初期の賞牌（勲章）製造方法」（28ページ参照）の項で菊花頸飾章の製造に関して造幣局で製造に従事していた方の体験談を載せましたが、大変な作業工程でした。その製造工程は昭和になってからも変化はなく、莫大な時間と苦労の積み重ねでできています。

この箱は明治二十八年の最初から皇族に使用されている形式のもので、表面に菊の高蒔絵が数多くあります（3-13）。通常の臣下のものには見られません。臣下での最初が伊藤

❖大勲位菊花頸飾章

3-13　箱表面

3-14　上勲位菊花頸飾章が収められた状態

3-15　勲章台座を外した状態

3-16　房部分

3-17　本章表面

3-18
本章裏

博文と大山巌と山県有朋の三人で、明治三十九年四月一日の拝受です。有栖川宮の最初の拝受が明治二十八年一月十六日（十四日の説もあり）に亡くなってからですから、それから十年以上経過している訳です。

菊花頸飾章の八角の勲章箱は実によい作りで、漆塗りの頂点を示しています。一部の菊が箱の角部分では折れ曲がっていて、現在の業者に尋ねると、この部分だけでも数十万円かかると言っていました。箱には赤い締め紐が付属しますが、これも明治十年の時紹介した大勲位菊花大綬章と同じ組

3-19　頸飾部中央

3-20　右端が「明」、左端が「治」の図案化

3-21　頸飾部後部

3-22　大勲位菊花頸飾章全体

3-24　後部接続部

3-23　中央部裏面

3-25　中央部の拡大

3-26　勲章台座

み方の紐で堅い作りです。この箱は國學院の有栖川熾仁親王のものと同じようです。

箱の蓋裏は本金梨地漆塗り仕上げになっていて、「頸飾章」等の文字はありません。蓋・本体共縁は金漆です。頸飾は八角形の箱の内周をぐるりと廻って置かれ、中心部に本章が置かれます。その置かれている架台は先の大勲位菊花大綬章のところでも説明しましたが、鶴と雲を織りだした「雲鶴」という模様です。しかし以前勲章研究の大御所である中堀加津雄氏の『勲章』という本に掲載されていた、東伏見依仁親王が薨去された際に拝受した大正十一年六月二十七日の頸飾が、箱表面は菊が数多く散りばめられた皇族用の箱なのに、中の敷き台が臣下用の紫のビロードのものだった図版には、いまだに疑問を持っています。

同じような例として、大正二年に有栖川威仁親王が拝受した時は雲鶴であったことは國學院の資料から判っております。大正末期に於いては皇族用もビロードの敷台になっていたのでしょうか。

また、威仁親王の勲一等旭日桐花章（明治二十一年制定）が大勲位菊花を拝受した際（明治十九年）の同気（どうき）勲章としての拝受だとしたら、台座は皇族用にもかかわらず紫ビロードでした。これは今後の調査に期待します。つまり、それ単独で桐花勲章をもらっているのではなく、同気勲章としてもらっている場合には、菊の敷物がビロードになっているのかもしれないということです。

ここで、「同気勲章」ということについて説明が必要です。「同気」というのは一体になるという意味で、上級の勲章をもらった際には同等かそれ以下の勲章も一緒に授与される、という意味です。

明治二一年勅令第七六号第一条大勲位菊花章

菊花章ハ頸飾ヲ以テ喉下ニ佩ヒ其副章ヲ左肋ニ佩フ大綬ヲ以テ佩フル時ハ右肩ヨリ左肋ヘ垂シ其副章ハ左肋ニ佩フ但菊花章ヲ賜ヒタル者ハ旭日桐花大綬章一等ヲ併セ佩スルコトヲ得

となっており、菊花頸飾章を賜った場合、もしそれ以前に旭日桐花大綬章と勲一等瑞宝章をもらっていなければ、それらがついてくることを示しているのです（年功による瑞宝章ももちろん一緒に授与されるはずですが、菊花頸飾章をもらうほどの人であれば、それまでにもらっていないということは実際問題としては考えにくいことです）。つまり日本の場合、大勲位菊花頸飾章を拝受したら、勲一等旭日桐花大綬章をもらっていない場合には「同気勲章」として旭日桐花大綬章がついてくるのです（桂太郎など）。

さて、ここで大礼服を着る場合の高級勲章の装着についてまとめておきます。

●勲一等の大綬章と勲一等旭日桐花大綬章は同じ種類の勲章なので、旭日大綬章をもらっている方がさらに旭日桐花大綬章をもらった場合、格上の旭日桐花大綬章のみをつけます（A：3-27・28）。

●大勲位菊花頸飾章の場合、大礼服には必ず大勲位菊花大綬章の副章をつけます。その際、大綬は菊花大綬章のものではなく、勲一等旭日桐花大綬章、または（軍人であれば）功一級金鵄勲章の大綬をつけます（これは個人の裁量です。東郷大将・大山大将・山県大将は功一級　B：3-29〜31、C：3-32〜34）。

●大勲位菊花頸飾章の場合、本来必ず大礼服にのみ装着します。その際は菊花大綬章の副章と勲一等旭日桐花大綬章の本章・大綬・副

❖高級勲章の装着

A：頸飾章を授与されていない場合
（菊花章・桐花章は授与されている　爵位服）

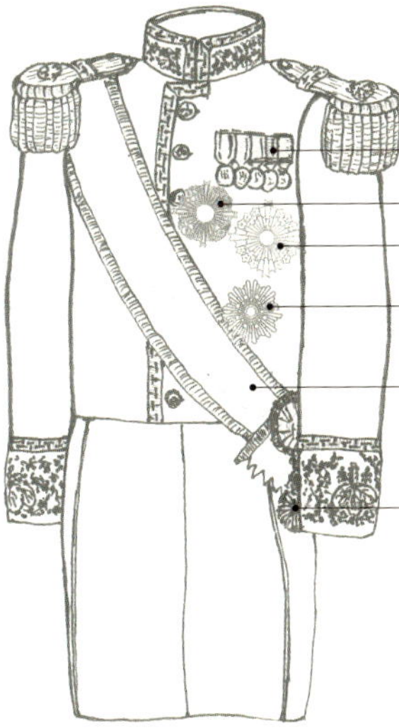

3-28　国内（外国勲章をつけた場合、3-30のようにつけ方が変わる）

B：頸飾章を授与されている場合
（菊花章・桐花章は授与されている　爵位服）

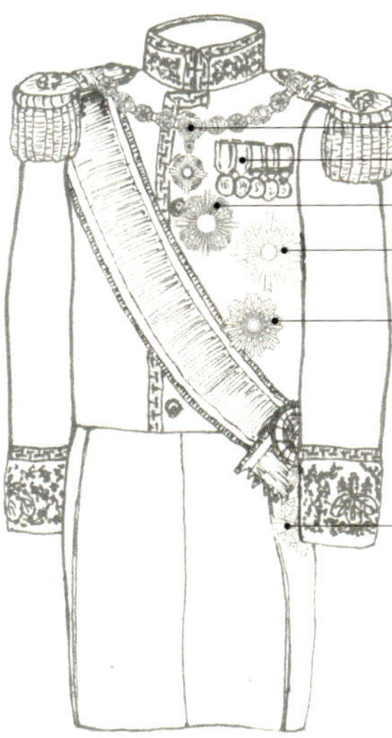

3-31　国内

3-27　菊花章の大綬を佩用した陸軍中将時の北白川宮能久親王

3-29　頸飾章・桐花章大綬を佩用した公爵・西園寺公望

3-30　頸飾章を佩用した陸軍大将・小松宮彰仁親王。金鵄章は功２級をつけ、またイタリアの頸飾章、大綬はイギリス勲章のものなどをつけている（イギリスに敬意を表した）

C：軍人の場合
（功一級金鵄勲章保持者　陸軍大将大礼服）

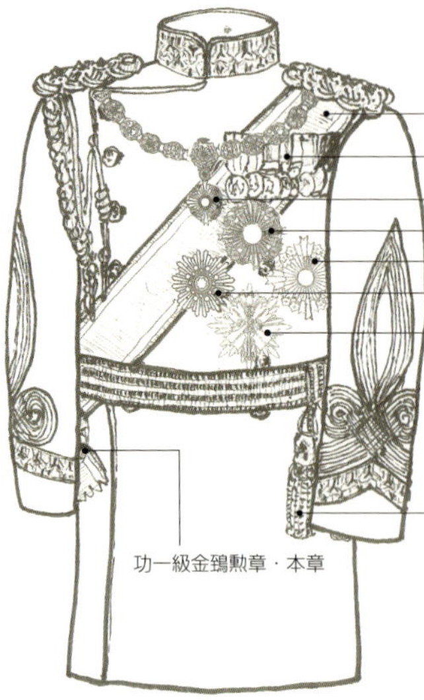

3-33　国内

3-32　頸飾章および金鵄勲章・金鵄勲章の大綬を佩用した大山巌陸軍大将

3-34　同上・金鵄勲章の大綬
山県有朋陸軍大将

章を装着します。通常礼服や軍服にはつけませんでした。ところが、明治三十五年四月十七日内閣告示第二号によって大勲位菊花頸飾章の略章佩用についての告示がされます。その略章は頸飾部分が鎖（略鎖）になっており、金製で二重の喜平でできていました（3-35・36）。その下に大勲位菊花頸飾章の本章を下げます（3-36）。この場合には通常礼服にも装着してよいことになりました。その際にも菊花大綬章の副章をつけます。大正天皇が皇太子のとき、大佐の肋骨服（軍服つまり通常礼服。大礼服より一段階下）にも頸飾章の略章をつけている写真がありますが、規定では通常礼服着用となっています。当時肋骨服は通常礼服ですから規定通りということです。

◉天皇の正肩章部品とその他部品

さて、明治天皇の十九年型大礼服の正肩章には登り龍がついていました。大正時代になりやはりこれも改正されました。今度は大将の正肩章に菊御紋章がつくというものになります。ここにあるものがそれです（3-39）。これは先の飾緒と共に御下賜になったもので、正肩章から外された状態です。大正天皇・昭和天皇の写真で、大勲位菊花頸飾章の一部が

頸飾章の略鎖

3-35　東郷平八郎の菊花章頸飾の略鎖（略鎖に略称を取りつけた状態）

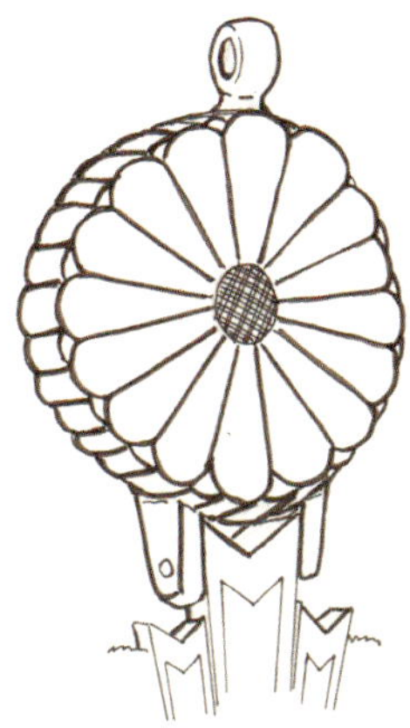
3-36　略鎖細部と略鎖用の菊花頸飾章の菊部分（3-35 図の下部参照）

時期の異なる大正天皇の勲章佩用

3-37　金鵄勲章は功三級

3-38　功一級金鵄勲章の大綬をつけている

左２個がバネ入りの菊花紋章。中央のボタンのようなものが用途不明のもの

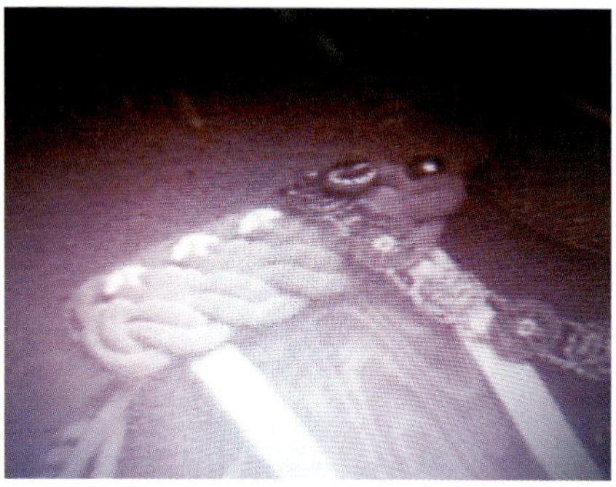

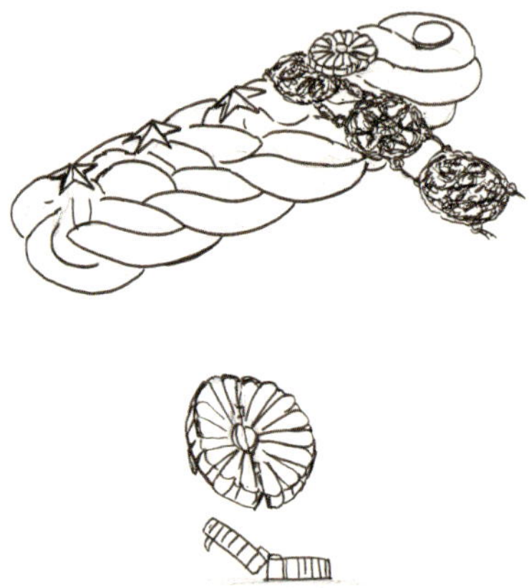

3-39　天皇陛下が大勲位菊花章頸飾を下げる際に使用した肩章の菊花紋章は、頸飾章がずり落ちないための特殊な仕掛けがしてあった。

正肩章の下に潜り込んでいるものが見られます。この菊御紋章はちょうど半分がバネ入りの可動式になっていて、持ち上げて菊花頸飾章の一部を挿み込み、菊花頸飾章が前にずり落ちるのを防ぐための細工がしてありました。この工夫は天皇のためだけのものです。その細工は素晴しく、下ろしてしまえば継ぎ目等はほとんど見えなくなります。

3‐39上のうち、右の二個の小さな菊御紋章は御飾帯（腰の正剣帯の上にする）の房の三ツ星の中心に入るものです。また、やや大きめの菊御紋の入った釦らしきものは何であるかは不明です。これらは大正時代と昭和時代に共通しているため、大正天皇のものであったか、昭和天皇のものなのかは付属資料がないのでどちらとも判断がつきません。

❖三-四 宝冠章

宝冠章はやはり明治二十一年に女性用勲章として新しく制定されます。明治期のものは金製だったようです。最初は勲一等から勲五等までが制定されます。勲一等宝冠章は皇族妃の方々のみで、大綬の下部に本章がつき、胸につける副章が付随します（3-40〜45）。

「明治天皇紀」によると、明治二十一年一月三日に宝冠章・勲一等旭日桐花大綬章・瑞宝章・大勲位菊花章頸飾が増設され、二月十一日に皇后美子（はるこ）が初めて勲一等宝冠章を佩用します。明治二十一年十一月一日に英照皇太后、有栖川熾仁親王妃董子、小松彰仁親王妃頼子、伏見博恭親王妃利子、北白川能久親王妃富子、有栖川威仁親王妃慰子にそれぞれ勲一等宝冠章が渡されます。外国人では、ロシア皇后マリー・フェオドロウナに明治二十二年一月二十三日に渡されています。

その副章は単体で見ると大きそうに見えますが、何分女性用なので、旭日章等と比べるとその小ささに驚かされます。本章は片面七宝で一〇五個の真珠が入り、桜色と白で色分けされた桜花が七宝され、中央部には金の宝冠が青い七宝の上に置かれています。数多くの色が使われていて、七宝師の腕の見せ所で、大勲位菊花頸飾と同じように手間の掛かる勲章でした。副章はまた大粒の真珠からだんだん中央に行くにしたがって小さい真珠を使用すると言った手の込んだ作業をしています。副章の中心部は宝冠ではなく金の鳳凰が青い七宝の上にあります。勲章の裏面はもちろん七宝は入りませんし、文字も入りません。

この副章のデザインの細部、中心の鳳凰の外周に極小真珠で縁取られた赤い七宝部分について補足します。ここには竹の葉がデザインされていますが、左側上半分の竹の葉には十二枚のものと十一枚のものが存在します（3-45）。これは年代確定の指標になると考えています。明治末期から大正初期までは十二枚なのですが、大正八年ごろから現在までのものは十一枚となっているのです。さらに外周に五つある桜の部分も昭和十年代からは花の中心部と花びらの間が白とピンクのぼかしで表現されるようになっています。

大綬は蝶結びの綵花を持ち、幅は二寸六分ですから、古い旭日章の三分の二の幅しかありません（3-41）。

服への取付は男性のような勲章糸カガリに差し込む方法です。ですから大綬を使ってぶら下げる本章には不要ですが、服に直につける副章のために明治皇后の御大礼服（マントー・ド・クール）には男性（明治二十一年ですからすでに勲章裏足は三本）と同じ糸カガリがあります（3-46・47）。また皇后以外の皇族妃では、外国生活が長かったため、当時のオートクチュールの高級ドレスに着用するための安全ピンのような細い横針式を用いたものも多くあります。

ここに造幣局局員・袴田智が書いた『勲章と歩んだ四〇年』の中に宝冠章の製作に関する文章がありますので抜粋します。

宝冠章は婦人にのみ賜る勲章であるため、非常に美しい細工がいろいろと施されている。外国の勲章には宝石を用いたものもかなりあるようだが、日本の勲章ではひとつこの宝冠章のみ真珠が使われているくらいである。この宝冠章は婦人として最高の栄誉を象徴するもので、その美しさは筆舌につくせないものがあり、勲一等副章には大小あわせて二〇九個もの真珠がちりばめられている。手数のかかる勲章として、前に述べた大勲位菊花章頸飾と双璧をなすもの

❖宝冠章

3-42

3-40

3-43　本章裏

3-44　副章裏

3-41

3-45　本章（右）と副章（左）

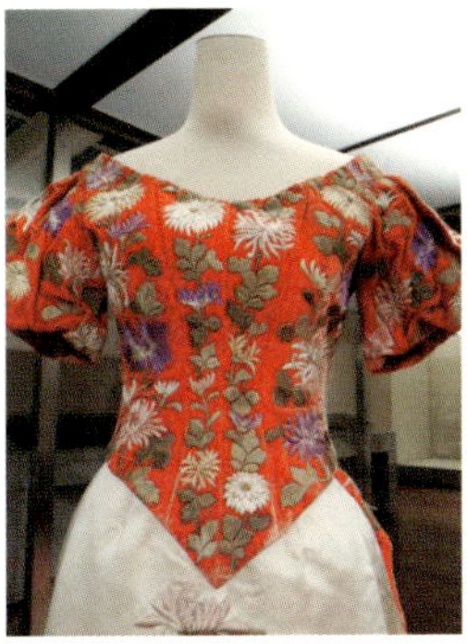

3-47（右は拡大）

3-46

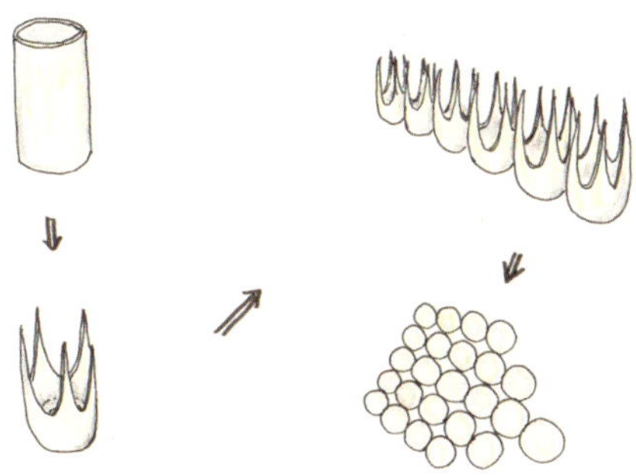

3-48　真珠がはめ込まれる台座

であるといえよう。パイプ（3-48）から真珠を抱く豆粒程の爪を、一個一個ヤスリで造り上げ、これを蠟付けで組み合わせ、台金の一部分をこしらえる。これが錺職人の域に達した人々の真髄を成すもので、なかなか容易な業ではない。中心から外に向かって、美しい放射線に沿うように台金を並べ、その各列はまた勲章の中心から円弧になっていなくては、調和のとれた組み合わせとならない。おまけに、真珠は平面状に並べるのではなく、日本の勲章の持つ独特な美しいふくらみをもった面を形成させなければならない。ひとつひとつの台金に僅かな狂いがあっても、全体の調和がこわされて駄目になる。このように美しい調和のある細工をこなすには、少なくとも二〇年の年季が必要である。また、これに使用する真珠の選別が一苦労だ。真円で、同じ大きさで、同じ色合いで、光沢も同じといったものを選び出さなければならない。大体一〇万個くらいから五〇〇個そこそこしか選別できないのである。それよりももっと頭の痛いのが罌粟（けし）とよばれる径〇・八ミリメートルの真珠の選別である。宝冠章の五等以上に使用されるため、多くの罌粟真珠が必要となってくるが、数百万個をあれこれ検査して、二、〇〇〇個も取れればいいところである。この真珠は全く天然にできたもので、通常は装飾用ではなく、主として漢方薬に使われているそうだ。真珠は誰でも知っている業者を通じて購入しているが、「こんな小さな真珠を揃えるのは値段が必要以上に高くついてかないません。いくらでも数を持ってきますから、必要な量だけお取りください」ということで、造幣局が選別をはじめから行っている。この選別作業は、勲章一個分だけで三日はかかる。私もこの選別作業をよくやった。六倍の拡大鏡を覗きながら、あれこれと選り分けていくが、二時間も見つめていると、目がおかしくなってくる。これも勲章造りには欠かせない仕事であるが、毎日作業を続けていると、夜中に目の奥に真珠がちらついて、頭が痛くなることもしばしばだった。それと、作業中に誤って何かのはずみに、真珠を床へでもこぼしたら、サアー大変、全数回収はまず不可能である。取り扱いには、殊のほか神経を使う。知らない人が聞けば、真珠を毎日手にしていて贅沢なと思われるが、本人は全くたまらない思いである。やはり、女性が佩用するものだけに手間暇がかかる。こんなこともあった。前記の真珠を人造の物に替えようということで、試作、研究に一年を費やした。その結果、小さい罌粟の真珠は技術的にどうしてもできないし、大きい方の真珠は本物と比べてあまりに見劣りしすぎる。そして、結論は従来どおりのものしかないということで、元に戻ってしまった。写真の宝冠章は明治天皇第八皇女の朝香宮允子女王が明治四三年五月五日に拝受した品であるから、勿論金製の品物である。

初期のものは桜が舞い散った模様の玉手箱に入ります(3-40)。四角い玉手箱は赤い少し緩めの組紐がつき、蓋の裏には本金梨地漆仕上げで銀文字で勲一等宝冠章の文字が入ります。上部に本章・下部が副章で、青いビロードの架台に載り、その下にやや橙黄色と赤の大綬が入ります。

ここでは、本来であれば二等から五等まで紹介せねばならないのですが、明治期の現物がありませんので省略致します。また宝冠章には大正八年五月まで略章は付随しませんでした。

◉明治二十九年四月の改定—宝冠章六等から八等

明治二十九年四月一一日勅令一三六号により、それまで一等から五等まであった宝冠章に三種類追加され、一等から八等までとなります。閣令四号によって勲六等・勲七等・勲八等の図様が定められます。勲六等以下は真珠は使用されておらず、宝冠の周りの小さい真珠類も金属のレリーフとなります。勲六等は淡い藍波紋の鈕がつき、宝冠の外周に赤の七宝と、桜の葉に緑の七宝が入ります。写真は戦後のものです(3-49)。

勲七等及び勲八等は同じ金型で圧写しており、他の下位勲章と同じく勲七等は宝冠と桜葉が金色、勲七等は宝冠のみ金色です。

綬は二等以下八等まで同じで幅は一寸二分の織地黄双線紅です。勲章が載る台座は盛り上がった山のように作られていて、ビロードが貼られています。綬は両先端部を後ろに折りたたんで箱に入れてあります。戦後のものは箱の幅を広くし折りたたまないでそのまま入ります。先にも触れましたが、この時点でもまだ宝冠章には略綬(略章)はついていませんでした。

❖六等以下の宝冠章

3-49　箱が大きい戦後の六等宝冠章

3-50　同上

3-51　勲八等宝冠章

3-52　同上

3-53　3-50の裏面

❖三-五 勲一等旭日桐花大綬章

この勲章は、やはり明治二十一年に増設された単一勲章で、日本では伊藤博文が明治二十二年二月十一日で初授ですが、それ以前にロシア外務大臣ニコライ・カルロウィッド・ギルスに明治二十二年一月二十三日に授与、これはロシア皇后に勲一等宝冠章を授与した際に差し上げています。

大勲位菊花大綬章と勲一等旭日大綬章との中間にあたる勲章で、その誕生の経緯にはいろいろな問題が想像されますが、やはり一番は今まで唯一の勲章であった旭日章の出し過ぎが原因だったと考えるのが妥当でしょう。勲一等は旭日章だけだったにもかかわらず、その上に大勲位菊花大綬章があるのは理解できるものの、その旭日と菊花の間に「旭日桐花」というのは、中途半端な印象があります。

まず、「公文類聚」第十二編明治二十一年第六巻を見ますと、宝冠章などと一緒に桐花章の案があります。すべて「勲一等旭日桐花章」、最終決定部分が「勲一等旭日桐花大綬章」と何故か書き換えられていました。

本章は両面七宝ですが、その色のため、釉薬の溶解温度の違いから大変な作業をしなければならなかったことがわかります。旭日章の場合は両面七宝ですが白色だけの焼きつけで、後は中心に日章をはめ込むだけです。ところが桐花章は、まず中身の白色光線と紫の桐花を両面に七宝します。更に別体で旭日を表面用と裏面用の二個を作り透明赤七宝を入れます。それを先の中身の裏表に取りつけるわけですが、ネジなどは表面に見えてしまうので赤い旭日の銀地部分に三枚を貫通した穴を開け、数箇所に銀棒を差し込みカシメるわけです。型と型を合わせるだけでも大変な作業です。つまり桐花章の本章は三層構造（日章部分を含めると五層構造）でできているわけなのです。

副章は光線に七宝が入っていますが、構造的には大勲位菊花章の副章と同じですから、幾分は製作工程が簡単なようですし、他の勲章と同じく裏面で二層目をネジ留めしています。旭日章・菊花章は土台が銀色なので裏面も銀色なのに対して、桐花章は土台の光線・桐花の縁取りが金色なので裏は金色となっています。

写真の勲章箱は皇族用で、蓋に桐の高蒔絵がある玉手箱型式のものです（3-54）。ちょうど國學院大学にある有栖川威仁親王のものと同じように見えます。有栖川威仁親王の桐花章は年号の記載が不明ですが、大勲位菊花大綬章を明治十九年に拝受していますから、「同気勲章」の制度によって、おそらく明治二十一年に桐花章の制度ができて早々に桐花賞を拝受したものと考えます。蓋裏は本金梨地漆塗りで、「勲一等旭日桐花章」と銀篆書で書かれています。玉手箱の紐は宝冠章と同じ緩く組まれた赤紐で、両端に房があります。勲章は紫ビロードの上に鎮座し、その下に幅三寸五分の織地紅双線白という大綬が入っています。

ちなみに大綬は旭日章の前身である勲一等の時は幅四寸、大勲位菊花は三寸八分、そして桐花章が三寸五分でしたが、その後はすべて同じ幅になったようです。先述しましたが、桐花章は大礼服に大勲位菊花大綬章を着用する際には必ず着用することに明治二十二年に決まりました。

その後の桐花章の箱は、それまでの蓋表面に桐が七つある漆の箱から変更されました。明治四十年十一月三日の有栖川宮栽仁親王の授章には、皇族であっても通常の桐一つで「勲一等旭日桐花大綬章」と金文字で書かれ

❖勲一等旭日桐花大綬章

3-57　本章

3-58　副章

3-59　本章の表（右）と副章の裏（左）

3-54　玉手箱入り勲一等旭日桐花大綬章

3-55　五七桐が七個デザインされている

3-56

た箱で授与されていますから、日露戦争の論功行賞以降はそのようになっているものと考えております（図版なし）。また桂太郎が大勲位菊花大綬章を拝受したのは明治三十九年四月一日の日露戦争の論功行賞でしたが、彼の場合は桐花章は副章のみで、単品の小さな漆塗りの箱に入っており、勲記自体も存在しておりませんでしたので、没後受勲の大勲位菊花頸飾章の同気勲章だったのだと考えます。桐花章の大綬も本章もついていなかったのですが、没後だったので、大礼服に装着することはないということで、副章のみをつけたということかもしれません。有栖川栽仁親王の場合は皇族が成人になった際の勲章ですが、先の有栖川威仁親王の場合は、その時点（成人になった際）の勲章は勲一等旭日大綬章でした。大勲位菊花の同気勲章にもかかわらず本章がついて来たのは皇族だからなのでしょう。

❖三-六 瑞宝章

この勲章も明治二十一年に増設され、勲一等から勲八等までの八種類があります。主に旭日章が功績においての勲章とすると、瑞宝章は経歴年数に応じた勲章と言えます。

初授は明治二十一年十一月二十七日、陸軍歩兵少尉古田兵太郎への勲六等瑞宝章ですが、続いて六・七・八等は二三二名もありました。勲一等瑞宝章では明治二十一年十二月二十六日に元老院議官陸軍少将井田譲が初めてでした。当初一等から八等まですべて革箱で授与とされておりますが、実際には四等以下は革に似せた紙の箱でした。明治二十二年になると外国人も含めてかなりな数で授与が行われます。この時期の勲章製造者は大変な勢いだったようです。大正の初めでも賞勲局からの元請けは平田とその弟子の大木と、弟子ではない並河だけでしたから、並河に賞勲局から声がかからなかったとしたら（並河は明治三十九年以降になってから勲章制作を始めている）、一軒で数をこなすにはありとあらゆる下請け孫請けの職人を使わざるを得なかったものと考えます。従って品質はあまりよくなくなってきたのは当然のことと考えます。

◉瑞宝章のデザインについて

勲一等瑞宝章から順次説明をいたします。明治二十一年にできた宝冠章を除き、瑞宝章をはじめ明治の勲章は男性のみの勲章でした。しかしこの瑞宝章は大正八年五月二十二日（宝冠章の略綬ができた日時と同じ）、この日に瑞宝章は勲一等から勲八等まで、女性用ができます。これは明治期以降なので本書の範囲から外れますが、一応記しておきます。

本章の金属部はそれまでの男性用と同じで、綬のみが異なっています。女性用の瑞宝章の綬中心の金属部は三等のみが銀製に金鍍金で、四等から八等は銀色でした。

勲章箱はその時点の男性用と同じですが、勲一等の大綬幅が三寸三分から二寸六分になります。また大綬についている綵花部が蝶々結びになります。勲三等は首に掛けるものではなく宝冠章と同じ蝶々結びになります。三等以下の瑞宝章もすべてこの蝶々結びです。大正期のものはあまり調べたことはありませんが、明治期の、宝冠章の蝶々結びの綬が折りたたまれて入っていたような箱に入った女性用瑞宝章は見たことがなく、よく見かける横幅の広い箱に入っていたものと思われます。

●勲一等瑞宝章

勲一等はここに明治二十六年五月二十六日野津道貫拝受の勲章（3-65〜69）、樺山資紀拝受の明治二十四年六月二十七日（3-70〜74）のものがありますが、ほとんど同じでした。

本章は片面七宝で白七宝を入れた章身に透明赤を入れた連珠がカシメで留められます。全体は金色で裏には手彫りで文字が入れられています。副章は旭日章の副章と比べて見ると、大きさは五分の違いがあり、かなり小さく見えます。七宝が全面に入り彫りこみが多いので、初期の頃は八分割して銀板を圧写してそれを組合せ蠟づけして作っていましたが、明治二十七、八年頃に全部一度に模様が出る刻印ができたようです。

ところで、実は一点しか見ていないのですが、一体型で作られているはずの旭日章にも分割で作られている例があります（比較のためここで紹介します）。それはやはり野津道貫がもらったもので、何故か判りませんが勲章裏面に「勲功旌章」の文字がなく、この分割蠟づけがはっきりわかります（3-61〜64）。

瑞宝章の副章としての二等瑞宝章は白い光線が細いため、床にでも落としたりしてしまうと、確実に白七宝部が傷んでしまう欠点があります。特に軍人の使用していたこの種の勲章は傷みのないものは皆無と言えます。光線の白七宝は釉薬を盛り焼成し研ぎだして金属と七宝の高さが平らにしてありますが、青七宝は中央がくぼんだ形になっています。初期の連珠の透明赤七宝はこの頃は盛り上がった形ではなく平らです。

樺山資紀の副章の中心の八咫（やた）鏡は外れてしまったのでしょうか、やや小さい後に作ったと思われるものがついています（3-74）。

樺山氏の勲章の箱の側面は革のような紙に替えられていました。たぶん当時傷んでしまったものを補修に出されたのでしょう。素人修理ではなく、職人による修復です。

右が野津、左が樺山の箱です（3-60）。箱は、先述のように明治初期に作られた旭日章の方が二十年以上も古くてもほとんど傷みが少ないのに対して、瑞宝章の箱に貼られた革は傷みが激しく、油分がなくなっているため茶色い粉になっている場合が往々にしてあるようです。蓋は金枠線を持ち「勲一等瑞宝章」の金文字があります。蓋の留め金具は現在まで使われている蝶番タイプです。蓋裏にはやや濃いめの絹紫地の綿入れが貼られています。勲章は半分が持ち上がる紫ビロード架台に載せられています。

その下部に大綬が入っているのは他の勲章と同じです。大綬は普通見られるものとちょっと色が違うかもしれません。これが初期のもので、三寸三分幅で織地淡藍雙線橙黄色でできていますから、やや青みがかった色にやや赤みを帯びた黄色の線が入ります。白っぽ

3-60（右：野津　左：樺山）

❖分割で作られた勲二等旭日章（野津道貫拝受）

3-61

3-62

3-63　表面

3-64　裏面・八分割で作られているのがわかる。「勲功旌章」の文字がない。

❖勲一等瑞宝章（野津道貫拝受）

3-65　革貼りの箱

3-66

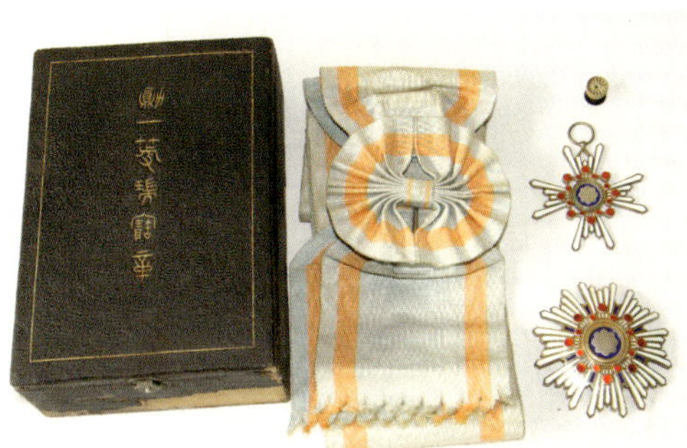

3-67

3-68　表面

3-69　裏面

❖勲一等瑞宝章（樺山資紀拝受）

3-70

3-71

3-72

3-74

3-73

❖勲一等瑞宝章（桂太郎拝受）

3-75　大きな革貼り箱

3-76　上部に大綬が見えるほど箱は大きい

3-77

い色にピンクの線のものが明治中期のものだと言う方がおられますが、これは染料が悪くて変色した、大正以降のものです。

日露戦争時首相の桂太郎も明治二十八年八月二十日に拝受しておりますが、彼の瑞宝章も同様の革箱でした。ただし、箱の長さが大きく二五五ミリあります。また中は大綬が見えるように上部が開いています（3-75〜76）。

さらに私の調べによると明治三十年六月二十六日に拝受した乃木希典の瑞宝章は通常の木製漆塗りの箱でしたから、この時期に変更されたのか、あるいは桂首相には在庫の旧型を差し上げたものではないかと想像しております。

◉勲二等瑞宝章

瑞宝章二等の章身は、一等の副章としてのものです。また勲二等瑞宝章（3-78〜80）は、この章身のみで、明治二十一年以降の旭日章のような副章がなく、単品です。勲章自体は、先に申した通り勲一等の副章と同じで、古いものは勲章の湾曲（反り）があまり大きくなく、普通に見られるものより平たい感じがします。先述の通り白七宝は研ぎを掛けて金属

❖勲二等瑞宝章

3-79　箱の比較（2種類の留め金）

3-78　革貼りの箱に入った勲二等

3-80　表面（左）と裏面（右）

と同じく平らになっています。青の七宝はその中心部はやはり窪んだ形です。全体が金鍍金されているのですが、電気鍍金でその厚みがないのか、表側は薄れて銀色になっています。裏面はあまり頻繁に触れられていないせいか、金鍍金は生きていました。裏には表の連珠をカシメた部分が四か所あります。

箱は、旭日章の明治七年のものや十一年の勲二等の箱とはやや異なり、正八角形の革貼りです。この箱の型式は後日漆塗りの木箱になりますが、形は同じで大正時代まで引き継がれます。革箱の蓋の表面には金の細い外周線がありますが、この線は漆塗り箱ではなくなります。

途中で変更になったためか、蓋の留め金が二種類見られます。一つは完全な形で残っていませんが、本体側の部品が蓋側へ差し込まれて留める形で、板バネの作用をしています。もう一方は通常の蝶番形式のものでした。どちらが古いのかは判明しておりません（3-79）。

蓋を開けると蓋の裏には、濃い紫の絹地で内部に綿が入っています。中身の勲章台座は漆塗りの後期の箱の場合は全体がすっぽり取り外せるのですが、革が縮んできつくなった

❖勲三等瑞宝章

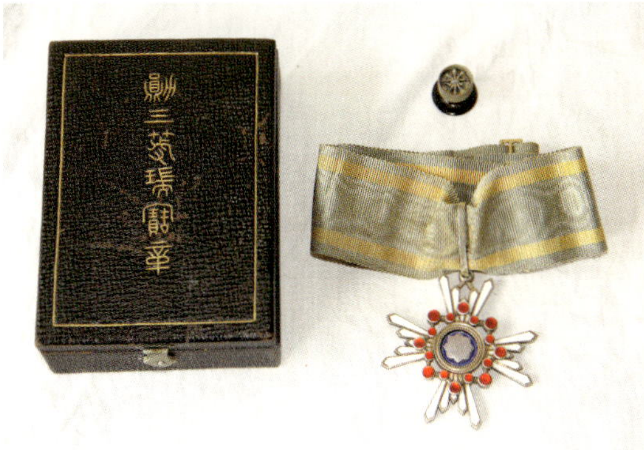

3-82

3-81

3-84

3-83

3-85

ためか、外すことはできませんでした。やはり台座ビロードや周りの壁に使われている絹地は濃い紫色をしていました。

◉勲三等瑞宝章

勲章本体ですが、全体的に初期の品はどれもこれも製作者が注意して作っているためか、出来がよいと言えます。地金の角が鋭く、白七宝の入る部分の剣先も鋭角が決まっています。連珠の部分の透明赤七宝は、時代の違い

勲四等瑞宝章

3-87

3-86

3-90

3-89

3-88　四等（左）と八等（右）の箱の比較

かまたは製造者の違いか、やや盛り上がりがあり、連珠の連結部の中央にはかなり細い彫りで七宝がきちんと入っています。先ほど二等のところでも述べましたが、電気鍍金のせいか金色が薄れています。

綬は淡藍双線橙黄色の織地で旭日章と同じ蒲鉾型の留め具が付随しています。他に箱に納められた予備の綬がありました。箱には瑞宝・勲三等綬・東京・越前屋とありますので、現在も東京駅近くの中央通りにある越前屋が販売していたことが判ります（3-85）。

これはもちろん革箱で、現在のものとほぼ同じ大きさでできています。革が貼られた箱の蓋には、篆書で「勲三等瑞宝章」と金箔押しの文字があります。縁取りに細い金箔押しの線が周囲に回っています。箱の留め金は、蝶番型の現在と同じ形のものがついています。これは勲一等・二等・三等までで、他のものは押し釦となっています。三等の箱の中は金鵄章等と同じ勲章台座が前方支点で持ち上がり展示できるようになっております。これも、四等以下ではなくなります（3-81～85）。

❖勲五等瑞宝章

3-91

3-92

3-93

3-94

◉勲四等・勲五等・勲六等・勲七等・勲八等瑞宝章

旭日章は四等から六等まで同じ金型でしたが、瑞宝章では四等（3-86〜90）・五等（3-91〜94）のみが同じ金型で、六等はやや小さくできていました。

ただ四等は金光線なのに対して、五等は金銀光線。ちょっと判りにくいと思いますが、勲四等は勲三等と同じく、金属部は中心の鏡部分の他がすべて金色です。もちろん連珠の部分も金色です。五等では連珠部分は銀色、また縦横の光線部分の両端部の八本が銀色になります。光線部の中各三本の全部で十二本と鏡の周囲の丸い円輪は金色ですが、遠くから見た際に四等なのか五等なのかを判断するために、四等の綬には最初から綵花がつけられました。旭日章の綵花は途中でつけられるようになったことは先述しましたが、瑞宝章の場合、明治二十一年の制定なので最初からついています。写真を見ていただくと綵花の厚みが薄く感じられます。六等は四等・五等と比べると、小さいものです。章身はすべて銀色です。他の部分の作りは同じようです。

綬は三等以下が同じ幅で一寸二分、四等以下は綵花がつくかつかないかだけで、すべて

❖勲六・七等瑞宝章

3-97

3-98

3-95　勲六等（4点）

3-96

3-102

3-100

3-101

3-99　勲七等（4点）

郵便はがき

料金受取人払

板橋北局
承　　認

1047

差出有効期間
平成28年7月
31日まで
(切手不要)

1 7 4 8 7 9 0

板橋北郵便局
私書箱第32号

国書刊行会 行

フリガナ ご氏名		年齢	
		性別	男・女
フリガナ ご住所	〒　　　TEL.		
e-mailアドレス			
ご職業		ご購読の新聞・雑誌等	

❖ 小社からの刊行案内送付を　□ 希望する　□ 希望しない

愛読者カード

お買い上げの書籍タイトル：

お求めの動機
1. 新聞・雑誌等の公告を見て（掲載紙誌名：　　　　　　　　　　　）
2. 書評を読んで（掲載紙誌名：　　　　　　　　　　　　　　　　　）
3. 書店で実物を見て（書店名：　　　　　　　　　　　　　　　　　）
4. 人にすすめられて　5. ダイレクトメールを読んで　6. ホームページを見て
7. ブログやTwitterなどを見て
8. その他（　　　　　　　　　　　　　　　　　　　　　　　　　　）

興味のある分野に○を付けて下さい（いくつでも可）
1. 文芸　2. ミステリ・ホラー　3. オカルト・占い　4. 芸術・映画
5. 歴史　6. 宗教　7. 語学　8. その他（　　　　　　　　　　　　）

通信欄＊　本書についてのご感想（内容・造本等）、小社刊行物についてのご希望、編集部へのご意見、その他。

購入申込欄＊　書名、冊数を明記の上、このはがきでお申し込み下さい。代金引換便にてお送りいたします。（送料無料）

書名：　　　　　　　　　　　　　　　　　　冊数：　　冊

最新の刊行案内等は、小社ホームページをご覧ください。ポイントがたまる「オンライン・ブックショップ」もご利用いただけます。http://www.kokusho.co.jp

ご記入いただいた個人情報は、ご注文いただいた書籍の配送、お支払い確認等のご連絡および小社の刊行案内等をお送りするために利用し、その目的以外での利用はいたしません。

❖勲八等瑞宝章

3-104

3-103

3-105

3-106

同じものです。また瑞宝章四等から八等の綬は、旭日章などの綬と形が異なります。綬を織り込んで三角形とし、その下部の部分に章身の環部分に縫いつけてあります。

勲七等・勲八等はやはり金型は同じで、金鍍金がしてあるかないかの違いです。七等は中央の鏡部分が銀色で他は金鍍金、昔の人は、下級の旭日章のことを「桐」と呼び、瑞宝章を「金平糖」と呼んでいましたが、七、八等しか見たことのない人が言い始めたのでしょうが、確かにそのような形をしていました。章身はある程度圧写で銀地金が納入されるのでしょうが、当時の機械ですべてを打ち抜くと縁がだれてしまうので、やはり鋸や鏨で切り出していたのでしょう。

四等の略章は三等と同じです（3-87）。五等の略章は六等と同じで綵花のような周囲の縁はなくなります（3-92）。勲六等瑞宝章の略章は四等・五等に比べ形は同じですが、やや小さくなります（3-97）。六等だけが互換性がありません。勲七等・勲八等には旭日章七等・八等の略章と同じような蝶々綬が付随します（3-99・100、103・104）。

箱については四等と五等とは箱の表面の文字が違うだけで、大きさ・形が同じです。四等以下は箱の表面に革が貼られているように見えますが、実際は革ではなく、革に見える紙でした。箱自体も作りは同じですが、比べると小さいことがわかります（3-88）。七等・八等の箱も文字が違うだけで、大きさは同じです。四等よりは小さいですが、それに負けない位よい作りをしています。

　これらの勲章箱は日清戦争時点ではすべて木製の漆塗り箱に変更されます。綬の色も多少変化しているように思えます。

❖三-七 明治二十三年二月十一日の増設――金鵄章

金鵄章は軍人・軍属のための武功抜群者のみに叙賜される勲章で、功一級から功七級まで制定されています。最初は他の勲章と同じ明治二十年に奏上され明治二十一年に制定される予定であったようですが、その形状及び製作の難しさ、陸海軍の佩用式の変更等の関係から他とは遅れて明治二十三年制式となります。

　明治二十一年一月五日勅令案の図では功三級の佩用環は丸環でした。また功一級の大綬の綵花は宝冠章のような蝶々結びでした。また功四級以下の綬は瑞宝章のように三角折りでした。功一級は二寸六分の織地緑双白線大綬により、我が国の勲章類の中では初めて、左肩から右腰に佩び右腰の綵花下に本章を下げます。「二寸六分」と金鵄勲章制式に書かれておりますが、この二寸六分という大綬幅は宝冠章と同じ幅で、日露戦争の論功行賞においての大綬が最初になるわけですが、実物は三寸よりも幅が広く三寸五分ないしは三寸六分の幅があります。不思議なことです。明治二十八年第一二〇号の改正大正十年第一四九号の「金鵄勲章等級制式及び佩用式」を見ましても依然二寸六分のままでした。旭日章でも明治八年に四寸と決まった大綬幅は実物が細くなっても、現在まで制式が変更されないとは、どういったわけなのでしょう。

　功一級の副章は左胸につけます。功二級は一級の副章が本章となり、右胸につけ、更にその副章として首から下げる中綬章が付随します。功三級はその首から下げる中綬章が本章となります。綬幅は功三級から功七級まですべて同じで一寸二分です。功四級から功七級までは、従軍記章や記念章類と一緒に左胸に連結して下げます。

　金鵄章は明治二十三年に創設されますが、日清戦争までは出されていませんでした。日清戦争の功績により、二十八年一月十六日に、有栖川熾仁親王に最初に出されました。しかし功一級は一個も出されず、皇族でさえ功二級でした。明治二十八年八月五日に有栖川宮の後を継いで征清大総督になった小松宮彰仁親王、山県有朋、大山巌、西郷従道、樺山資紀、野津道貫、川上操六、伊東祐之等九人がすべて功二級、またこの時は他の勲章の勲記とは別で、金鵄勲章専用の「功級簿冊」（通常の勲章の勲位録に当たる）第一号から九号までが出されています。ちなみに功三級は、功級簿冊十号から始まり、山地元治、桂太郎、伊東雋吉、黒木為楨、奥保鞏、長谷川好道、乃木希典、児玉源太郎、西寛二郎、小川又次、石黒忠悳、黒田久孝、野田豁道、大島義正、大島久直、大迫尚敏、立見尚文、相浦紀道、坪井航三、永山武四郎の二十人で、これで功級簿冊二十九号までです。

また、この時点で有栖川威仁親王や東郷平八郎、山本権兵衛は二十八年十一月二十日付けで功四級でした。玄武門一番乗りの原田重吉は功七級でした。日清戦争では約二〇〇〇個の金鵄章が出されました。

●明治二十八年　日清戦役での金鵄章

申し上げた通り、功一級は日清戦争では一人も拝受していません。日露戦争時になって初めて授与されます。乃木神社などに保管されています。有栖川熾仁親王の場合は薨去される直前に、大勲位菊花章頸飾と功二級金鵄章を追贈されます。有栖川宮は体調不良（最初はマラリアという判断、後は腸チフス）で、広島大本営に戻っていまして、その交代で小松宮彰仁親王が征清大総督としてご出征されました。それで、日清戦争終結後に小松宮も同じ大勲位菊花章頸飾と功二級となったわけです。

ところで、先ほどから「金鵄章」と書いていますが、これは別に誤りではなく、当時は「金鵄章」と箱に書かれ、「金鵄勲章」ではありません。しかし日露戦争の叙勲では「金鵄勲章」と書かれています。

●功二級金鵄章

さてこの時の九個（正確には有栖川は一月で、残り八個は八月）の功二級金鵄章のうち、海軍大将樺山資紀の勲章（3-108〜114）がありますので、ご紹介いたします。

本章はこの時点ではまだ誰にも出されていない功一級の副章と同じです。見た目、黄色がやや山吹色に見えると思いますが、これが明治期の金鵄章の特徴です。山吹色の周りの金属は銀色です。功二級の本章もやはり重ねて作られていますが、功三級と同じ副章よりも一段手が掛かります。それは一段目の八光線が透明の赤と山吹色だからなのです。透明の赤は他の色と一緒に焼成することが出来ないことは先に申しましたが、山吹色も同じです。対角線上の山吹色四か所の部分は別体で作らねばならないので、その部分は一段掘り下げて地金を作ります。それに透明赤の部分と同じ高さになるような山吹色部分の光線の金属を加工し、反りもピッタリとなるように合わせます。勲章本体の裏側の山吹色部の先端部分に小さい穴が見えますが、これが位置合わせの穴で、山吹色台地金属にこの穴とピッタリ合わさる部分に突起を作り、ズレをなくしています。当時はよい接着剤がなかったのでしょう。現在だとすべてが接着剤で誤魔化しています。

さらに赤い旗のついた黄色い槍の七宝が施された青い楯の上に金鵄が上方にある宝剣と帯がカシメられて載り、裏側で四本螺子で留められます（32ページの分解図を参照）。

この勲章の裏側には文字はありません（3-110）。輝いた金色のみです。裏足は三本、真中の可動式の足は両端と同じ丸棒です。ここでは細かいことは説明しませんが、金鵄の形その他は後で掲載する昭和期の金鵄勲章と見比べて下さい（160ページ、3-108参照）。すべての面で、出来の違いが判ると思います。とにかく日清戦争の論功行賞では皇族を含めて九個すべてがこの功二級金鵄章でした。非常に貴重な勲章と言えるでしょう。

功二級金鵄章（樺山資紀拝受）

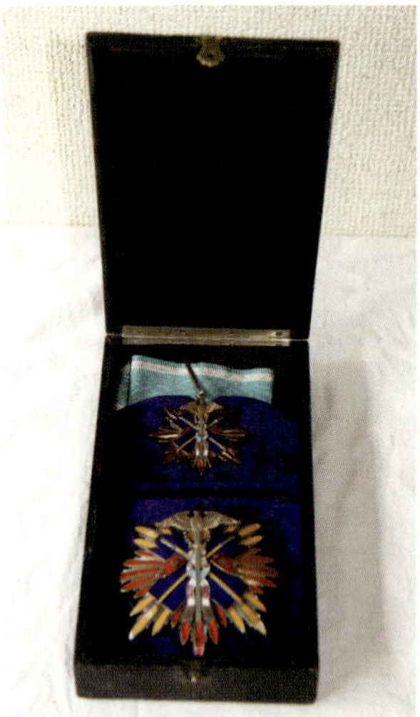

3-107

3-108

3-110

3-109　功二級本章

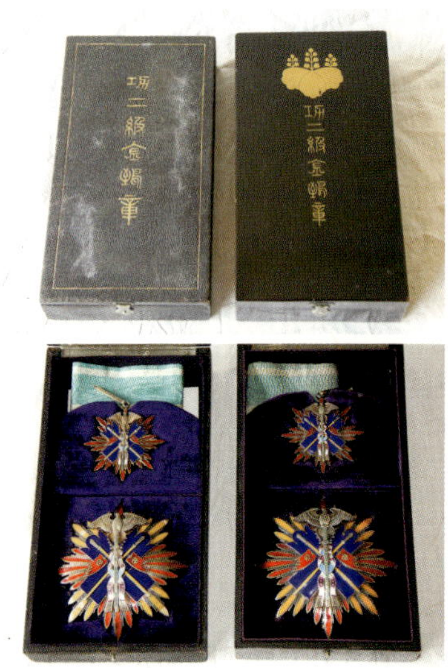

3-113　革箱（左3-108・日清戦争時）・漆箱（右3-107・日露戦争時）
下写真は蓋を開けたところ

3-112

3-111

3-114　勲記下部に勲章の模式図がある。

功二級の副章（功三級）は八方に光線が伸びますが、すべてに赤の透明七宝が入ります。その上に青い交差した楯が載るわけですが、楯の中央に黄色い柄の鉾があります、また鉾から巴紋（ともえ）の入った赤い旗がひらめきます。この赤い旗が問題で七宝焼きの場合、青と黄色はたいした溶融点の差がなく一括で焼くことができますが、赤の場合は黄色や青色と一緒に焼くと発色が悪く、透明な赤色が出ないようです。ですから別体で焼いた交差した楯に、別体で焼いた巴紋の入った赤い旗の金属の裏に足を作り取りつけて、更に金鵄部分のついた剣に各種七宝を入れた後、その剣の裏に留め金用の足を作り楯に取り付け後、先に製作した八光の土台に載せ裏から四本のネジで留めるという、大変凝った作りです。金鵄は明治期と他の時代を比べると少し羽根の形が違います。比較的小さいので、光線がぶつかったりして破損することは少ないのですが、金鵄の上部の環がある部分はそれが可動するので結構傷んでいるものが多く、この原物も上部のみ七宝が破損しています（3-111）。

この時の功二級金鵄章の箱は、大きさは日露戦争時と変わりありませんが、革貼りでした（3-107・108）。蓋の周囲には金箔押しの細線があり、篆書で「功二級金鵄章」と同じく金箔押しの文字があります。蓋の留め金は蝶番とピンです。蓋を開けますと、蓋裏には紺紫色絹地の綿入れが勲章押さえとしてあります。章身は上方にせり上がり、架台に載った副章が首から下げる綬が付随して置かれます。下方には胸につける本章がそれぞれ青紫ビロードの上に鎮座します。副章は功三級と同じです。

綬ですが、明るい空色に近い色には驚かされます。水紋があります。留め金ですが、本来はカマボコ型の差し込み留め具のわけでしょうが、ズボンの後ろの締め金具のようなものがついていました（3-112）。もう一方は革製の引っ張り皮があります。これは賞勲局の本来のものではなく、樺山資紀が誰かに頼んで製作させたものでしょう。しかし首に合わせて調整するにはこの方が確実に便利だと思います。

◉功三級金鵄章

さて、勲記と一緒の勲章、あるいは確実にそれを拝受した家族から出てきたものでないと、その勲章が渡された時期は確証できません。また、十年以上も経過していると拝受された方のご家庭からでも親・兄弟が同じ勲章を貰っている可能性もありますし、また、中身だけが入れ替わってしまっている場合も考えられます。そこで説明は確実なものだけに致します。

この功三級金鵄章は日露戦争時には総理大臣であった桂太郎が日清戦争時に拝受したものです（3-115・116）。明治二十八年八月二十日に拝受したもので、勲記もありますし間違い

3-115　桂太郎の功三級（下図とも）

3-116

❖功四級金鵄章

3-118

3-117

3-120

3-119

ありません。日清戦争時では第三師団長でした。勲記は第十一号をもって功級簿冊に記入となっていて明治天皇の御署名もあります。勲章は革箱ではなく、通常の木製漆塗り箱でした。留め金は蝶番とピンのごくありふれたもので、中の勲章は先に述べた功二級の副章と同じものです。

●功四級・功五級

功四級金鵄章と功五級金鵄章の金型は同じですから、大きさや形状は同じです（3-117～120）。金鵄は両方とも金色で、鉾先は両方とも銀色です。その他の部分が四級が金色、五級が銀色ということです。旭日章の四等と五等、瑞宝章の四等と五等との違いはそれぞれ五等では金色だけでなく、銀色が金色部に一部入った双光という違いでしたが、金鵄章の場合は先程の金鵄を除いてすべてが銀色となります。旭日の場合は桐章を用いますからその鈕部分の桐花の数も変わりますが、金鵄章の功四級・五級は三級と同じ作りで、一番下の台座が透明赤七宝の入った光線となります。その上に、黄色の七宝の柄の先端が銀色の鉾がある青七宝の楯、そこに透明赤七宝の入った旗が取りつけられ、さらにその上に金鵄が

❖功六・七級金鵄章

3-122

3-121

3-124

3-123

3-125

3-126

上部にある各種色七宝のある剣が裏足で取りつけられ、それらが透明赤七宝の光線の台座に乗せられて、裏の四本のネジで留められます。もちろん功一級からすべて裏に文字はありません。

この勲章は漆金文字で「功四級金鵄章」と書かれた木製黒漆箱に入れます。「金鵄勲章」ではなくこの時期は「金鵄章」でした。中は三級と同じでビロード台座がせり上がり展示できるようになっています。同時期の功五級はコレクションがあるのですが、中尉か大尉の肋骨服に付したまま仕舞いこんでしまっているため、残念ながら今回ご紹介することができませんでした。

●功六級・功七級

金鵄勲章は一級から七級までで、他の勲章類のように八等級制ではありませんから、功六級と功七級が同じ金型での製作品になります。明治期の金型をたまたま入手しましたので「総論」の図版を参照してください（32ページ）。金型は二種類ありました、一方は旭日章のミニチュア勲章の金型、もう一方が功六級・功七級の金型でした。両方とも雌型だけですから、片面のみ打っているものと思います。旭日章は両面七宝ですが、ミニチュアの場合は片面を二枚作り、蠟づけして両面にしています。金鵄章の場合はすべて片面細工ですから裏面は平らのままで仕上げます。先に造幣局の製作者が書いた文章を紹介しましたが（33ページ参照）、平打ちの金型ですので、平らな銀地金を当てて打つのではなく、断面が饅頭型の銀地金を乗せ圧写します。もちろんこの金型を見ますと焼きの入った鋼材に金鵄章が彫り込んであるだけなので、圧写した場合には勲章の形ではできあがらず、丸あるいは四角の銀板に金鵄章のレリーフができるだけです。

このあと功六級あるいは七級の形に糸鋸あるいはタガネで切り抜いて仕上げて行きますが、ほとんど勲章の彫り込みはできていますし、七宝を入れる部分もありませんから作業は比較的簡単でしょう。この金型にはそれぞれ「豆勲章」「大木」等の彫り込みがありました。大木は平田から独立した賞勲局御用・大木宗保で、東京都下谷区茅町二丁目二十四番地にあった製作所です。この金型に功七級を載せますと、明治期の金鵄章はガタがなくピタリと嵌り込みましたが、昭和期の箱が銀文字の金鵄勲章を載せると金鵄部分等がうまく納まらず、浮いたような感じになりますから、この金型は明治期のもので、昭和期には形が違うものになることがわかります。この時期には箱が金文字で「金鵄章」と書かれていて、六級七級においても功三級と同じように勲章の載る台座がせり上がり展示できるようになっています。略綬は蝶々結びのものが入っています。

3-126　2点とも支那事変の功績による朝香宮鳩彦王の功一級金鵄勲章（昭和期）

第四章

勲章に類似したもの

❖四-1 明治期の従軍記章

明治期には数多くの従軍記章・記念章が出されました。これらは大別すると、

- 従軍記章：戦争に従軍、または戦争関係者に与えられる。
- 記念章：何らかの国家的な式典などに参加した人に与えられる。
- 褒章：明治期では、国家に献金した人、または勲章まではいかないが、何らかの功があった人に与えられる。

となります。昭和二十年代までに出されたものを年代順に列記しますと、

- 明治七年台湾従軍記章
- 明治二十二年帝国憲法発布記念章
- 大婚二十五年祝典之章
- 明治二十七・八年従軍記章
- 明治三十三年従軍記章
- 明治三十七・八年従軍記章
- 皇太子渡韓記念章
- 韓国併合記念章

ここまでが明治です。その後、

- 大正大礼記念章
- 大正三・四年従軍記章
- 大正三年乃至九年従軍記章
- 戦捷記章
- 第一回国勢調査記念章

ここまでが大正時代。続いて、

- 昭和大礼記念章
- 帝都復興記念章
- 昭和六年乃至九年事変従軍記章
- 朝鮮昭和五年国勢調査記念章
- 国境事変従軍記章
- 支那事変従軍記章
- 支那事変記念章
- 大東亜戦争従軍記章

というものでした。

明治期では記念章が四種、従軍記章が四種。大正期では記念章が三種、従軍記章が二種。昭和期は記念章が三種、従軍記章は大東亜戦争従軍を入れて四種ありました。

これらの記念章・従軍記章類は七宝が使われておらず、コインと同じ製法なので初期の段階は造幣寮で製作され、賞勲局に納められていました。賞勲局では検品の上、綬がつけられ、用意された箱に一つずつ納められました。その後だんだん民間製造となって行きます。

昭和期になると支那事変・満州事変従軍記章の頃からは、東京徽章製造の組合の成増工場で三十万個もの従軍記章を製造するようになりました。また一部は秋田の方でも製作されていたようです。

成増工場では、昭和十八年二月十一日から金鵄勲章・旭日章・瑞宝章の下級勲章も作るようになります。

明治六年六月に上陳された左院記録課の賞勲事務取調によると、「記念章」というのはなく「従軍牌」で、従軍牌式は「従軍牌ハ将卒ノ別ナク軍功ノ有無ヲ論セス凱旋ノ後従軍セシ徴シニ賜ヒ左胸ニ懸ケシム」とあります。一方、褒章は一系統三種（金・銀・銅）が制定され、「褒牌」と呼ばれていました。褒牌式は「一、褒牌ハ官民ヲ論セス国ノ大利益ヲ興シ又ハ人民ノ知識ヲ開発スル等ノ大功労アル者ニ賜ヒ礼服ノ節佩用スルヲ願フ者ハ之ヲ許シ且永世其家ニ存シテ栄トナサシム但シ佩用ハ其身止リ子孫ニ及スヘカラス」とあります。

◉明治七年の従軍記章

明治七年の従軍記章は、「台湾出兵」あるいは「台湾従軍」とも言われます。明治七年四月十八日に褒章従軍牌雛形製造を式部寮に

❖従軍記章

4-1

4-2

4-3

4-4

4-5

4-6

お伺いをたて、更に七月十三日に大蔵省へ大阪の造幣寮に従軍記章の製作で打ち合わせを行った際の案では、章身は現物と同じく表に桐葉に囲まれて「従軍記章」と入り、裏は上部に年号、下部には戦場名が浮き出て入ります。章身の上に「佐賀」と「台湾」と二つの菊葉をデザインした銘版が用意されていたわけですが、実際に製作され配布されたものは、長方形の二重枠の中に「台湾」と浮き出し文字のあるものだけでした。

明治の賞牌は明治八年四月十四日に旭日章の勲一等から勲八等までと一緒に太政官布告第五四号で制定され、勲章は「勲等賞牌」、従軍記章は「従軍牌」という名前でした。明治八年に造幣寮で従軍牌を三六七七個作ったという記録があります。これが明治七年従軍記章のことで、台湾従軍は何も文字のない春慶塗りのような明るい茶漆の角の丸い平たい箱に入っています。箱の留め金は押しボタン式です。中を開けると明るい藍紫の絹が全体に貼りつめてあります。固定する台座等はありません。ですから、揺すると中でカタカタ音を立てます。記章に比べて箱が大きいせいもあるのでしょう。記章は文字盤も含めて銀製です。他の記章に比べると非常に小さく、メダル表面には縦書で「従軍　記章」と二行あり、その周りを桐の葉が囲んでいます。裏面は横書き二行で「明治七年　歳次甲戌」とあります。歳次甲戌とは干支です。表も裏も円周には二重の土手があり、コインそのものです。

　その上部に綬を掛ける腕が伸び、その上部に「台湾」と入った枠つきの銘版がつきます。この銘版は褒章と同じように上で連結できるようになっています。最初大給恒が造幣寮に試作を頼みに行った時の菊葉に「佐賀・台湾」が入ったデザイン（試作品の図版が残っています）もそうでしたが、褒章の連結と同じ構造です。「佐賀」というのは作られなかったものと思います。連結勲章とは、従軍記章・記念章・四等以下の勲章および日本赤十字社章を並べて胸につけるためのものです。

　佐賀の乱（明治七年）や西南の役はいわゆる内乱ですから、政府内部にも内乱の同郷の者がいるので、内乱の鎮圧を表するものを作るということには抵抗もあり、作るのを止めたのでしょう。この従軍記章は明治八年に配られるはずでしたが、実際には佐賀の乱や西南の役があったために十年以降の勲章類と一緒に渡されたようです。ですから、薩摩から台湾征伐に参加した者はその後「薩軍」として敵となってしまったので、下賜は中止となっております。この台湾従軍記章は兵卒から将官までみな同じものです。等級はありません（4-1～6）。

　前頁の箱入りの台湾従軍記章は勲記が一緒でなかったので誰のものかは判りません。樺山資紀の連結勲章と台湾従軍の際の勲記がありますので、写真だけご紹介致します。樺山資紀は西郷従道とコンビで台湾征伐に力を注ぎました。日清戦争後に初代の台湾総督になります。大量に作られたものですから同じ品物ですが、何か凄みを感じます（4-7～9）。

4-7　連結勲章・表（樺山資紀のもの）

4-8　連結勲章・裏

日本帝國従軍記章之證
陸軍卿ハ陸軍中佐従六位樺山資紀ノ臺灣ノ役ニ従軍セシ旨ヲ具状シ茲ニ明治八年二月
天皇陛下ノ詔勅ヲ以テ制定シタル従軍記章ヲ賜ハリシコヲ證記ス
紀元二千五百三十六年明治[illegible]年[illegible]月[illegible]日
東京ニ於テ陸軍省ノ簿冊ニ登録ス
賞勲局ニ於テ陸軍卿ノ具状ニ據リ捨査シテ之ヲ従軍記章ノ簿冊ニ記入セシム

4-9　樺山資紀の台湾従軍勲記

◉大日本帝国憲法発布記念章

明治二十二年二月十一日の憲法発布を記念して、明治二十二年八月三日勅令第一〇三号の「帝国憲法発布記念章制定ノ件」を以て制定されました。憲法発布式に関係された皇族方をはじめ、判任官以上の各員に頒賜されました。勅令には章身は円形で約九分、金もしくは銀とあります。これは皇族方に金製、その他は銀製です。製造は金十八個、銀二二五一個との記載が『造幣局史』にあります。

表面には上部に菊御紋、高座の中に大勲位菊花章頸飾がデザインされています。大勲位菊花章頸飾の拝受者はこの時点では明治天皇ただお一人だけですので、この図案は明治天皇を表現しているものでしょう（4-15）。裏面は周囲に反時計回りで「明治二十二年二月十一日」、中央部に「大日本帝国　憲法発布　記念章」と三段の文字が入ります。この記念章は章身の上部にすぐ丸環がつきます。綬は一寸二分織地紅双線白で旭日桐花章の綬を用います。大勲位菊花章頸飾を佩用する際には、旭日桐花大綬章の大綬を用いるからなのでしょう。

この記念章は日本最初の記念章で、確認はとれていませんが、一般人用の銀、皇族用の金の二種類のみが用意され、女性用のリボンは用意されていなかったと考えます。小松宮彰仁親王妃頼子が佩用の写真を見ると、綬は中央の金具は赤い布製のように見えますが、女性用のリボンのものをしています。一方北白川宮能久親王妃富子は明治二十二年の赤十字有功章式典でドレスに蝶々結びのリボンの赤十字有功章の隣に通常の皇族男子のものと

❖大日本帝国憲法発布記念章

4-10　小松宮彰仁親王妃頼子

4-11

4-12　北白川宮能久親王妃富子

❖大日本帝国憲法発布記念章

4-14

4-13　一般用の記念章

4-16

4-15

同じ縦長の綬をしています。頼子妃のリボンは外国風の作りなので、洋行の際に作らせたと思われます（4－10～12）。

現在私は一般用のものしか持っていませんが、箱は黒漆塗りの薄い木製箱で、九十六×五十四×九ミリ。蓋はほとんど平らですが少しカーブがあります。角はしっかりでていて、裏面は平らで四方の辺が隅切りです。蓋には各辺から五ミリ程内側に一ミリ程の金線がめぐらされ、中央に一寸の菊御紋が厚みを持たずに入れられています。

留め金は何の模様もない蝶番とピンで、蓋を開けると蓋裏には白絹の綿入れ、記章が入るところは記章がピッタリ入る大きさで凹んでおり、白ビロードが貼られています。その周囲には白絹でできた土手があります。記章自体は先の説明通りです。綬の留め金は明治七年従軍記章や日本赤十字等と同じ針金で作られていて、赤糸で留めてあります（4－13～16）。

◉大婚二十五年祝典之章

明治二十七年三月六日勅令第二三号で制定されました。「大婚二十五年祝典」とは明治天皇と皇后の銀婚式で、当日招かれた参内者に頒賜されました。これも金と銀がありまして、『造幣局史』によると、金製三十三個、銀製一三〇一個が製作されました。この記念章も先の帝国憲法発布記念章と同じ大きさで、表面には菊御紋と双鶴松を囲んで左右交架藤花の図が入り、裏面は「大婚二十五年　祝典之章　大日本帝国　明治二十七年三月」と四行の文字があります（4-19）。綬は織地紅中単線黄で、留め具は憲法発布と同じ赤糸留めの針金線です。この大婚二十五年記念章は四種類ありました。一般男子用銀、一般女子用銀、皇族男子用金、皇族女子用金です。

皇族男子用金のみ手持ちがありませんが、他は所持していますので、写真をご覧下さい。箱の大きさは憲法発布記念章と同じ大きさで、蓋には金線の代わりに銀漆の多少厚みを持った藤の葉と花がデザインされています。中央は御紋章ですが、縁取りが銀色がかっていま

❖大婚二十五年祝典之章

4-17　一般用男子銀（以下3点）

4-19

4-18

4-21

4-20　一般用女子銀（左も）

す。留め金具も憲法発布と同じ、内部は憲法発布記念章が白であったのに対し全て赤色で統一されています。

まず一般男子用銀（4-17〜19）、そして一般女子の銀です。女性のものですが、箱は大きくちょうど宝冠章八等の箱のような感じです（4-20〜21）。

箱の蓋の図は一般男子用の図柄と同じですが、箱の大きさに合わせて描いてあります。中身は蝶々結びの綬がついた章身が入るのですが、宝冠章と同じようにリボンの両端を裏側に折りたたんで入れられています。リボンには銀環がつき、それにフックがついており（4-57・58などを参照）章身の環が裏側で差し込まれるわけです。箱の中はやはり赤で統一

❖大婚二十五年祝典之章

4-22　皇族用女子金（2点）

4-23

4-24　左から一般男子用銀、一般女子用銀、皇族女子用金の比較

4-25　左から上と同じ

され、宝冠章のように章身が載る部分が山のように高くデザインされています。リボンの取付はリボン裏から二本の針でドレスに取りつけて佩用します。

次に皇族女子の金です（4‐22〜23）。箱は一般女子のものと大きさは変わりません。しかし藤の枝葉花と御紋章が金色となっています。章身はもちろん金・銀で違いますし、箱の中身の色が明るい藍紫の厚手絹貼りとなります。蓋の蝶番隠しの絹もついていません。

章身や環はすべて金製、リボンの中央の環も金製で、その裏についた針までもがすべて金でできています。章身はプルーフ仕上げ（鏡面のようにきれいに磨いてある）なので傷つきやすいのですが、これは傷がまったくありませんので、未使用品と思われます。これから考えると、皇族男子の金の箱も中の貼り物も藍紫であったと考えます。更に三種類の比較写真をご覧下さい（4‐24〜25）。

◉明治二十七・八年従軍記章

これは日清戦争の従軍記章です。明治二十八年十月九日勅令第一四三号にて公布されます。この従軍記章は、日清戦役で大本営に従属しまたは出征軍に編入して戦地に行った者、あるいは征軍に編入しなくても、戦地にあって軍務に従事した陸海軍軍人軍属、もしくは文官に授与されました。ただし傭役人夫の類には授与しません。この記章は敵軍から奪い取った大砲の地金を溶かして製造されたとされています。

銅製で正円形ではなく、上の部分が尖っている宝珠形で、上下は一寸一分、横一寸の大きさで、表面には菊御紋章と陸軍連隊旗と海軍軍艦旗が交叉した形で浮き彫りになっており、裏面は「従軍記章」の文字を「明治二十七・八年」が取巻く形でデザインされていて、銅をいぶして黒い色になっています。これは馬白目入黒味銅というそうです。上部より回転出来る腕が伸び飾版がつきます。飾版は台湾従軍章に似ていますが、何の文字もありません。

綬は一寸二分織地、中央白両縁緑です。箱は黒漆塗りの木箱で、今までの憲法発布記念章や大婚二十五年記念章の箱と同じくらいの

❖明治二十七・八年従軍記章

4-26

4-27

明治27・28年従軍記章（2点）

大きさですが、木目が出てしまうくらい漆が薄く、あまり高級な感じがしません。また蓋や底の周囲は辺が隅切りでできています。蓋上には飾りや文字などは一切ありません。数多く作らねばならなかったので仕方なかったのでしょう。

蓋を開けると内部は赤の綿入れ、絹地は蓋裏で、記章の部分は赤ビロードが貼られていますが、憲法発布記念章や大婚二十五年記念章に比べると、ビロード自体格落ちのような感じがします。一応その部分は記章の形に窪みがあります。従軍記章は単一記章なので、皇族から兵卒までみな同じものをつけます。比較的数多く出されましたので、現在でも市場に多く出回ります（4-26～27）。

●明治三十三年従軍記章

北清事変に関係した者に授与されました。明治三十五年四月二十一日勅令一四二号で制定された従軍記章です。

銅製で円形一寸、表面に菊御紋及び鳳凰の図、中央に「従軍記章」とレリーフがあります。裏面は「大日本帝国　明治三十三年」とあります。回転できる腕が上方に伸びており、飾版があります。飾版は角がしっかりしていて、「清国事変」の文字があります。綬は幅一寸二分の織地で緑色三線白です。色が薄れたり汚れているものが多いのは配色のせいかもしれません。授の留め具はこの時点で糸による縫いつけから金具によるカシメに変わります。章身・腕金具・飾版すべて明るい色の銅で出来ています。この「明治三十三年従軍記章」の箱は桐箱です。もちろん蝶番はなく、蓋と本体が別々になるものです。蓋には金箔押しで「明治三十三年従軍記章」と入ります。記章の台座には厚いボール紙が記章の形で打ち抜かれ、赤いビロードが貼られてい

❖明治三十三年従軍記章

4-28　明治33年従軍記章（3点）

4-29

4-30

ます（4-28～30）。

●明治三十七・八年従軍記章

日露戦争の従軍記章です。一番多く出されていますから、見かけたことがある方も多いと思います。明治三十九年三月三十一日に勅令第五一号で制定されたものです。すべて銅でできていますが、金色をしています。円形で一寸、表面に菊と桐の御紋章並びに陸軍連隊旗と海軍軍艦旗が交叉し、裏面には月桂樹と戦捷草の装飾が交叉、中央の楯に「明治卅七・八年戦役」と文字があります。章身から伸びる腕は回転式で、その上部の飾版は角にデザインがつき「従軍記章」と識されています。

綬は一寸二分幅で織地中央紺青左右緑両縁白のものがつきます。留め具は蒲鉾状の板を加工してフックがカシメで留められ、環は針金状の成形品を綬の裏で座金を入れて曲げ止めです。箱は三十三年記念章と同じく桐の箱、蓋に「明治三十七・八年従軍記章」の金箔押し、記章台座は三十三年記念章と同じ赤いビロード貼りです（4-31～33）。

❖明治三十七・三十八年従軍記章

4-31　明治37・38年従軍記章（3点）

4-33

4-32

❖四-二 皇太子渡韓記念章

皇太子とは大正天皇のことです。明治四十年十月に韓国を行啓された記念として明治四十二年三月二十九日に勅令第四二号で制定されました。明治四十年に朝鮮統監府（当時）の伊藤博文が帰国し、明治天皇に懇願して明治四十年十月十日から皇太子の巡幸が韓国・南九州・高知方面へと行われ、軍艦「香取」に乗船し有栖川宮威仁親王をはじめ韓国統監・伊藤博文、桂太郎、東郷平八郎等々を伴い、広島宇品港から乗船し仁川に上陸、大韓帝国皇帝・純宗や皇太子李垠と行動をともにしました。この時に関係した日韓両国の皇族方及び奏任官以上の者に頒賜したものです。円形で一寸、金製と銀製があります。表面は菊御紋と檀樹の花枝の交叉の図、裏面は「渡韓記念章」の文字の周囲に「大日本国皇太子明治四十年十月」の文字が取り囲んでいます。

従軍記章ではないので飾版はなく、丸環のみ、綬は幅一寸二分の織地で、中央薄群青色左右黄色両縁薄群青色の布が下部三角織で環に入ります。箱はまた黒の漆塗りの高級箱になります。帝国憲法発布記念章の箱に似て金枠・金の御紋章がありますが、大きさが一回り大きくなっています。中は赤いビロードの記章枠に納まっていますが、蓋裏の綿入れの絹地は赤ではなく、韓国でよく使われている

❖皇太子渡韓記念章

4-34

4-35

4-36

ピンク色をしています（4-34〜36）。

◉韓国併合記念章

明治四十五年三月二十九日勅令第五六号によって韓国併合記念章が制定されます。韓国併合の事業に直接関与した者及び韓国併合の事業に伴う要務に関与した者、韓国併合の際朝鮮に在勤していた官吏及び官吏待遇者、韓国併合の際に於ける韓国政府の官吏及び官吏待遇者、また従前の日韓関係において功績ある者に頒賜されました。

皇太子渡韓から三年後に韓国併合となったわけですが、この時点ですでに朝鮮統監府の初代統監・伊藤博文は暗殺されていました。この韓国併合により「朝鮮統監府」は大韓帝国の組織と統合の上「朝鮮総督府」と改組されました。

黄銅円形一寸表面上部に菊御紋、桐樹と李樹の交叉の図、裏面に上部に明治四十三年、下部に八月二十九日、中央部に「韓国併合記念章」の文字が入ります。環は円形、綬は織地一寸二分幅、中央紅色左右黄色両縁白です（4-37〜39）。

❖韓国併合記念章

4-37

4-39

4-38

❖四-三 日本赤十字社有功章類

本来の従軍記章・記念章とは性格が異なりますが、明治期において大勢の方々が勲章・記章類と一緒に胸につけている日本赤十字の古い社員章についてご紹介いたします。

日本赤十字社はご存知のように、西南戦争時に佐野常民と勲章の大御所の大給恒が作った博愛社が前身です。明治二十一年に出されたのが丸いメダルの日本赤十字社社員章で、勲章のように七宝の入ったものが日本赤十字社有功章でした。

まず社員章については、さまざまな箱が存在しており、メダルの方はどれが古いのか判りません。木製漆塗りのしっかりした箱もあれば、ボール紙製で海老茶の紙や鼠色の紙を貼った箱もあります。終戦間近は厚紙の封筒の中に入った鉛の多い金属でできたメダルまで登場、また社員章にいろいろな綵花がついたりして、何が何だか判らなくなります。戦後には金属製の箱もあります。

しかし昭和になってから設立された満洲赤十字の社員章と比較して見てみると、どれが社員章・特別社員章・終身社員章・有功章な

●満洲国赤十字社有功章類

（明治のものではないが、参考のため挙げた）

4-41　右の箱を開けたところ

4-40

のかわかるような気がします（4‐40・41）。

太平洋戦争末期の社員章とも比較してみましょう（4‐42・43）。日露戦争時の銅製、表面は鳳凰図があるものと同じですが、裏（4‐43）には「明治二十一年」と制定された年が記されています。また日露戦争時のものに裏面には「明治三十七・八年戦役　救護記念章　日本赤十字社」の文字があり、上部に七宝の赤十字がついているものがあります。これは日露戦争に従軍した医師や看護婦に与えられました（4‐44～46）。

一方、有功章は当初は革貼りの箱に入っていました。中の章身も後の物とはちょっと違います。鳳凰の形も違うのですが、もっとも見分けやすいのは赤十字マークです。章身の中の縦の線が短くなっています。なにか初期の俗称「舌だしベロ」（当初赤十字マークは耶蘇の印だと三条実実が言ったということで、軍医の印は赤十字ではなく、赤色の横一本棒でした。それに縦線を加えればすぐに赤十字に直すことができたためといいます）に縦線を加えたようにも見えます。最初から、男性用と女性用がありました。箱も大きさが違います（4‐47～52）。

次は木製漆塗り箱入りの有功章です。これ

日本赤十字社社員章

太平洋戦争末期の社員章

4-43

4-42

日露戦争時の社員章

4-44

4-45

4-46

らはやはり男女別です（4-53～56）。

明治期の有功章の女性用のリボンは、宝冠章と同じように裏に二本の針があります。この針でドレスに刺しました。明治以降は安全ピンが蠟づけされました（4-57～60）。

また、有功章には時代によって製造所の刻印（玉寶堂謹製）があるものもあります。それらの箱は革箱で、表面の色が緑色で出来がよく、革が生きています。中の章身は同じようです。先程の有功章とは違ったものとして比較写真も掲載しておきます（4-61～64）。

❖日本赤十字社有功章（男性用・女性用革箱入り）

4-47　女性用箱

4-48　女性用

4-49　男性用箱

4-50　男性用

4-51　箱の比較

4-52
章身部の赤十字が扁平なデザイン

❖日本赤十字社有功章（後期）

男性用有功章（上4点）

4-53

4-54

4-55　表

4-56　裏

女性用有功章と社員章

4-57　有功章表

4-58　有功章裏

4-59　社員章表

4-60　社員章裏

❖有功章の刻印付革箱

4-61

4-62

4-63

4-64　左が刻印付

❖四-四　褒章関連

褒章は明治十四年十二月七日太政官布告第六三号「褒章条例」によって制定されました。当初は、人名救助の「紅綬褒章」、孝子・順孫・節婦・義僕なる者には「緑綬褒章」、農商工の発展に寄与しまたは公同の事務に勤勉なる者には「藍綬褒章」が制定され、これら三種類は明治十五年一月一日に施行されました。これら三種は綬の色違いだけで、章・鈕・飾版はすべて同じ銀製で、飾版に授与年月日、章の裏に賜・位勲姓名が彫られます。

その後明治二十年に黄綬褒章臨時制定が勅令一六号で制定されました。また大正七年九月には、「紺綬褒章」が制定されます。「黄綬褒章」は、海防事業のために私財を献納した者に金製と銀製が用意されました。これは他の褒章と違った模様で菊花紋章と大砲図が入り、裏には「賛成海防事業」の六文字が入ります。また瑞宝章のような三角綬がつきます（4-65〜68）。

「紺綬褒章」は公益のために私財を寄付し功績顕著なる者に与えられます。章は他の三種褒章と同じですが、裏には賜はなく苗字名前も入りません。
褒章関係の書籍では、大日本勅定褒章協会が昭和十六年に発行した『勅定褒章条例六十年史』が天下一品の本で、褒章図・褒章条例はもちろんのこと、褒章を拝受した方々の出身地位階勲等やその時期、姓名がすべて書き出されています。調べる者にはありがたい資料です（4-69〜71）。

❖黄綬褒章

4-66

4-65

4-68

4-67

4-70

4-69 『勅定褒章条例六十年史』

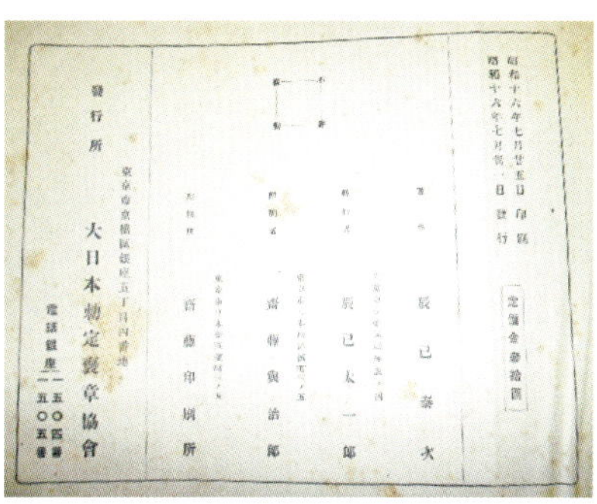

4-71

❖四-五 勲章模造品

勲章は国家がご褒美で個人に与えるものですから、いい加減なものであってはいけないはずです。

明治の初期において、皇族や国の国家中枢にいる者と、徴兵で駆り出された一般庶民との生活水準、あるいは収入の格差がとてつもなく大きかったことは間違いありません。しかし戦功行賞においては、その両方に満足のいくご褒美を与えなくてはならないことは国家にとっての使命だったはずです。集められた兵隊には、ある程度のものを与えておけば済んだのでしょうが、それなりの地位の人々にとっては、相応の高級なものを与えない限り納得してもらえません。

勲章制度でもそれが重要な問題であったと考えます。勲章製作の初期、天皇をはじめ皇族の方々の次は、昔から続く家系の人々よりも先に明治維新・西南の役の時の新政府高官へ授与されました。彼らは旧時代にあっては下級武士、しかも地方出身の成り上がり者たちです。ただ、金は持っていたでしょう。彼らが芸者やお妾さんに買ってやる髪飾りよりも、一見して価値がありそうなものを与えない限り、彼らは、満足して身に着けることはなかったでしょう。明治初期の勲章は、江戸時代からの技術を伝承する家元が美しい工芸品を製作することによって見事にその役目を果たしたのです。

その後はさまざまな内乱・戦争により今度は数量が必要になります。召集で集められた一般庶民に高給取りはいませんから、ある程度のものを与えておけばよかったのです。しかしそのような工芸技術にも手を抜けないのが日本人なのでしょうか、仮に下級勲章であってもよい出来のものを配っております。

戦地に行かない一般人、あるいは学生などは兵隊の姿は見たことはあっても、将校にはめったに出くわすことはなく、ましてや将官などは新聞でも見たことがなかったはずです。当然勲一等がどんなものかも知らず、一等から八等までの等級差などは知る由もなく、勲八等を貰って帰郷した兵士たちに手を合わせて拝んでいるような状況でした。

一般市民にとっては勲章について、雑誌などに掲載されているもの以外はほとんど知らず、生活には関係ないものでした。しかし陸軍・海軍の学校などでは先輩達が勲章・徽章類をつけて来校することもあったでしょうし、晴れの式典では大将や教育総監達に会うこともあります。そうした勲章の知識は軍隊組織にとって必要な事柄です。

本来勲章徽章は法律で模造ができないことになっています。しかし、飯田橋付近の「帝国徽章商会」の創業者鈴木梅吉という人が、軍事教育に必要な勲章についての知識は従来印刷物を使っていたが、変色や汚損があるからという理由で、教育用に模造の製作を陸海軍省に申し出たのです。陸軍・海軍、さらには内務大臣板垣退助に許可を受けました。

それは、「帝国勲章模造に付き御届、一帝国制定に係る勲章記章類一式　右は海陸軍に於いて軍事教育上に従来勲章徽章は図式を以て教授用としていた、図面にては変色又は汚損等の為、等級の差異を識別するに困難なる由は兼ねて其の筋の者より伝承致、今般銅台に金銀を施し勲章類と同形状のものを模造し右教授用に供したく御届申し上げます」

という内容でした。明治三十一年七月五日に出されたものです。

左の写真額に飾られているのがその模造勲章です。「大日本帝国勲章褒章板額」との題名の銘板があります。この額内には菊花頸飾

4-72 「大日本帝国勲章褒章板額」

4-73

4-74

章をはじめ、金鵄章・菊花章・桐花章等明治期に創設された勲章類がすべて揃っています。大綬及び通常の綬はすべて絹製のものが使われています（4-72〜74）。

展示されていたためかなり日焼けはありますが、宝冠章は八等まであります。功四級金鵄章には綵花がありませんから、昭和十二年以前のものでしょう。従軍記章類があれば作られた年代は更に絞ることができますが、残念なことに一つもありません。褒章は紅綬・緑綬・藍綬・紺綬・黄綬があります。紺綬褒章は大正七年の制定ですから、この額は大正七年から昭和十二年までの間で製作されたということが判ります。

この「大日本帝国勲章褒章板額」は千葉県の骨董業者から出ました。千葉は軍都でしたから、どこかの軍の施設に展示されていたものだと思います。「帝国徽章商会」は九段下から飯田橋にぬける大神宮近くにありました。現在でもその近辺は徽章関係の業者が多く、「帝国徽章商会」があった場所には徽章発祥地の石碑があります。創業者鈴木梅吉は明治初期に徽章以外の仕事もしています。勲章類を国から直接受注したことはないようですが、明治期の戦時中の民間用の徽章類（戦勝記念のメダル類が当時民間では多数作られた）で財をなしたようです。造幣局で勲章を作るようになった際にも、彼がかなり多くの職人を送り込んだようです。

第五章

外国と日本の勲章・略章

❖五-一 外国人に対する勲章

明治期のいわゆる「お雇い外国人」に対する叙勲はかなり初期の頃から行われました。しかし彼らの帰国に対して製造が間に合わず、お達しだけで勲章本体は後から渡されたものも多かったと思われます。例えばフランス人陸軍省雇入れのルボンなどは明治九年七月に四等賞牌のお達しが出されていますが、実際には明治十一年十二月二十一日に渡されています。明治八年十一月九日のシュラル・ホフマンやシュレルも四等で、記録によると勲章製造後に渡すという意味で、「製造の上可相達事」となっています。

明治九年では同じようにフランス人海軍省雇入れウェルニーに二等、同じく海軍省雇入れ医師サバーチェに四等、台湾関係でアメリカ人カッセルとワッスンにも四等と五等が、九年四月には同じく台湾征伐に関して大蔵省雇入れリゼンドルにも二等、そして、千島樺太関係やマリア・ルース号事件に関連してロシア特命全権公使のスツルヴェに勲一等など、かなりな数の勲章をロシア外交官に出します。その関係でロシア皇帝と同じ勲一等がロシアの臣下クラスの者に数多く出されてしまい、そのために日本政府は勲一等より上級の勲章を作らねばならなかったことは先にお話しいたしました（92ページ参照）。

明治十四年にはハワイのカラカウア一世の一行が世界旅行の途中日本に来ます。この時はやはりカラカウア王には大勲位菊花大綬章を、随員にはそれに応じた勲章を授賜しております。

外国人に授与された勲章類は、明治期にはみな玉手箱の型式の勲章の箱に入っていました。

明治十六年にHorece Capron ホーレス・ケプロンに勲二等が与えられました。ケプロンはアメリカ合衆国で農務局長をしていましたが、当時渡米していた黒田清隆に懇願され職を辞して開拓使御雇となります。彼は明治七年に帰国しますが、明治十六年に勲二等が贈られ、彼はその翌年亡くなりますので、明治二十五年（一八九二）の外国人勲位録には記載されていません（250ページ参照）。

Webサイト Coutesy Banfield Capronには、彼の勲二等と勲記の訳文、ディプロマット（外交文書）が残っています。(http://www.laurelhistoricalsociety.org/capron/Meeting%20the%20Emperor.htm)

5-1　ホーレス・ケプロンの勲二等

それによると、箱は六角形の玉手箱で赤い組紐つきで、上蓋には三個の五七桐紋があります。外国人用瑞宝章のような八角形ではなく、また内部の台座はそれに使用されたような堅い材質ではなく、次に紹介する外国人用旭日三等のような、綿入れの青縮緬でできている古いタイプのものでした（5-1）。

ここにある明治初期の勲三等は、明治十一年以降十四年までのものです。箱は漆塗りで厚めの木材でできています。蓋の上に高蒔絵の桐御紋が三つ入っております（前後にも二つ）。蓋裏・箱中は本金梨地仕上げで蓋裏には銀文字で「勲三等　旭日中綬章」の文字があります。赤い組紐がついていて、これを上部で結びます。中はちょうどその頃の勲章が入る青縮緬の座布団があります。勲章には水

❖明治初期の勲三等

5-2

5-3

5-4

5-5

5-6

5-7

紋のない古い綬がついています。略章はその台座に大日本国と製作者名が入っています（5-2～7）。

　続いて勲四等です。これは勲三等よりは少し新しいものです。作りは同じですが木は薄くなっています。蓋上に五つの桐御紋があります（5-8～11）。

　さらに勲五等です。これはまた後々のものです。箱の蓋には五三桐御紋、「勲五等双光章」の文字がそれほど厚くない高蒔絵で入ります。

　ゴードン・スミスの『日本の旅行紀』（『ニッポン仰天日記』）を読んでいましたら、彼が一九〇七年五月十三日に拝受した勲四等小綬章の箱図と勲章がカラーで掲載されていました。それはこの五等と同じような箱で、五七桐御紋に「勲四等小綬章」と書かれたものでした。明治四十年にはこのようになっていたのだと思いました。古いものは、箱蓋にあるいは先程の三等・四等のような桐御紋が数個入っており、中が青い縮緬台座のものだったかも知れませんが、今のところ確認できていません。勲章の載る台座は青縮緬ではなく、ビロード貼りの片側支点で持ち上がる型式のものです（5-12～15）。

❖明治期の勲四等

5-8

5-9

5-10

5-11

勲章は旭日だけではありません。金鵄勲章以外のものが外国人に与えられました。例えば明治二十一年十月二十五日にロシア外務大臣ニコライ・カルロウィッチドギルスに旭日桐花大綬章、二十一年十二月二十八日にフランス海軍大臣ジュール・フランソワ・エミール・クランク及び同国海軍中将アベル・ニコラス・ジョルジェ・アンリーベルガス・ペチトウアールに勲一等瑞宝章。

明治二十二年一月二十三日にはロシア皇后マリアに勲一等宝冠章。

帝国憲法発布式を終えて、明治二十二年三月二十六日にドイツ国侍従オットマン・フォン・モールに勲二等瑞宝章。

二十二年四月十五日にオーストリア会計検査院長伯爵カールフォーヘンウォルド・グルラフ・スタインに勲一等瑞宝章。六月二十六日にオーストリア皇族ハンリー・ド・ブールボンに旭日桐花大綬章。二十二年八月十九日フランス陸軍中将アマン・デフィスに勲一等瑞宝章。二十二年九月十一日にイタリア内務次官アレキサンドロ・フォルチス及びアメリカ駐屯公使マニアス・ロメルに勲一等瑞宝章。二十二年九月二十七日ロシア会計検査院ニコライ・ベラーゴに勲一等瑞宝章。

❖明治期の勲五等旭日章

5-12

5-13

5-14

5-15

❖仏国少将に贈られた勲二等瑞宝章

5-16

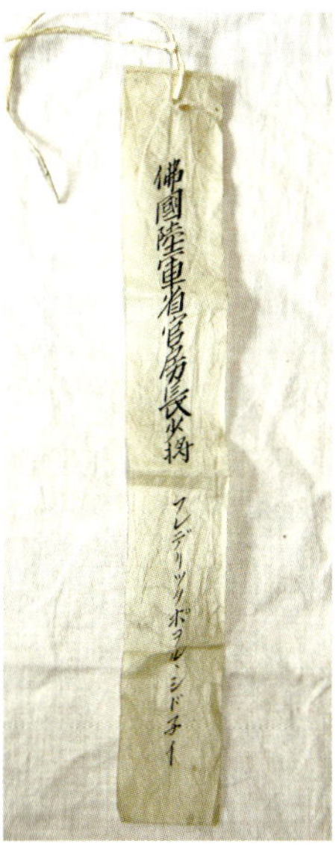

5-17

5-18

5-19

その他二十三年五月八日には英国コンノート公に菊花大綬章、同妃ルイズ・マルゲリットには勲一等宝冠章。

飛んで、明治二十九年にはロシア皇帝ニコライに菊花章頸飾を授与しています。このように明治二十一年以降は瑞宝章やその他の勲章の授与が盛んになります。

ここに明治期にフランス陸軍省官房長少将フレデリック・ポオル・シドニーに贈られた勲二等瑞宝章がありますが、官命と名前が書かれた付箋も同箱に入っていましたので間違いないものです。瑞宝章は青い組紐がつきます。八角の玉手箱でデザインも出来もよく、外国人には喜ばれました（5-16〜19）。

❖五-二 外国からもらった勲章

政府高官や外交官は外国から勲章を拝受することがあります。しかしその勲章は政府に報告をして賞勲局からの外国勲章佩用免許状（允許状）を交付してもらわなければ、大礼服につけて佩用することができませでした。外国勲章の拝受は江戸時代にもあり、十四名がもらったらしいことは判っています。

その中では、徳川昭武、山高信離（山高石見信離）、保科峻太郎、渋沢篤太夫（渋沢栄一）、高松凌雲、シーボルト等が明治九年七月に太政官により確認され許佩状を得ています。その後許佩状に明治十年十一月の改正でその勲章の絵が描かれるようになりましたが、改正により明治十年十二月二十四日付で新しい佩用允許状に変更されます。これが明治二十四年五月まで続きます。

外国からもらった勲章を適宜三十五号あたりまで記載してみます。まず、第一号は寺島宗則・参議外務卿がロシアの「アンナ一等」です。これはロシア側の番号だとNo.4になります。二号は子安峻でマリア・ルース号関係の功で「アンナ三等」、ロシア側だとNo.3。三号は長田鮭太郎・外務少丞で「スタニスラス三等」、ロシア側だとNo.11。つづいて四号が黒田清隆・開拓使長官は「スタニスラス一等」、ロシア側ではNo.8。五号は長谷部辰連・開拓中判官は「アンナ二等」、ロシア側ではNo.6。六号は時任為基・開拓使大書記官は「スタニスラス二等」、ロシア側ではNo.9。

そして七号に以前申請許可のおりていた徳川昭武が申請し、パリ万博後イタリアに行き「サンモーリス・ラザール一等」が与えられます。九号は佐野常民がパリ・オーストリア万博の功でオーストリアより「フランツ・ヨゼフ勲章一等」。また十二号で同じく万博の

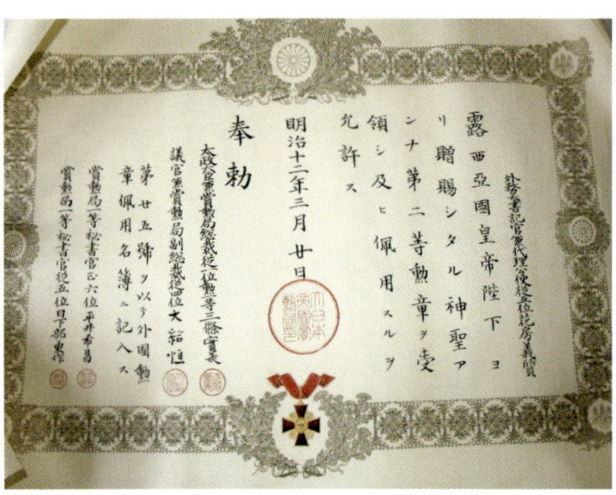

5-20　花房義質がもらった「アンナ二等」の允許状（25号）

❖外国からもらった勲章（花房義質拝受）

花房義質が二等の後にもらった「アンナ一等」

5-21　箱表面の墨書は花房の自筆

5-22

5-23

5-24

「スタニスラス一等」

5-25

5-26

5-27　この勲章の勲章允許状は5-30

5-28

❖外国からもらった勲章

5-31　桂太郎がもらったロシア「アンナ」

5-29　大韓帝国「太極一等」(花房義質)

5-30　「スタニスラス一等」勲記(花房義質)

5-33　ドイツの「王冠勲章」(桂太郎)

5-32　スウェーデン「北極星」(花房義質)

5-34　ロシアの「白鷲勲章」(桂太郎)

功で田中芳男も「ＦＪ勲章」。十四号でまた以前の申請者、山高信離・一級書記官が「サンモーリス・ラザール三等」。

またロシア勲章では十六号に増田甲斎が「スタニスラス三等」。これが日本では初めての外国勲章で、文久二年五月に拝受、允許の申請が遅れていたのですが、ロシア側の順序ではNo.1です。

つづいて、山沢静吾が中佐の時に露土戦争でロシア軍に従軍して、ロシア武官勲章の「ウラジミール四等」を拝受、ロシア側だとNo.12になります。榎本武揚が千島樺太交換条約のために、フランスで海軍中将の大礼服を作り、特命全権公使としてロシアに行った際に拝受したのが「スタニスラス一等」で日本の允許証は二十二号、ロシア側ではNo.７。二十三号は市川文吉・外務省一等書記官で「スタニスラス二等」、ロシア側ではNo.10。そして第二十五号で明治十二年三月二十日付で花房義質・臨時代理公使がマリア・ルース号関連で「アンナ二等」の後に一等も贈賜されており、ロシア側では寺島宗則に次ぐNo.２です（5-20～24）。

ずっと下って九鬼隆一はフランスからの「レジオン・ド・ヌール・シュバリエ」で三十五号になります。また先程の花房義質が明治十六年十一月二十一日にまたロシアから「スタニスラス一等」を拝受した際の允許証の番号はなんと二四七号でした（5-25～28・30）。十二年以降は外国勲章の允許証申請が大量に増えていたことは間違いありません。

また、高松凌雲や保科峻太郎、渋沢栄一は明治十年改正時に允許証の申請はありませんでした。允許証にはそれぞれの勲章の図版が丁寧にしかもはっきりと天然色で一つ一つ手描きで画かれています。勲章名を文字で記してもどのような形をしていてどのような色をしているのか、貰った当人が判らなくなってしまうのを防ぐために描かれました（5-20・30参照）。

❖五-三　勲章図版について

賞勲局では外国から珍しい勲章を外交官や軍人がもらうと、それを図版にしていました。明治天皇が海外から頂いた貴重な高級勲章以外でも、一流画家を嘱託職員に雇い、すべての勲章が彼らによって細かくそっくりな色で描かれています。当時写真では再現できない微妙な色や写真では影になってしまう箇所なども鮮明に描写しています。

これらは保存され、明治期のものは外国勲章允許証の下部に描かれた勲章図の原版として利用されました。その後允許証に勲章図がなくなりましたが、珍しい勲章類はすべて適切に描写され保存されていたようです。賞勲局では職員が描くのではなく、一流画家を一時的に雇い入れ描かせていたようです。元々明治六年に大給が勲一等旭日章の試作をした時も狩野派の絵師に図案を描かせたりしています。明治八年の勲章が太政官により布告された時の図も、木版画ではありますがかなり凝った正確な図でした（5-35・36、資料篇参照）。

その後明治十四年に狩野則信が大勲位菊花大綬章を含めて制作した勲章図集は勲章中心

勲章図版

篠原晩香によるもの以外は資料篇に全頁を収録した

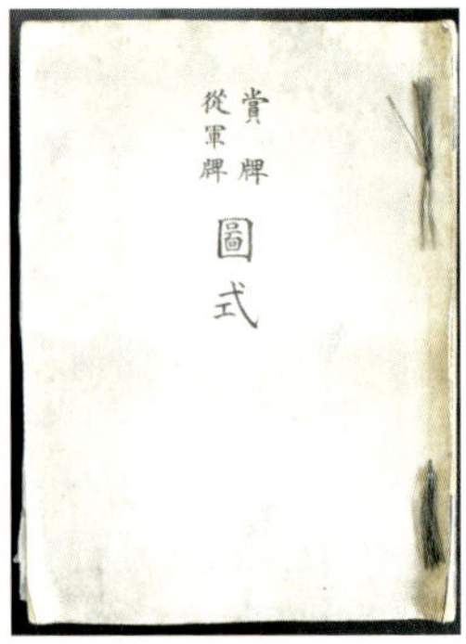

5-35『太政官布告図』（明治８年）より

5-36

5-37『明治勲章図譜』（明治14年 狩野則信）より

5-38

5-39　篠原晩香による勲章図

5-40

5-41

5-42

5-45

5-44

5-43

5-48

5-47

5-46

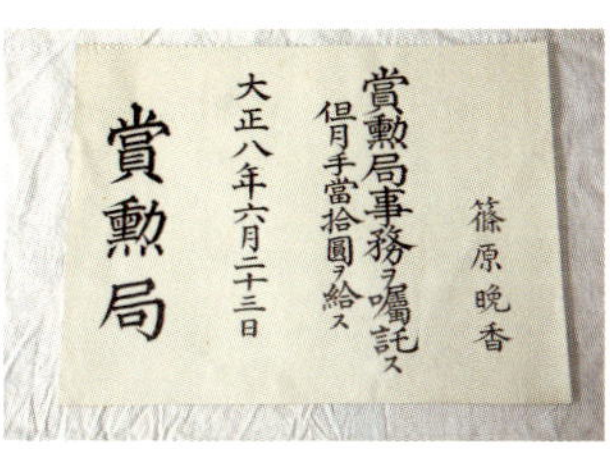

篠原暁香

賞勲局事務ヲ嘱託ス
但月手當拾圓ヲ給ス

大正八年六月二十三日

賞勲局

5-51

5-50

5-49

5-52 「既成」

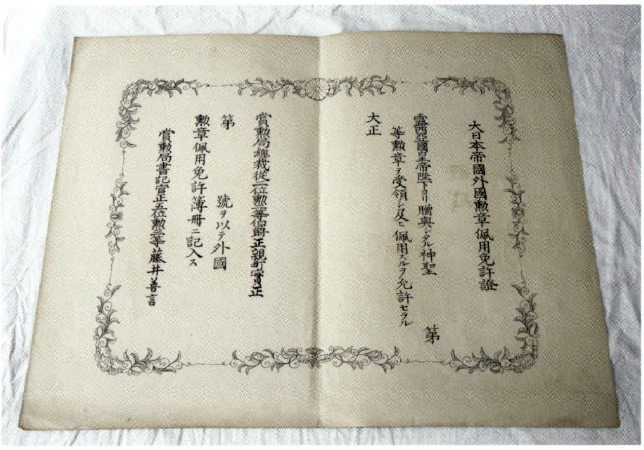

5-53 佩用免許証

部の旭光部に裏からバックアップ材を入れて、木版の押しも強くし、より立体的な図集を作りました（5-37・38、資料篇参照）。

さらにこれは大正時代になりますが、篠原晩香という日本画家が賞勲局の事務嘱託で月に十円の俸給で描いていた際の勲章図が現存しておりますのでご紹介致します。それらは「既成」と書かれた台紙の中に、勲章図や記述がない、新しい形式の外国勲章佩用免許証に挟まれて保存されていました（5-39～53）。

❖五-四 勲章略章について

略章については各時期の勲章で説明はしておりますが、どのように変わってきたかは、全体的な時代の流れに沿った説明が必要かと思い、ここでまとめて説明いたします。略章は平服につけるものです（和服にはつけない）。基本的には一個のみつけるものですが、複数の勲章の略章をまとめてデザインした複合略章というものもあります。

以前書いた本の中では明治八年から記述しましたが、今回明治七年製の勲章をご紹介して、その箱の中に奇跡的に古い略章が入っていた事実が、以前の見解を覆すことになりました（47ページ参照）。しかしこの時点では配られた賞牌は皇族のみでありましたし、略章もすべてが勲一等だけであった可能性が高いです。

略章は六年の上奏図（46ページ参照）では一・二等が六角形ですから赤い（紫）線が六本。三・四等が円形の中五角に割られているので赤い（紫）線が五本、五・六等は五・六等の綬を巻いたものをつぶして平らにしたものになっていますが、実際には略章は勲一等しか出されていませんでした（222ページ参照）。その後明治九年に西郷従道に授賜されてから数多く出されるようになりました。
　さてその明治七年と書かれた勲章にはこの型式の略章（または略牌・略綬とも呼んだ）が入っていたことはまぎれもない事実でありますが、この略綬は変更され、明治八年十二月二十八日第二〇四号に「本年四月第五四号布告賞牌図式中ニ掲載セル略綬別紙ノ通被候条此旨布告候事」とされて、明治八年から十年まで用いられるものがあります。それらは勲一等・二等が同じ略綬で先の三等・四等と同じ型式の径七分で茸型、円形の中が五角に分けられていて赤い（紫）線が五本のもの。また勲三等・四・五等・六等までが以前の五等・六等と同じ綬を巻いたものを三分幅につぶしてボタンホール用金具をつけたもの。
　そして新たに七等・八等が日露戦争頃まで七等・八等に使われる幅二分の蝶々結びのリボンにボタンを糸留めのものの三種類になります。ただし十年までの制度ですから、西南の役の論功行賞には使われていませんので、国内では確認できないと思われます（5－54）。
　その後明治十年十二月第九七号達制定の大勲位菊花大綬章・菊花章図式において新しい略綬が制定されます。新しく大勲位菊花大綬章・菊花章の略綬、勲一等・二等、勲三等・四等、勲五等・六等、そして勲七等・八等は同じで、大勲位と旭日四種類です。菊花は大綬の紅と紫の織地の細いものを折込んで紫枠の中に納めたものです。勲一等・二等は旭日章の大綬の細いものを中間を糸で縛って両端を開き、赤枠の中に納めたものです。三等・

明治8年12月28日制定 5-54

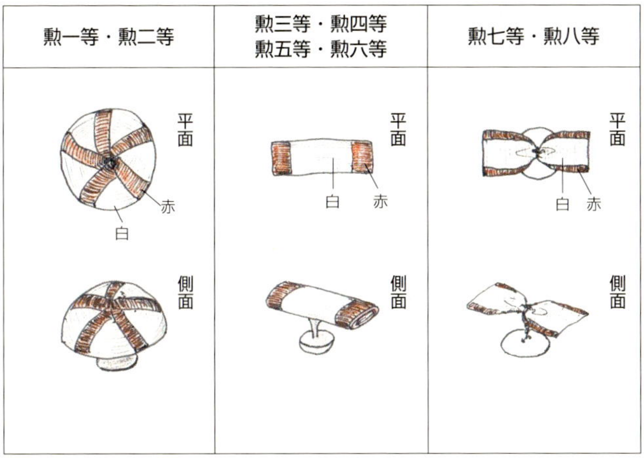

明治10年12月制定 5-55

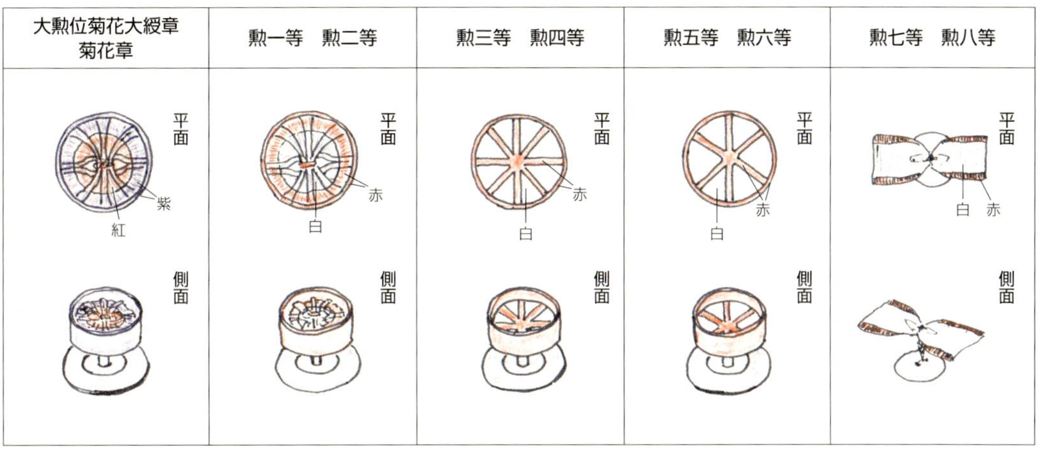

明治21年制定 5-56

勲一等旭日桐花大綬章	勲一等瑞宝章 勲二等瑞宝章	勲三等瑞宝章 勲四等瑞宝章	勲五等瑞宝章 勲六等瑞宝章	勲七等瑞宝章 勲八等瑞宝章
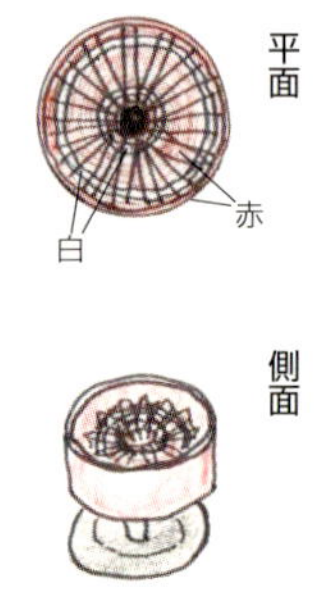	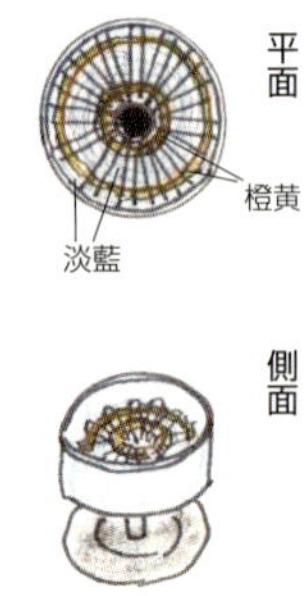	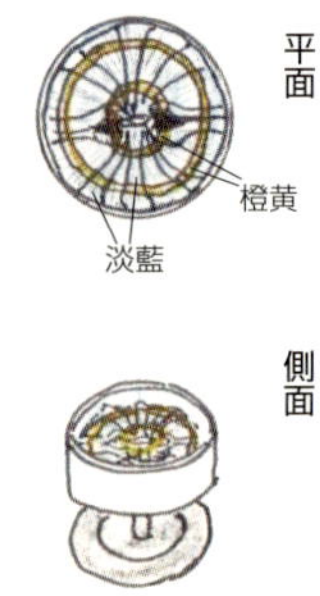	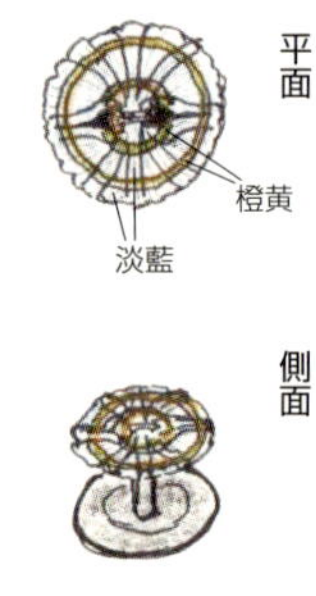	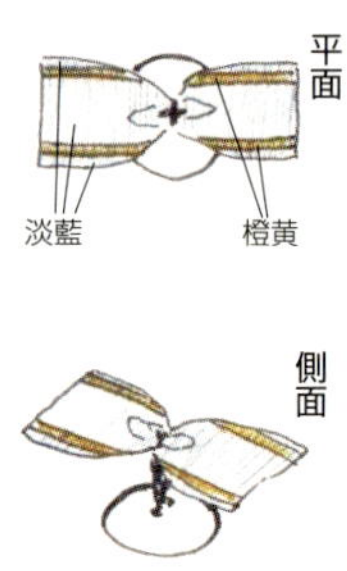

21・29年宝冠章 5-57

勲一等宝冠章 勲二等宝冠章	勲三等宝冠章 勲四等宝冠章	勲五等宝冠章	勲六等宝冠章	勲七等宝冠章 勲八等宝冠章
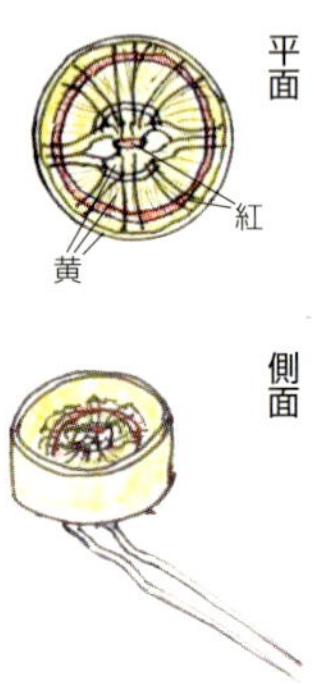	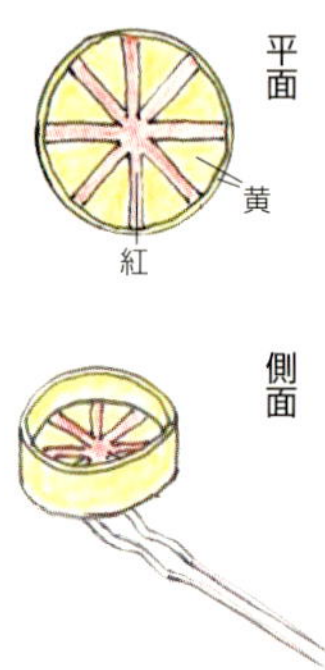	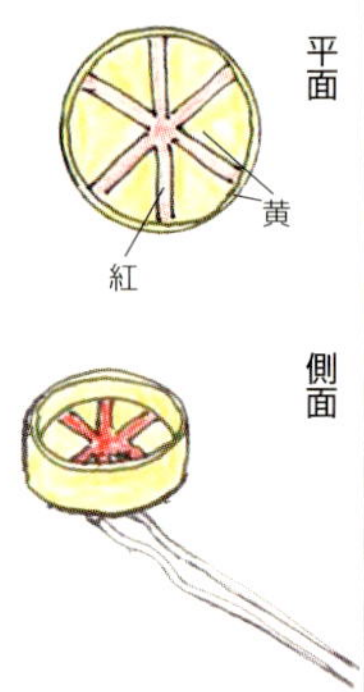	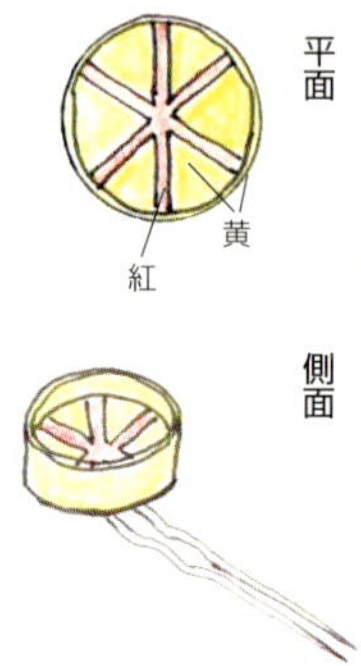	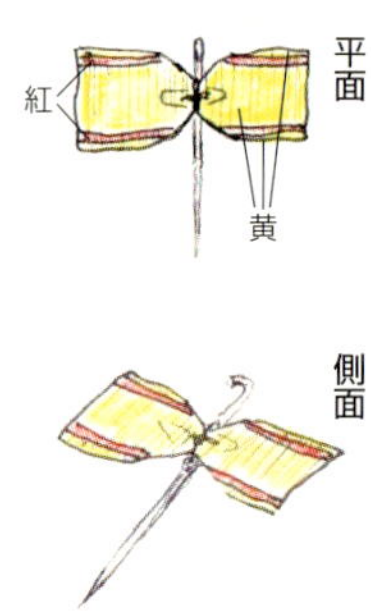

金鵄章 5-58

功一級金鵄章	功二級・功三級	功四級・功五級	功六級・功七級
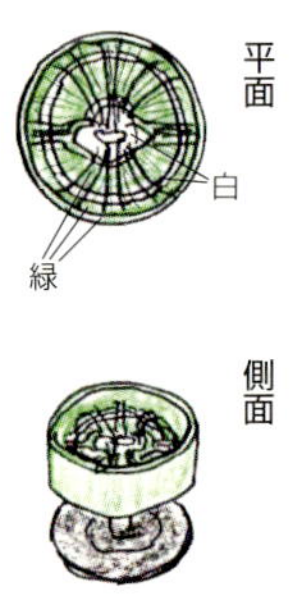	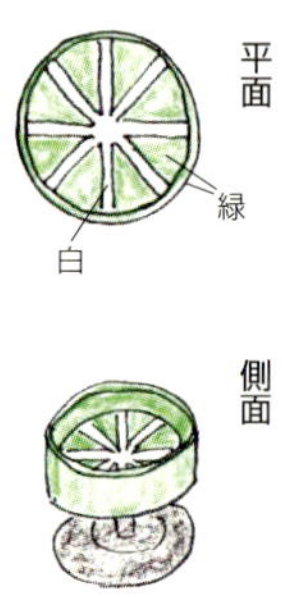	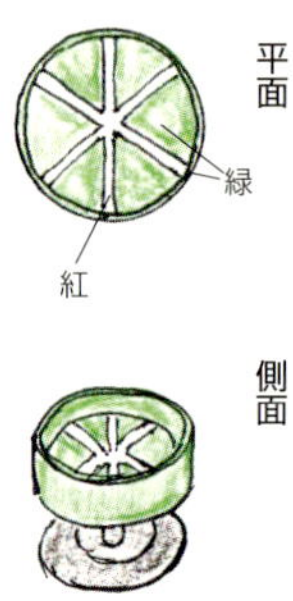	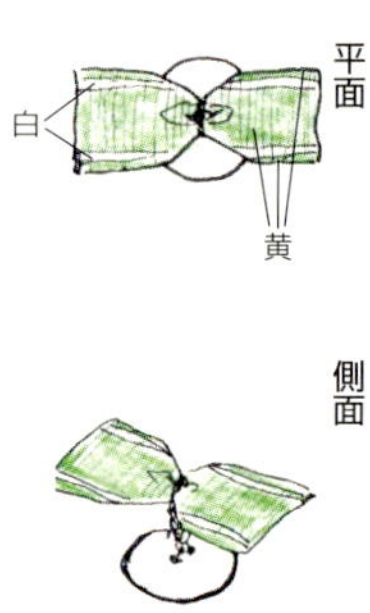

大正９年以降 5-59

大正 9 年	大正 10 年		
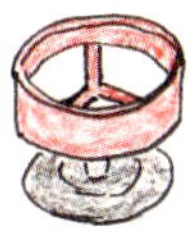			
勲七等青色桐葉章 勲八等青色桐葉章	勲七等宝冠章 勲八等宝冠章	勲五等瑞宝章 勲六等瑞宝章	勲七等瑞宝章 勲八等瑞宝章

昭和11年（例として旭日章）3月から5月にかけて旭日・瑞宝・桐花・宝冠・金鵄がすべてこの型になる 5-60

勲一等 旭日大綬章	勲二等 旭日重光章	勲三等 旭日中綬章	勲四等 旭日小綬章	勲五等 双光旭日章	勲六等 単光旭日章	勲七等 青色桐葉章	勲八等 白色桐葉章
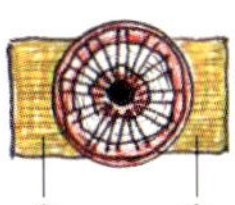	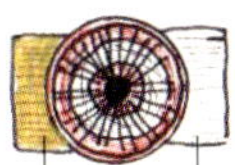	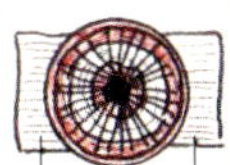	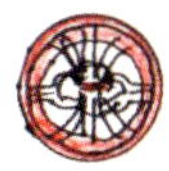				

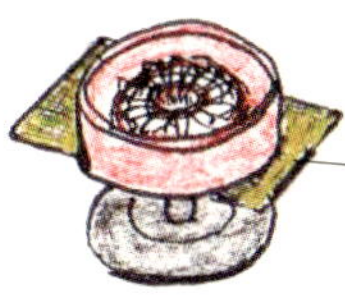

昭和期の翼付複合略綬類

5-62

5-61

5-64

5-63

四等は赤枠に白地八等分に赤い部分を細く切って線にして入れたもの。五等・六等は赤枠に白地六等分に先と同じ赤い線を入れたものです。この制定図式には大きさが表示されていませんが現物はかなり大きいものでした(5-55)。

また、明治二十一年には大勲位菊花章頸飾、勲一等旭日桐花大綬章、宝冠章の一等から五等までが揃い、明治の勲章制度がだいたい整います。頸飾の略綬は大勲位菊花章と同じです(頸飾章も平服にはつけることができないため略章のみをつけた)。

旭日桐花大綬章の略綬は大勲位と似ていますが、中の折込綬は赤白の桐花の大綬の色配分です。

瑞宝章の略綬は勲一等・二等は瑞宝章の綬の細いものを折り込んで淡藍の枠の中に納めます。三等・四等は淡藍枠の中に細い瑞宝の綬の中間を糸で縛って両端を丸く広げて納めたものです。五等・六等は先の三等・四等の枠がないので、つまり傘のような形です。これは日本の勲章の略綬の中でもこれだけで、私も最初見た時には、枠が取れてしまった破損品かと思いました。七等・八等は旭日章のそれと同じ蝶々リボンです(5-56)。

宝冠章の一等・二等は旭日一等と同じ細い宝冠章の綬の中間を糸で縛って両端を開いて丸くし、黄色の枠に入れたものですが、宝冠章は女性用なので、洋服の襟にボタンホールなどがないためすべての階級に対して安全ピン式の留め具がついています。宝冠章の勲三等・勲四等は黄色の枠の中に黄色地に赤い細線が八分割で入ります。最初の宝冠章は五等までですので、五等は三・四等と同じ色ですが六分割です(5-57)。

また宝冠章についてですが、最初明治期には宝冠章に略綬の制度はありませんでした。大正八年五月二十二日に閣議で決定され、それ以後に略綬が付随するようになります。大正八年五月二十二日以前に宝冠章を拝受されている方には申請によって贈られました。

明治二十九年に宝冠章に六等・七等・八等が追加になり、宝冠章は八等級が制式になります。六等の略綬は先の五等と同じ黄色に赤の六分割のもの。勲七等・八等は旭日章・瑞宝章と同じ形式で宝冠章の綬の黄色に両端赤線の蝶々リボンでした。ただしこの時点での略綬を見たことがないので、留め具がどのようになっているかが判りません。たぶん旭日章・瑞宝章のようなボタンではなく、日本赤十字の女性用リボンに使用されている一本針であったと考えます(5-57)。

以降明治期での変更はありません。先にも申しましたが宝冠章は明治期には略綬はついていませんでしたから、本来は大正期に入れるべきなのでしょう。

宝冠章を除く大正期の改正は、大正十年四月二十六日に旭日章七等・八等、宝冠章七・八等、瑞宝章五等・六等及び七等・八等の略綬が改正されます。要するに蝶々リボンの略綬がなくなるわけですし、また先の珍しい瑞宝章の五・六等の枠のない、傘のような略綬もなくなるわけです(5-59~60)。

資料

❖『賞勲事務取調』（明治六年左院記録課）
❖『賞牌・従軍牌図式』（明治八年太政官布告図）
❖『明治勲章図譜』（明治十四年狩野則信著）
❖『外国人叙勲録』（明治二十五年左院記録課）

※明治の勲章研究には不可欠の資料を影印および翻刻して掲載する。『賞勲事務取調』は、明治の勲章制度が明文化された最初の記録である。『賞牌・従軍牌図式』『明治勲章図譜』は、明治の勲章デザインを木版によって記録したものである。カラー写真などなかった当時としては非常に貴重な記録といえる。『外国人叙勲録』は外国人一四七二名に対する叙勲の記録である。明治二十五年の『外国人勲位録』（賞勲局刊）から翻刻した。

『賞勲事務取調』（明治六年左院記録課　原本25.4×15.5㎝）

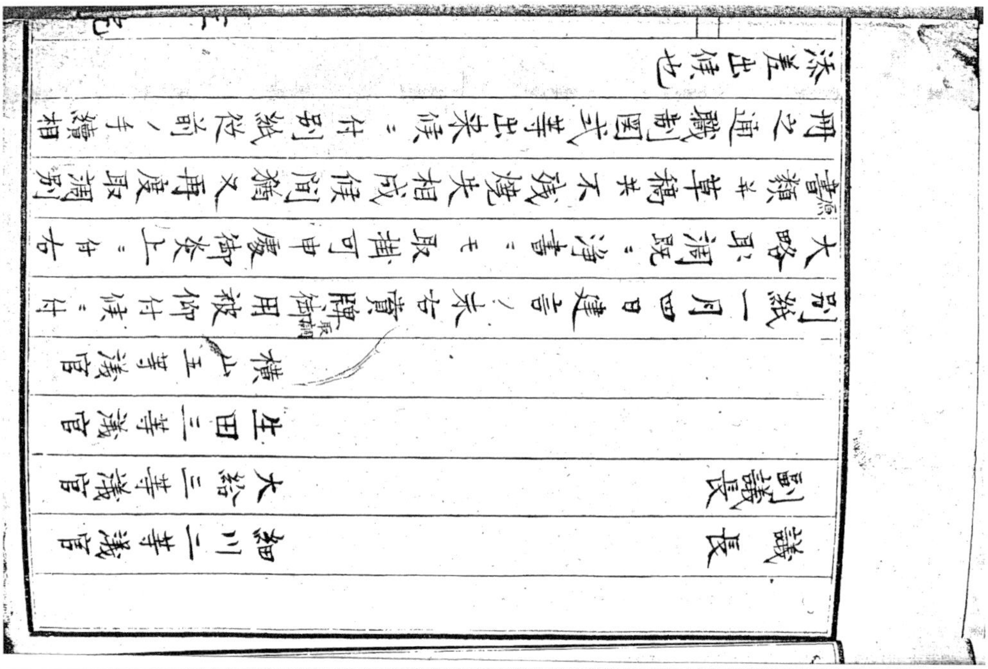

議長　細川二等議官
副議長　大給二等議官
生田三等議官
横山五等議官
別紙一冊四ヶ月建言ノ末右賞牌取調御用被仰付候ニ付
大略取調既ニ浄書ニモ取掛可申處御炎上ニ付右
書類并草稿共不残焼失相成候間猶又再度取調別
冊之通職制図式等出来候ニ付別紙従前ノ手續相
添差出候也

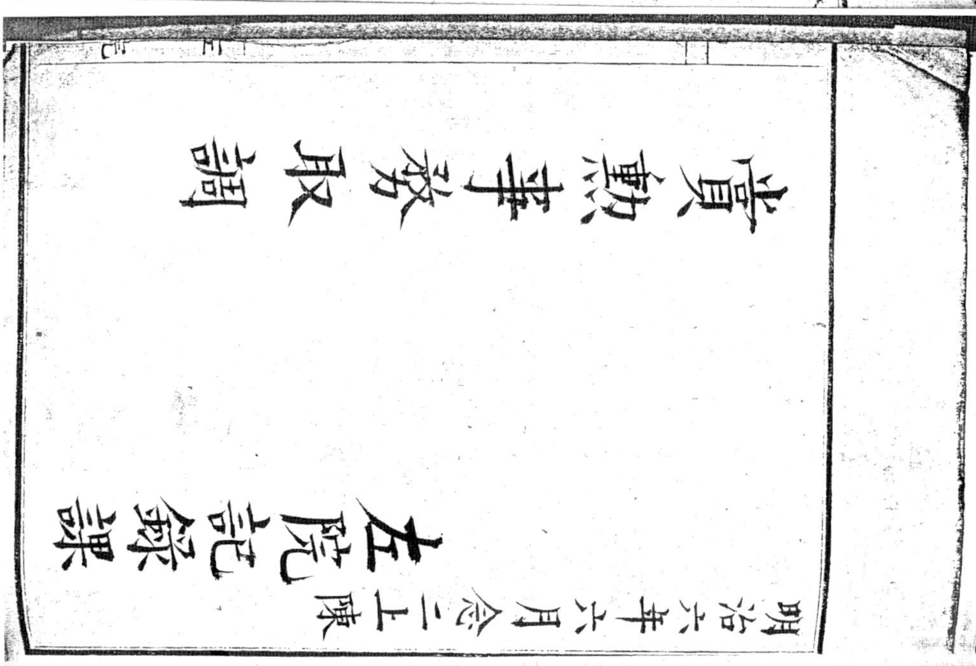

賞勲事務取調
明治六年六月念二上陳
左院記録課

明治六年六月

賞功給牌ノ議

人ノ勲功アルヤ爵以テ之ヲ崇フシ禄以テ之ヲ厚
フシ且文詞ノ褒金帛ノ賜以テ之ヲ優渥ニス尚其足
ラザルヲ恐ル於是勲功ノ社号ヲ建テ珍宝ノ装飾
ヲ附シ之ヲ衆中ニ誇耀シテ天皇ノ此人ヲ寵異ス
ルヲ表ス此西洋各国「ヲルドル」勲社ノ故名「デコラション」表功飾
「メダイル」賞牌等ノ由テ起ル所以ナリ本邦上古曲玉等
ノ服飾アリト雖モ其用詳ナラス中古以来唐製ニ
倣ヒ石帯魚袋等ノ設ケアレ共亦普通ノ例ニアラ

倣ヒ石帯魚袋等ノ設ケアレ共亦普通ノ例ニアラ
ス夫レ刑律以テ不法ヲ懲シ褒賞以テ有功ヲ勧ム
ルハ古今ノ常道今刑律ノ條日ニ備リテ褒賞ノ典
未タ設ケス是レ人ヲ罰スルニ詳カニシテ人ヲ賞ス
ルニ略ス而シテ可ナランヤ本院夙ニ此議ヲ建テ
ント欲シテ其事ヲ考索シ功牌従軍牌賞牌ノ式様
ヲ図シ且其畧記ヲ著ハシ以テ上ノ採用施行アラ
ンコトヲ希フ賞罰ハ人主ノ大權ナリ之ヲ濫用スレ
ハ勧懲ノ道由テ立ツコトナシ賞功給牌ノ事宜シク
専任ノ一局アリテ精細ニ斟酌商議ス可シ請特ニ

歐州各國ニ文武官ノ功績ヲ賞スル旌章アルハ其昉メ中古義勇ノ社ニ濫觴セル者ニシテ故ニ其階級ノ名義ハ多ク武弁ノ名ニ據レリ即法蘭西ノ「ショバリエ」獨逸ノ「リットル」英吉利ノ「ナイト」等ハ騎士或ハ從者ノ義ニ取レリ而シテ又社名ヲ立テ之ヲ統轄編束ス即佛ノ「オルドルドラレションドノール」英ノ「オルドルドシュバン」嗹ノ「オルドルドジレフハン」ノ如シ而シテ後世此賞章一般忠勇ヲ奨励シ勲功ヲ賞譽スルノ具トナレリ其通則凡勲功アル者アレハ先勲社ノ列ニ進メ其階級ニ隨テ賞飾ヲ與ヘ之ヲ旌章シ且兼テ定ムル所ノ金額ヲ與ヘテ又之レヲ褒賞ス其功ヲ重ヌルニ從ヒ其級ヲ累進セシム而シテ此賞典ハ政府全國人民ノ矚望シ其功ヲ嘉賞スル所以ヲ旌章スル者ニシテ此社ニ入ル者ハ政府モ亦之レニ對スル禮遇ヲ厚クス故ニ其貴重タル玉帛貨幣ヲ與フルノ類ニ非ス於是政府中別ニ一衙門ヲ置テ其處置ヲ掌ラシメ且一等或ハ二等ノ賞牌ヲ帯ル有功ノ大臣ヲシテ此事務ヲ統轄セシム佛ニ於テ此衙門ヲ「グランサンスリエ」ト云各國ノ通例凡此ノ如シ

此寄川ヲグランサンスリエト云各國ノ通例凡此ノ如シ

故ニ今正院中ニ賞牌事務局ヲ置キ有功ノ大臣ヲシテ其事務ヲ統轄セシメ古昔ノ勲位ニ基キテ其等級ヲ立テ之レニ繋ルニ日章ノ旌飾ヲ以テス是即彼ノ成規ニ據ルモノナリ彼我相通スルノ典禮ハ凡其式例相類スルモノニ非レハ交際上ニ於テ通セザルトコロアレハナリ若夫其頒貴ノ源礼遇ノ式授受ノ方際級ノ律局中経理ノ事務其細目ニ至ツテハ設局擔当ノ委員猶之レヲ審ニスヘシ故ニ其大綱ヲ記載スル左ノ如シ

褒牌ハ西洋各国ニ於テ博覧事務局ノ取扱フ処ニシテ賞牌事務局ノ掌ル処ニアラス然レトモ其事類似セルヲ以テ今姑ク此局ノ管轄ニ付ス

邏卒賞牌ハ各國ニ其制アルヲ未タ詳ニセス然レトモ過日司法省ノ建議ニ依レハ方今其状態ニツイテ奨励ノ益ナシトセス故ニ亦此局ノ管轄ニ付ス

左院

賞勲事務取調

事務局職制

同章程

勲等賞牌式并褒牌従軍牌式

勲記及免状案

各種賞牌褒牌従軍牌図

賞勲事務局職制

総裁　一人　二等官相當

副総裁　一人　三等官相當

一　局中一切ノ事務ヲ総判ス

一　賞勲議會ニハ議長トス

一　二等以上ノ勲等ヲ賜ハル者ニ非サレハ任スヘカラス

大書記官　五等官相当

書記官　六等官相当

一　総裁副総裁ノ命ヲ承ケ局中一切ノ事務ヲ

管理ス
一各種ノ賞牌ヲ管守ス
一總裁副總裁事故アル時ハ局中ノ事務ヲ代
理ス然レ氏議會ノ議長タルヲ得ス
一大少内史ノ中ヨリ兼務タルヘシ
大主記　権大主記
中主記　権中主記
少主記　権少主記
一各課ニ分チ書記官以上ノ命ヲ承ケ其分課
ノ事務ヲ掌ル

ノ事務ヲ掌ル

記録課
局中一切ノ簿冊ヲ管シ勲記ヲ草シ免状ヲ
造リ内外往復ノ文書ヲ掌ル
出納課
局中一切ノ金銀貨ヲ出納シ賞牌ヲ製シ及
ヒ賞金ヲ受ル者ノ證書ヲ造ルヿヲ掌ル

事務章程

一内外人民ノ國ニ對シ勲労アル者ヲ議定シ上裁ヲ請フテ勲記并ニ賞牌褒牌ヲ式ニ據テ給與ス

一勲労ヲ議定スルハ必ス議會ヲ以テス

一議會ノ議員ハ必ス二等以上ノ勲アル者ヲ限リトス然ト二等以上ノ員不足スル時ハ三等勲ノ者ヨリ撰任ス

一議員ハ九人ヲ定員トス

一總裁副總裁事故アリテ議長欠ル時ハ議員中ノ上席人ヲ以テ之ニ任スヘシ

一議會ノ規則ハ通常議院ノ成例ニ從フ

一勲功殿最ノ章程ハ預定シ難キヲ以テ議會ニ附ス

一年労ハ文官二十年以上武官十五年以上其精勤ノ景況ニ從テ議定ス

一諸省使ヨリ勲功ノ申立書ハ毎年十月ヲ以テ限リトス但シ臨時ノ申立ハ此限リニ非ス

一毎年十一月十五日ヨリ以テ議會ヲ始ノ十二月十五日迄ニ之ヲ決ス

一議定ノ後上裁ヲ請フハ翌年一月奏事始ニ於テ

スヘシ

勲等式

一勲等ハ内外人民国ニ對シ殊勲偉功アル者ヲ賞スルカ為メニ設ル所ノ階級ニシテ尋常位階ノ類ニ非ス故ニ各種ノ賞牌ヲ佩用セシメ衆庶ヲシテ欽尚スル所アラシム

一勲等分テ六トス

勲一等 一等官以上ノ者ニ賜フ 礼遇従一位正二位ニ同シ

一等賞牌 非常ノ大功アル者

終身歳額金二千五百圓

勲二等 三等官以上ノ者ニ賜フ 礼遇従二位正三位ニ同シ

二等賞牌 非常ノ大功アル者

終身歳額金二千圓

勲三等 五等官以上ノ者ニ賜フ 礼遇従三位正四位ニ同シ

三等賞牌 非常ノ大功アル者

終身歳額金千五百円

勲四等　七等官以上ノ者ニ賜フ　禮遇從四位正五位ニ同シ

四等賞牌

非常ノ大功アル者

終身歳額金千円

勲五等　十等官以上ノ者ニ賜フ　禮遇從五位正六位ニ同シ

五等賞牌

非常ノ大功アル者

終身歳額金五百円

勲六等　十五等官以上ノ者ニ賜フ　禮遇從六位正七位ニ同シ

六等賞牌

非常ノ大功アル者

終身歳額金三百円

一勲等ヲ以テ官等ニ配スルハ其限ヲ立ル所ナリ故ニ初功ノ者ハ必ス先ツ最下ノ勲等ニ叙シ其賞牌ヲ賜ヒ其功ヲ積ムニ随ヒ累進シ其相当ノ等ニ止ル然レ𪜈其功勲ノ大小ニ因リ賞賜ノ際膠柱ノ論アルヘカラス但外国人ニ賜ルカ如キ此定限ニ当テ大抵其身分ヲ斟酌シテ給スヘシ

一賞牌ハ貴重ノ物タルヲ衆庶ニ示ス所以ノ意ナ

レハ天皇陛下親ラ一等ト六等ノ二牌ヲ佩サセ
ラレ各種ノ牌ヲ佩玉フ意ヲ表セラルヘシ但シ
皇太子ハ満七歳以上佩玉フヘシ

一勲等ニ叙シ賞牌ヲ賜ハリシ者ハ國人ノ称許ス
ル所ナルヲ以テ別格ノ優待アルヘシ其禮遇ノ
大略前條ニ注スト雖𪜈其式数ノ細目ハ議會ノ
議定ニ因リ上裁ヲ請フヘシ

一賞牌ハ禮服ノ節必ス佩フヘシ平服ニハ佩フヘ
カラス但平服ニハ綬ヲ畳ミ左襟見返シノ釦穴
ニ掛ケ畧牌トナシ其標トス

一右勲等ノ外ニ三種ノ賞牌ヲ設クル事左ノ如シ

兵卒賞牌
非常ノ大功アル者ハ特ニ終身歳額金百二十
円ヲ賜フ
賞牌ハ衆兵ヲ勧励セシムル所以ノ物ナルヲ以
テ少将以上拝命ノ時必ス之ヲ賜ヒ佩用セシム
ヘシ

等外官吏賞牌
非常ノ大功アル者ハ特ニ終身歳額金百円ヲ
賜フ

左院

邏卒番人賞牌

邏卒番人ノ職掌ハ他ノ官吏ト異ナルヲ以テ司法省ニ委任シテ之ヲ給セシム但其給與セシ姓名簿ヲ作リ毎年六月十二月賞勲事務局ニ申告セシム

襃牌式

一襃牌ハ官民ヲ論セス国ノ大利益ヲ與シ又ハ人民ノ智識ヲ開發スル等ノ大功労アル者ニ賜ヒ禮服ノ節佩用スルヲ願フ者ハ之ヲ許シ且永世其家ニ存シテ栄トナサシム但シ佩用ハ其身ニ止リ子孫ニ及スヘカラス

從軍牌式

從軍牌ハ將卒ノ別ナク軍功ノ有無ヲ論セス凱旋ノ後從軍セシ徵シニ賜ヒ左胸ニ懸ケシム

左院

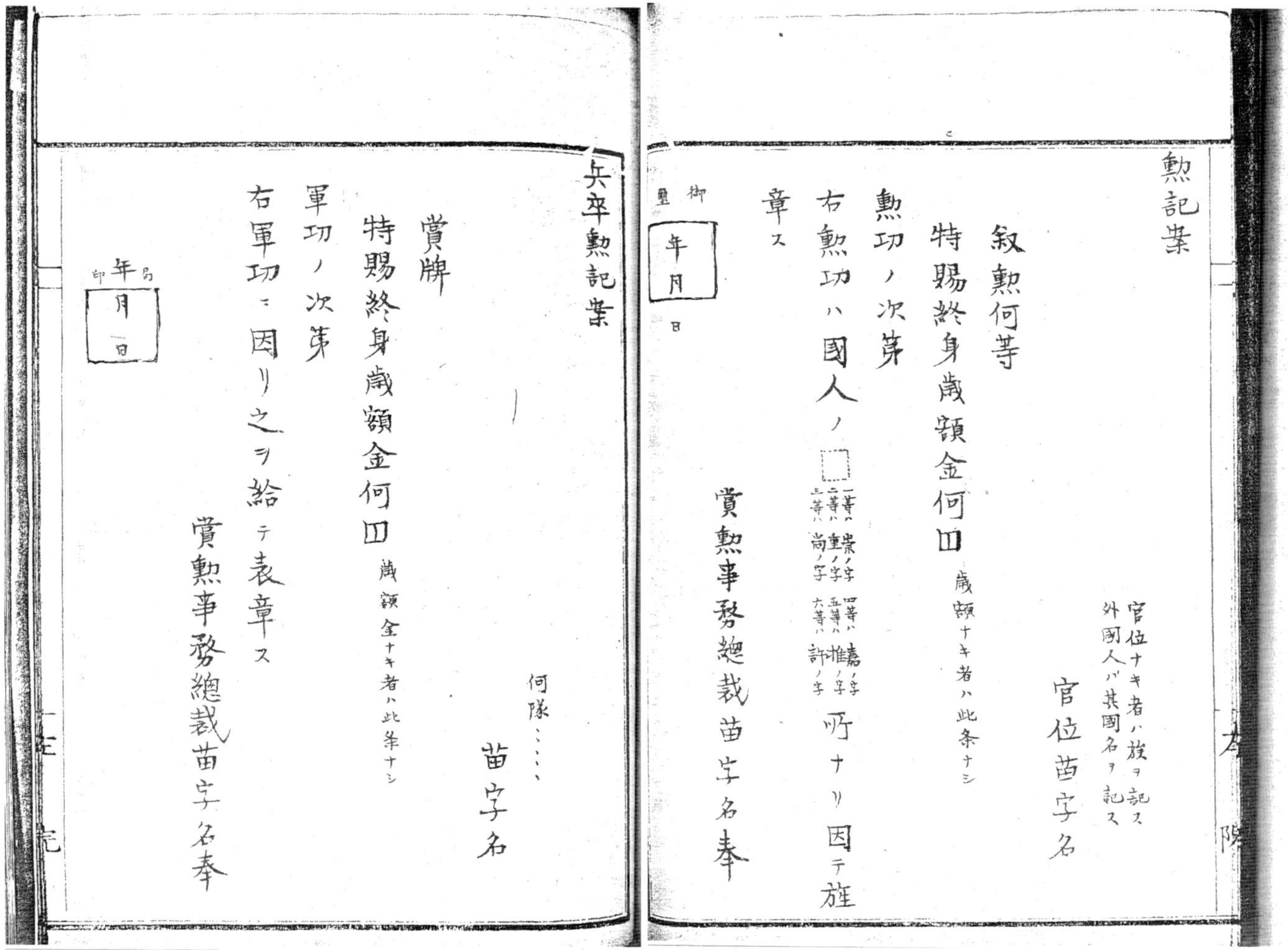

勲記案

叙勲何等

官位苗字名（官位ナキ者ハ族ヲ記ス　外国人ハ其国名ヲ記ス）

特賜終身歳額金何円（歳額ナキ者ハ此条ナシ）

勲功ノ次第

右勲功ハ国人ノ□（一等ハ崇ノ字　二等ハ重ノ字　三等ハ尚ノ字　四等ハ嘉ノ字　五等ハ推ノ字　六等ハ許ノ字）所ナリ因テ旌
章ス

賞勲事務総裁苗字名奉

御璽

年月
日

兵卒勲記案

賞牌

何隊……
苗字名

特賜終身歳額金何円（歳額金ナキ者ハ此条ナシ）

軍功ノ次第

右軍功ニ因リ之ヲ給テ表章ス

賞勲事務総裁苗字名奉

印　年　名
月
日

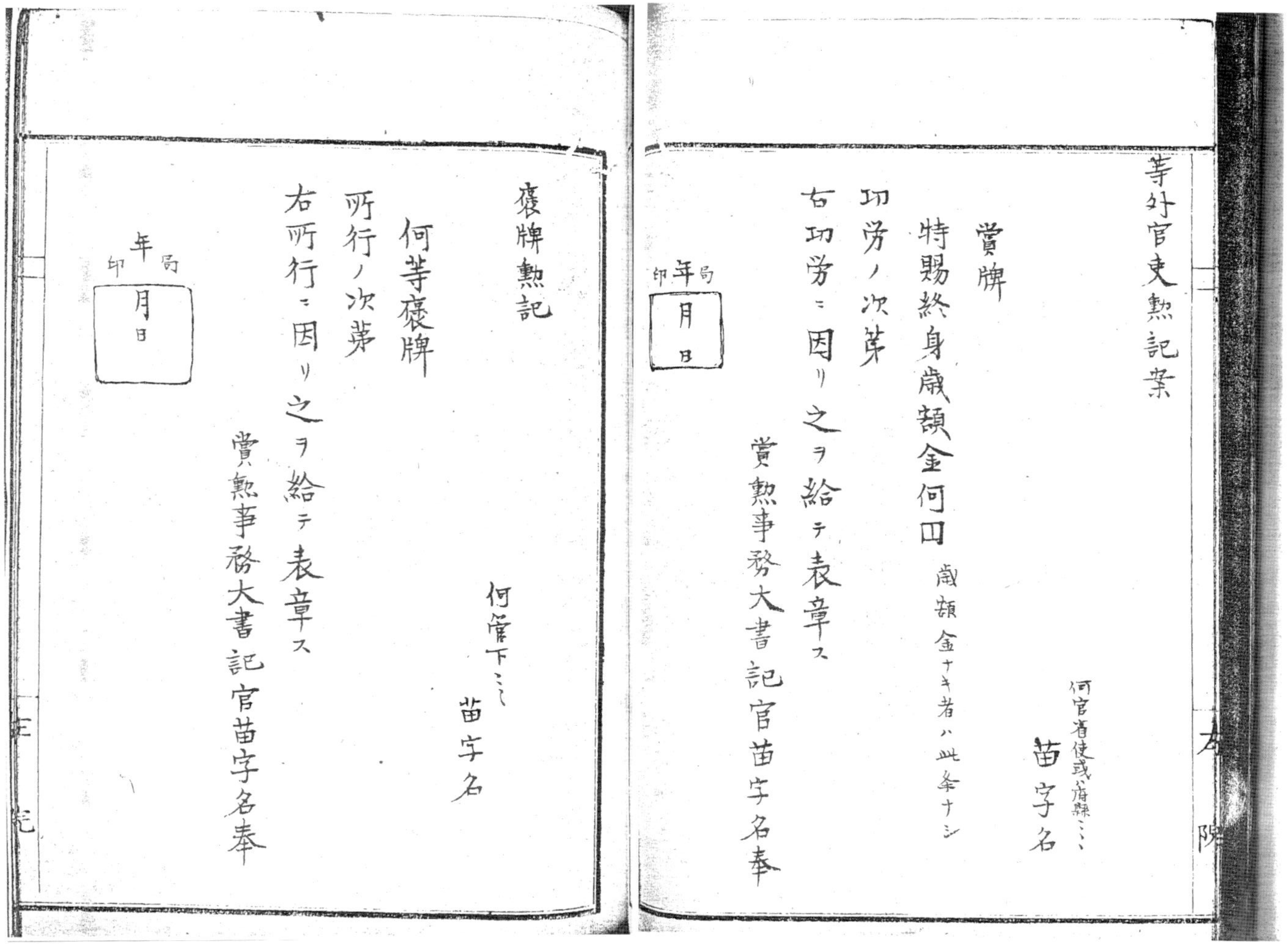

等外官吏勲記案

何官省使或府縣ニ〻　苗字名

賞牌

特賜終身歳額金何円　歳額金ナキ者ハ此条ナシ

功労ノ次第

右功労ニ因リ之ヲ給テ表章ス

賞勲事務大書記官苗字名奉

年　局　印

月　日

褒牌勲記

何管下ニ〻　苗字名

何等褒牌

所行ノ次第

右所行ニ因リ之ヲ給テ表章ス

賞勲事務大書記官苗字名奉

年　局　印

月　日

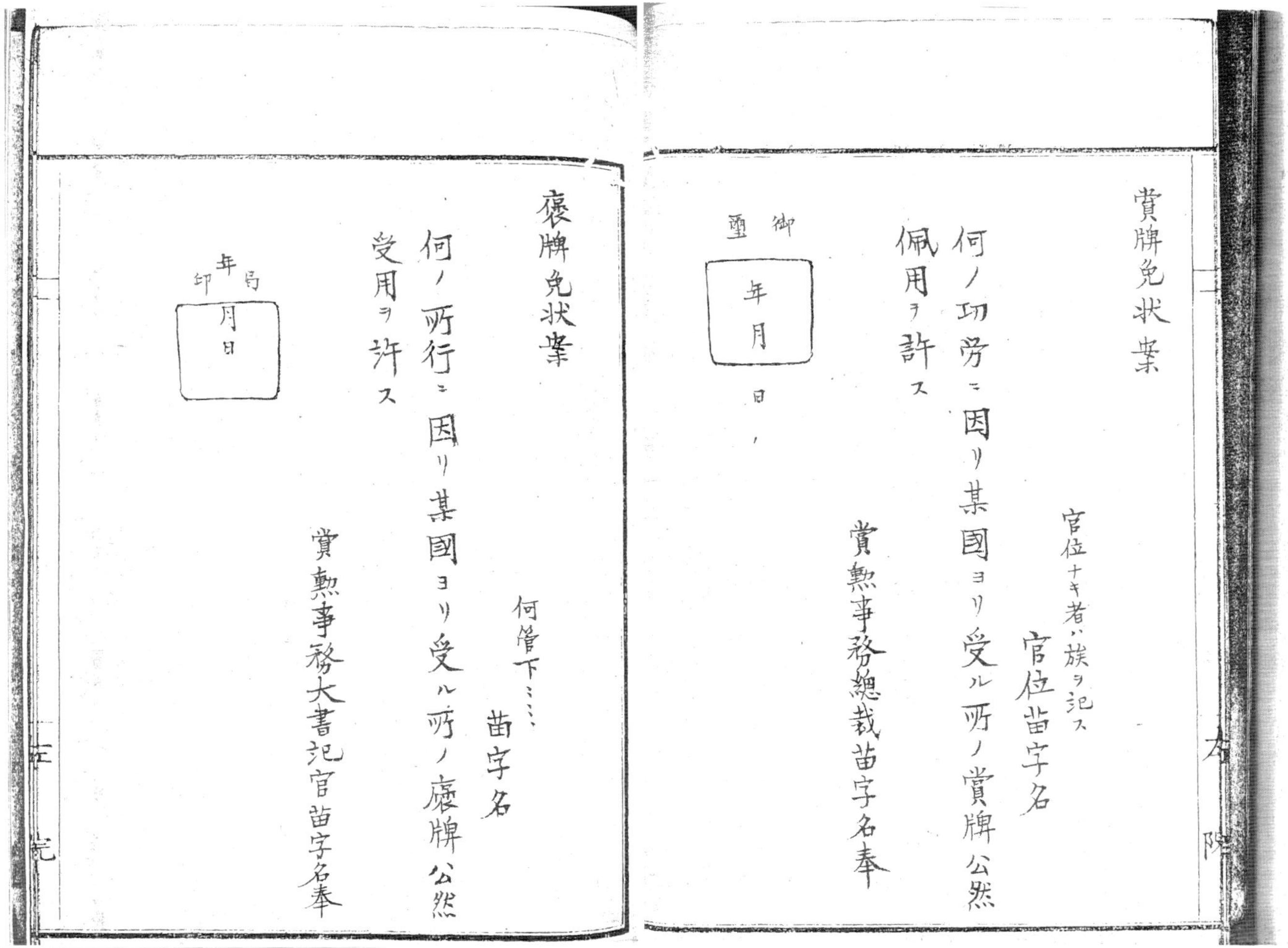

賞牌免状案

何ノ功労ニ因リ某國ヨリ受ル所ノ賞牌公然
佩用ヲ許ス

官位ナキ者ハ族ヲ記ス
官位苗字名

賞勲事務総裁苗字名奉

御璽
年月日

褒牌免状案

何ノ所行ニ因リ某國ヨリ受ル所ノ褒牌公然
受用ヲ許ス

何管下……
苗字名

賞勲事務大書記官苗字名奉

年
月日
印

賞勲事務局印図

右院

一等賞牌

金両面、全径二寸五分、日章赤、径八分、光線金、鈕金五七花桐彩色、径一寸、裏面文勲功旌章、佩環如図、

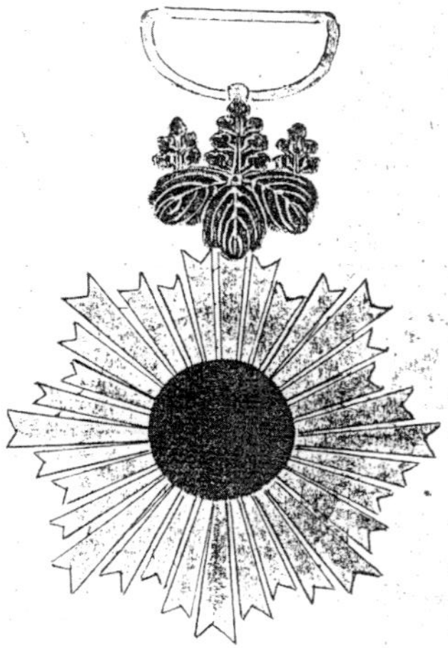

桐鈕裏面

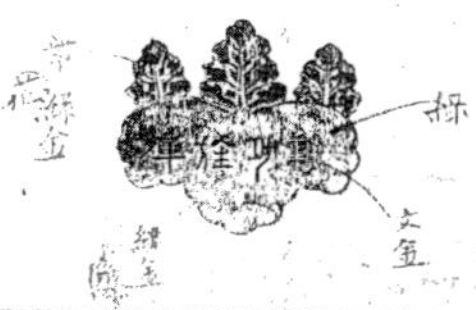

左院

二等賞牌

金銀二重、凸形、全徑三寸、日章赤、徑七分、金光線徑二寸、銀光線徑三寸、裏面文同前、無鈕及佩環、佩針如圖、

終身金額ヲ給スル者ニ給フハ、殊ニ銀光線ノ端末ヲ金ニテ縁シ之ヲ別ツ、

表面

十八

側面

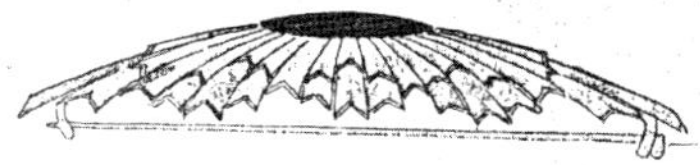

佩針

裏面

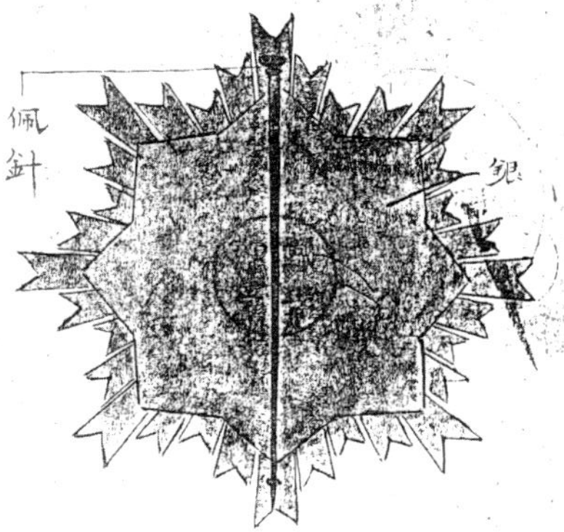

佩針

一等賞牌綬 縁紅中白、終身金額ヲ給スル者ニハ殊ニ
縁紫中白ノ綬ヲ賜フ、
幅四寸、縁紅（紫同）各一寸、中白二寸、長五尺五寸、
斜ニ右肩ニ懸ケ、左ノ腰下ニ垂ル、身体ノ長短ニ應シ伸縮適
宜タルヘシ、佩様後図ノ如シ、

三等賞牌綬 一等賞牌ノ例ニ同シ
幅一寸八分、縁紅（紫同）各四分五厘、長一尺五寸、
頸ニ懸ケテ喉下ニ牌ヲ垂ル、伸縮適宜、佩様後図ノ如シ、

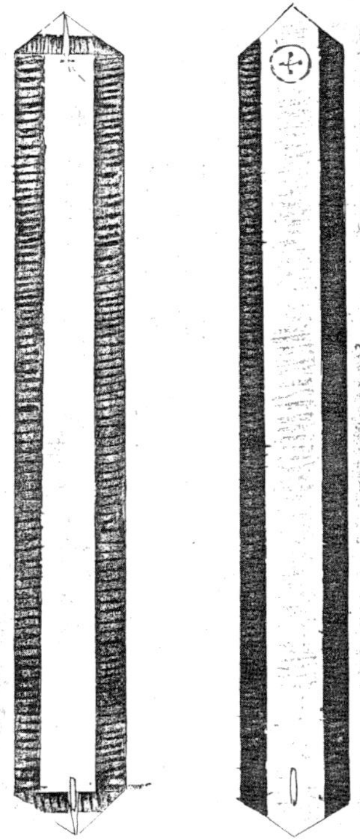

二十一

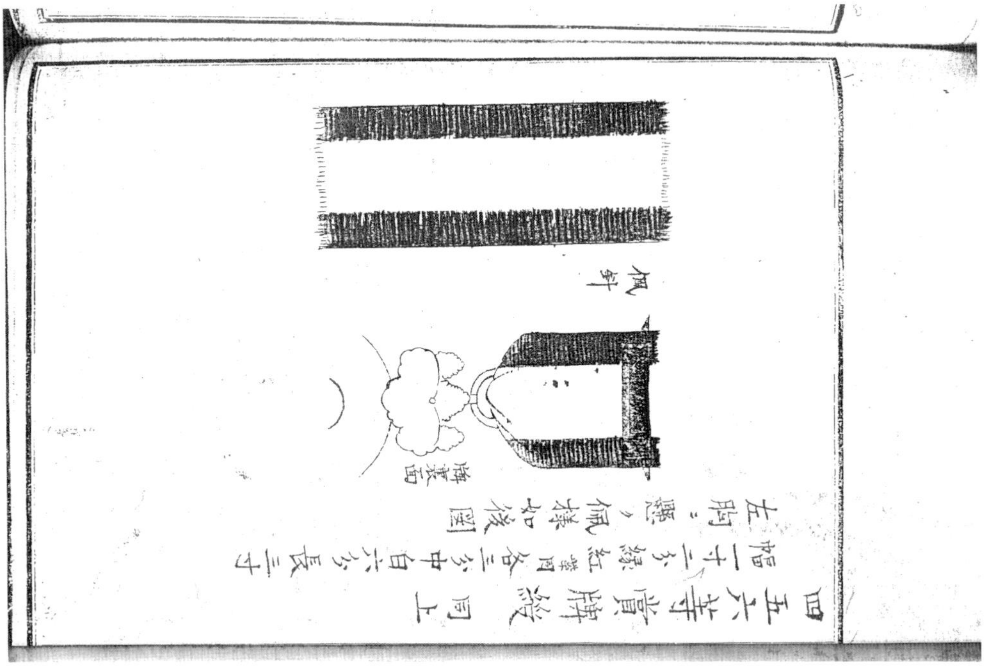
四五六等賞牌綬　同上
幅一寸二分緑紅紫同各三分中白六分長三寸
左胸ニ懸ケ佩様如後図
佩針
牌裏面

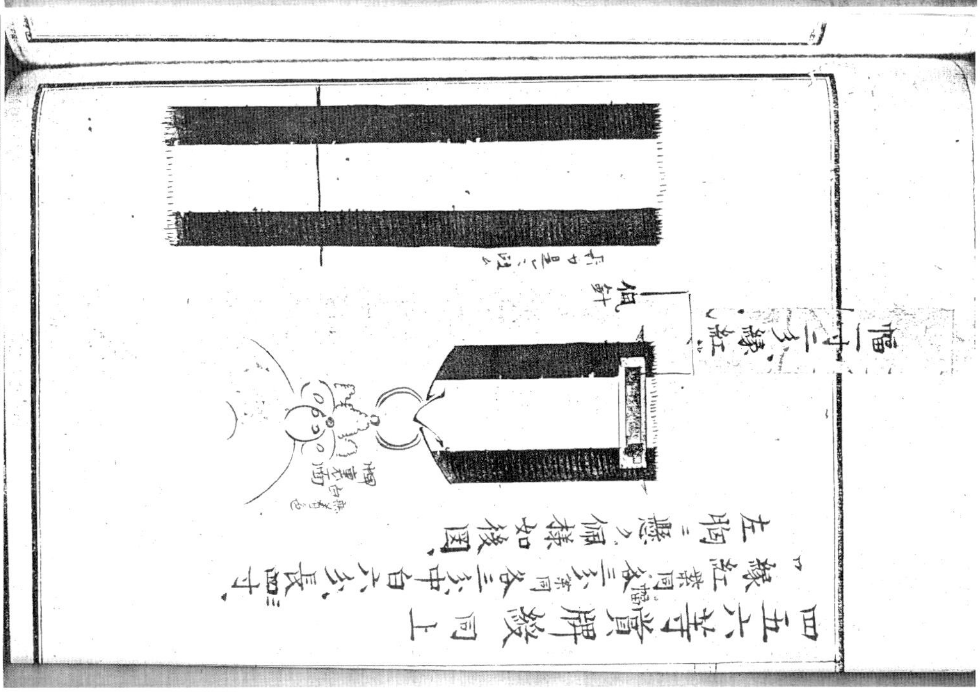
四五六等賞牌綬　同上
縁紅紫同各三分中白六分長四寸
左胸ニ懸ケ佩様如後図
幅一寸二分縁紅
佩針
牌裏面

略牌圖

縁紅中白ノ綬ヲ、圖ノ如ク疊ミ左襟ニ懸ク、終身金額ヲ給スル者ハ、縁紫中白ノ綬ヲ以テ之レヲ作ル、

一等
二等

平面

側面

三等
四等

平面

側面

五等
六等

平面

側面

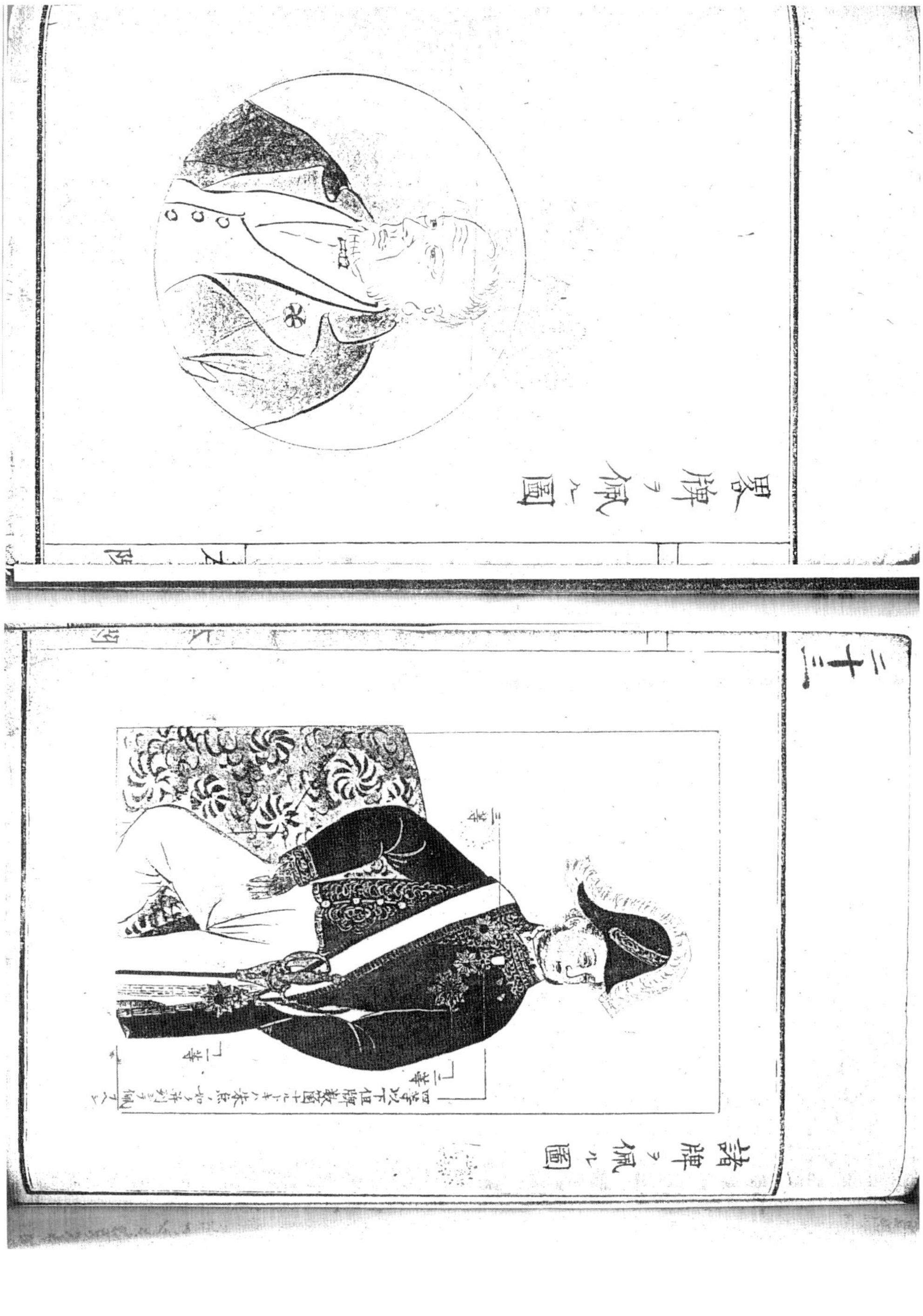
二十三
諸牌ヲ佩ル圖
四等以下但牌数箇ナルトキハ朱点ノ如ク并列シテ佩フヘシ
三等
二等
一等
畧牌ヲ佩ル圖

廿四

兵卒賞牌
銀五三桐章、径一寸、彩色如図、裏面文年數幷戰場
名、佩環銀如図、

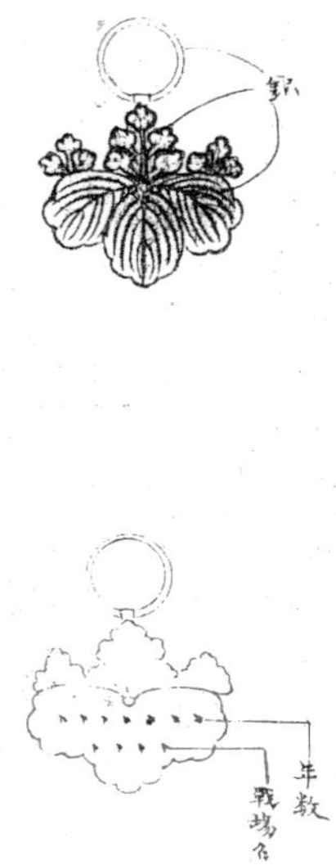

綬 四等以下ノ製ニ同シ

等外官吏賞牌
銀五三桐章、径一寸、無彩色、裏面文表賞、佩環同前、

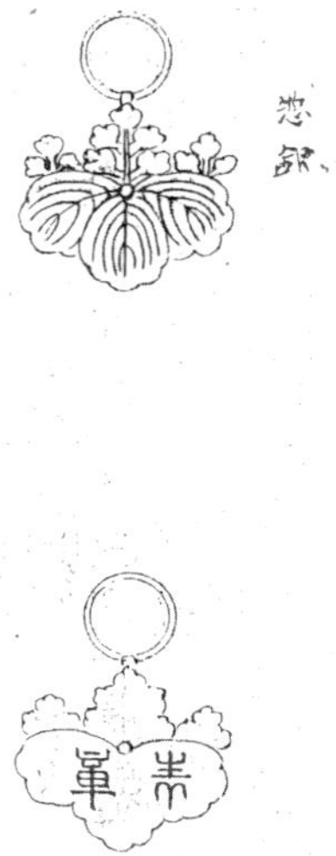

綬 同前

邏卒番人賞牌

一等 径八分 白銅 表 裏

二等 径七分 赤銅 表 裏

三等 径六分 真鍮 表 裏

綬ヲ用ヒス緑紐ヲ以テ左胸ニ懸ク

褒牌

一等 金 径一寸 表 裏

二等 銀 径一寸五分

三等 銅 径二寸

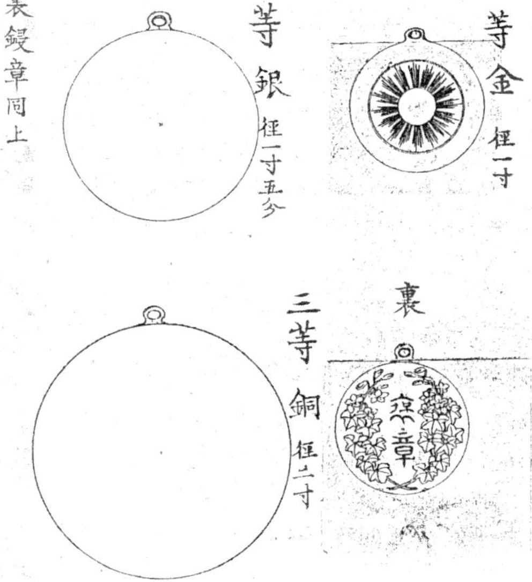

表裏鋟章同上

廿七

従軍牌

表

銀径八分

裏

綬ヲ用ヒス緑紐ヲ以テ左胸ニ懸ク

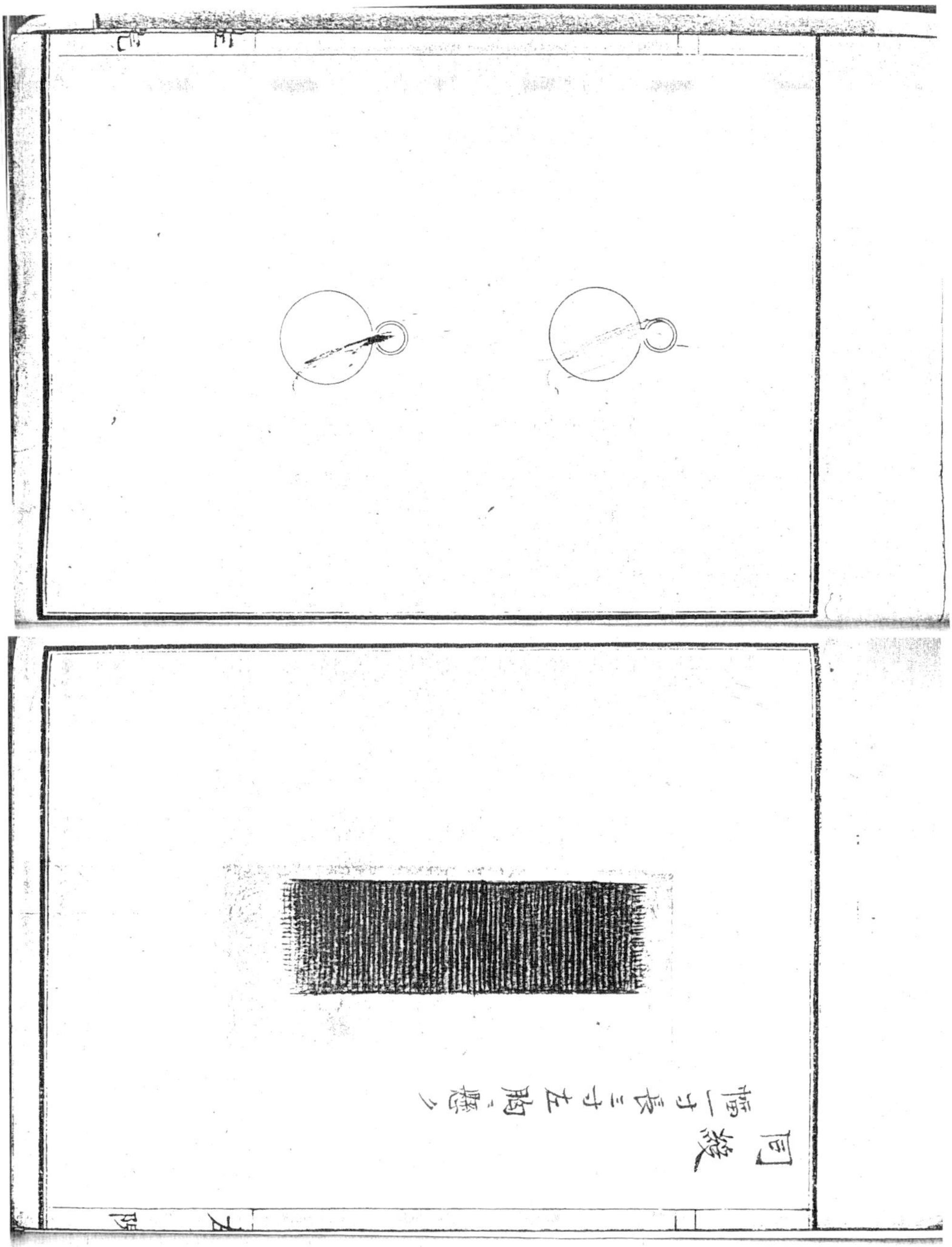
同 綬
幅一寸長三寸左胸ニ懸ク

『賞牌・従軍牌図式』（明治八年太政官布告図　原本 35.2 × 25.8㎝）

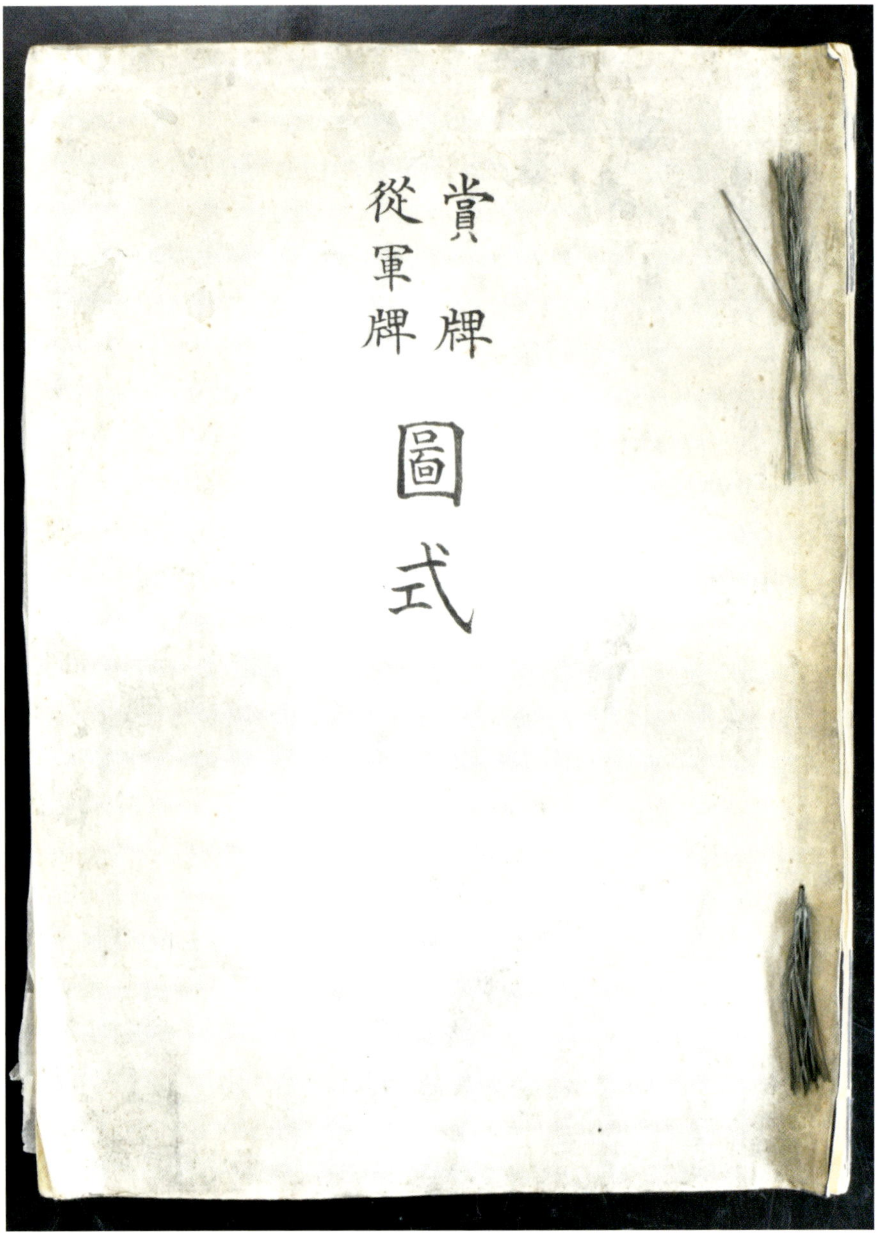

勲一等

勲一等

勲二等

勲三等

第四等

勲五等

勲六等

勲七等

勲八等

従軍牌

『明治勲章図譜』（明治十四年狩野則信著　原本 31.6 × 22.7㎝）

大勲位菊花大綬章

大勲位菊花章

表面

側面

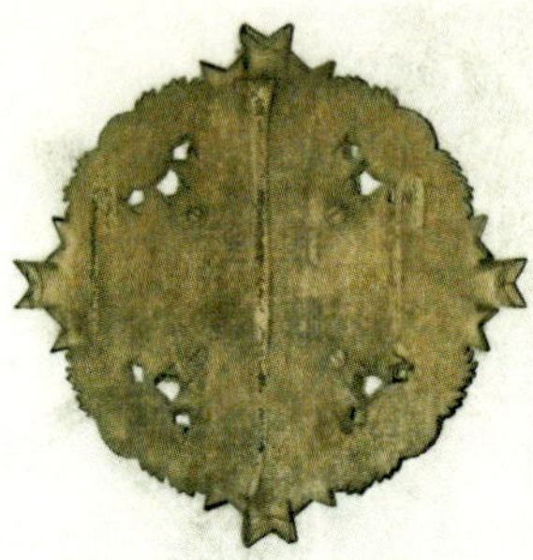

裏面

勲一等旭日大綬章
裏面
表面

勲二等旭日重光章

表面

側面

裏面

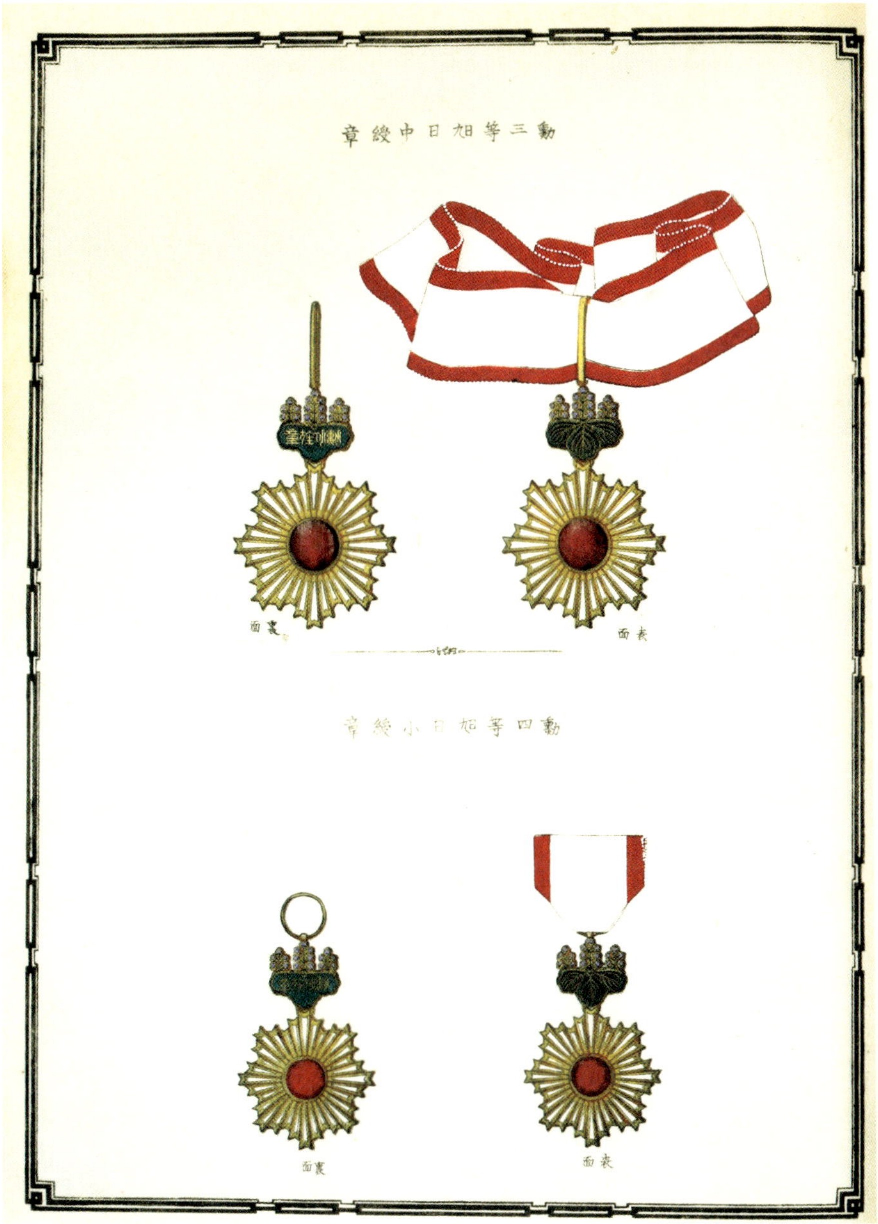
勳三等旭日中綬章
裏面
表面
勳四等旭日小綬章
裏面
表面

勳五等雙光旭日章

裏面　表面

勳六等單光旭日章

裏面　表面

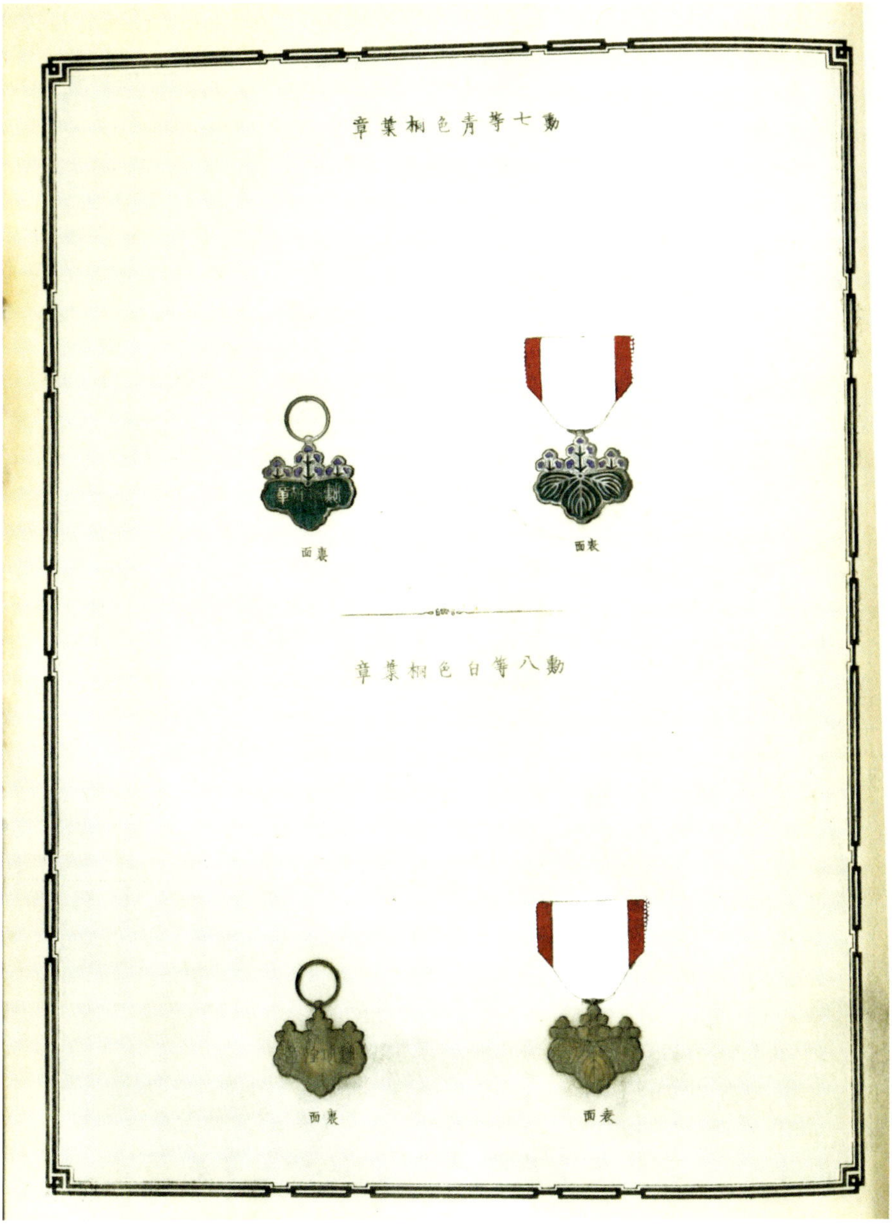
勳七等青色桐葉章

裏面　表面

勳八等白色桐葉章

裏面　表面

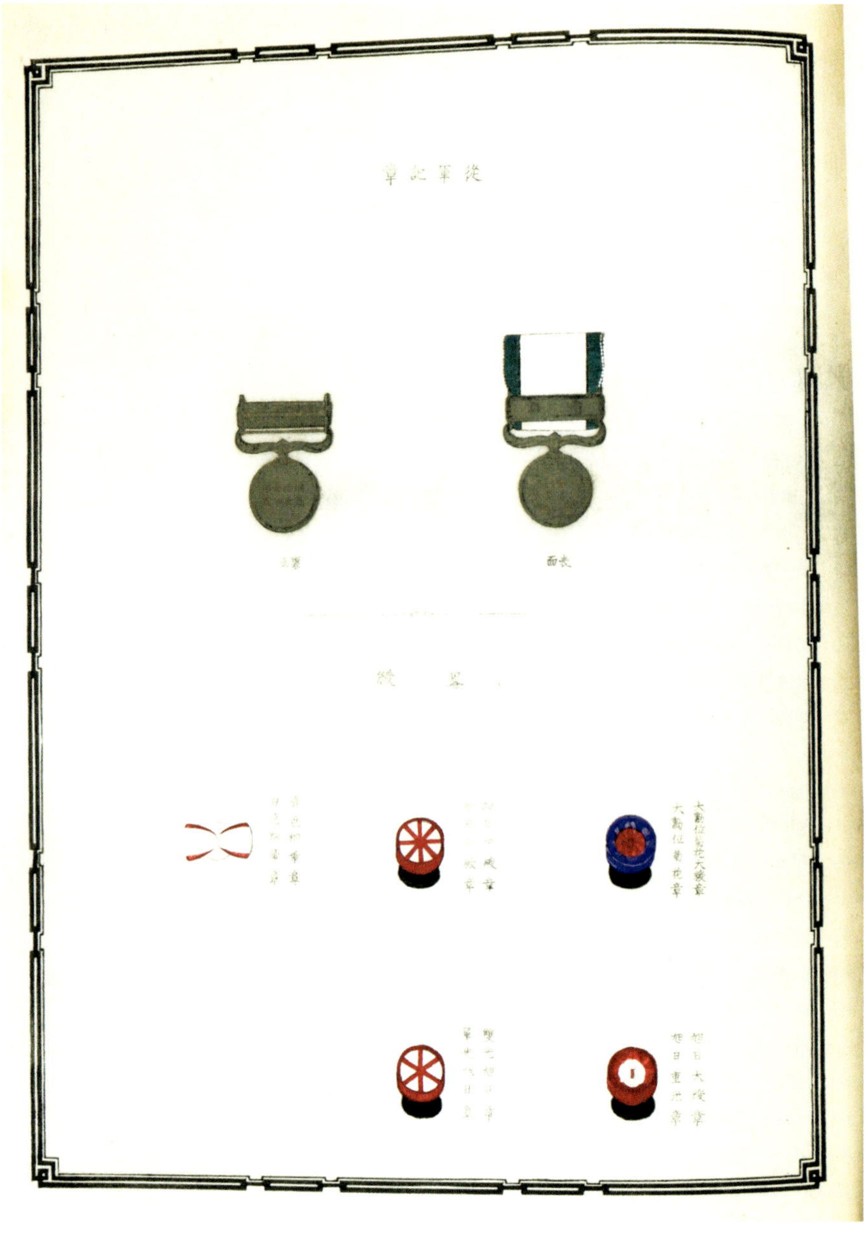
從軍記章
裏面
表面
略綬
大勲位菊花大綬章
大勲位菊花章
旭日大綬章
旭日重光章

明治十四年二月十三日出版

東京府士族

著書兼出版人　狩野則信

東京芝區金杉濱町

六十八番地

『外国人叙勲録』（明治二十五年左院記録課）

年号	勲章種類	名前	国名	初綬贈進
明治12年12月８日	大勲位菊花	プランス・トラマス・ド・サウヲアデュックドゼエン	イタリー	贈進
明治13年５月７日	大勲位菊花	ウンベルト	イタリー	贈進
明治15年９月11日	大勲位菊花	フェルジナンド・ダオスト	イタリー	贈進
明治19年９月29日	大勲位菊花	エマニエル・ドナープル	イタリー	贈進
明治10年４月17日	勲1等	アレサンドロ・フェ・ドスチアニ	イタリー	
明治12年12月８日	勲1等	ユリッス・バルボラニー	イタリー	
明治13年５月７日	勲1等	ベネディット・カイロリー	イタリー	
明治13年５月７日	勲1等	ジョバンニー・ビゾーチ	イタリー	
明治13年５月７日	勲1等	フェルジナン・デ・アクトン	イタリー	
明治15年６月17日	勲1等	ペ・エス・マンチニ	イタリー	
明治15年６月17日	勲1等	バロン・アブラン	イタリー	
明治15年６月17日	勲1等	ヤコモ・マルバノ	イタリー	
明治15年６月17日	勲1等	オーギュスト・ペイロルニー	イタリー	
明治15年６月17日	勲1等	マルセオ・パニセオジベグリオ	イタリー	
明治15年６月17日	勲1等	エ・フェレーロ	イタリー	
明治15年６月17日	勲1等	エコゼンス	イタリー	
明治15年９月６日	勲1等	ジ・コレンチ	イタリー	
明治16年６月10日	勲1等	オファエル・パスティー	イタリー	
明治18年７月13日	勲1等	シュワリエフランセスコ・ジョナラオ	イタリー	
明治19年９月18日	勲1等	ルイーナポレオン	イタリー	
明治19年10月４日	勲1等	リコッチ・マギヤニ	イタリー	
明治20年10月７日	勲1等	レナート・ド・マルチノ	イタリー	
明治22年４月15日	勲1等	オーギュスト・ヂュソッケー・ロンバルヂー	イタリー	
明治22年９月11日	勲1等	ベルトレ・ヴィアン	イタリー	
明治22年９月11日	勲1等	ベコディットラ・プリン	イタリー	
明治12年12月８日	勲2等	ルキノ・ダルウエルメ	イタリー	
明治15年６月17日	勲2等	エル・ペルー	イタリー	
明治16年６月10日	勲2等	コンテロベラヂ・マリアチューゼッペ	イタリー	
明治18年４月13日	勲2等	コルベット・ジョブアニー	イタリー	
明治18年４月13日	勲2等	カルロ・アルベルト・オキヤ	イタリー	
明治20年３月９日	勲2等	ウイオマリナ・モンテレノ	イタリー	
明治20年３月９日	勲2等	ジャノチ・セザレ・フェデリコ	イタリー	
明治20年３月９日	勲2等	ピロヂ・ポイエル	イタリー	
明治21年７月７日	勲2等	ド・メニュ・ビヤンキニ	イタリー	
明治22年９月11日	勲2等	ルイジー・グオビイナ	イタリー	
明治12年12月８日	勲3等	カミーレ・カンジアニ	イタリー	
明治12年12月８日	勲3等	ジアチンテ・ミーレリーレ	イタリー	
明治12年12月８日	勲3等	マルチン・ラシャレズ	イタリー	
明治15年６月17日	勲3等	フランセスコ・ビアンキ・ジ・ラウギャア	イタリー	
明治15年６月17日	勲3等	チェレスチコ・ロッシー	イタリー	
明治15年６月17日	勲3等	エンリッコ・ジョワニティー	イタリー	

明治16年６月10日	勲3等	カバリエレ・チェーザロ・マンテリーニ	イタリー	
明治16年６月10日	勲3等	カバリエレ・ジューゼッペ・マンテーゼ	イタリー	
明治16年12月10日	勲3等	シルビラ・カルカノ	イタリー	
明治18年４月13日	勲3等	カペラリー・デラ・コロンバ	イタリー	
明治18年４月13日	勲3等	エミリオ・パガノ	イタリー	
明治18年４月13日	勲3等	カミロ・デラ・ノス	イタリー	
明治18年４月13日	勲3等	スティファノ・レジス	イタリー	
明治18年４月13日	勲3等	カルロ・アイモニヨ	イタリー	
明治18年４月13日	勲3等	セザーレ・ザノリニー	イタリー	
明治18年４月13日	勲3等	アレキサンドル・タイヤオ	イタリー	
明治18年４月13日	勲3等	ルウイ・アダノ	イタリー	
明治18年４月13日	勲3等	ポルトロ・ジベッチー	イタリー	
明治19年９月18日	勲3等	マリオ・ミケオ	イタリー	
明治19年10月４日	勲3等	タルヂチ・セザレ	イタリー	
明治19年12月28日	勲3等	ポンペラ・グリロー	イタリー	
明治20年３月９日	勲3等	コンビアノ・アルボリヨ	イタリー	
明治20年６月18日	勲3等	ラチャ・ジュゼッペ・ヂ・ウイラレナ	イタリー	
明治20年６月18日	勲3等	カミロ・カチャノ	イタリー	
明治20年６月18日	勲3等	エドワルド・ステルボネ	イタリー	
明治21年７月７日	勲3等	エミリオ・プクチョーニ	イタリー	
明治23年７月17日	勲3等	アンゼ・キャビッソル	イタリー	
明治23年７月17日	勲3等	ニシム・ラテース	イタリー	
明治12年12月８日	勲4等	フランソワー・アクトン	イタリー	
明治12年12月８日	勲4等	マルク・ザナボーニ	イタリー	
明治12年12月８日	勲4等	ニコラレ・カルダノ	イタリー	
明治13年１月12日	勲4等	アルベール・イゾラ	イタリー	
明治13年１月12日	勲4等	アレキサンドル・ピギョーネ・デルカレット	イタリー	
明治13年１月12日	勲4等	ユージエニオ・ラムベルチ	イタリー	
明治13年１月12日	勲4等	オーギュスト・ビヤンコ	イタリー	
明治13年１月12日	勲4等	ジョアキン・ブヒリエッタ	イタリー	
明治13年１月12日	勲4等	セザールネ・ファッヂニ	イタリー	
明治13年５月７日	勲4等	エドワルド・キヨソネ	イタリー	
明治15年５月７日	勲4等	ロレンゾ・ラッピース	イタリー	
明治16年６月10日	勲4等	カバリエレ・アルソレド・レイテニツ	イタリー	
明治16年６月10日	勲4等	ジョバンニ・パチスタボレア・ドルモ	イタリー	
明治16年６月10日	勲4等	アンジェロ・ガポツチ・ベロスピ	イタリー	
明治16年６月10日	勲4等	チェザロ・ブレンダ	イタリー	
明治16年６月10日	勲4等	ルイ・ジステルン	イタリー	
明治16年６月10日	勲4等	フランチェスコ・コルデロ	イタリー	
明治16年６月10日	勲4等	パオロ・トロメイ	イタリー	
明治16年６月10日	勲4等	ガリオ・フォレステ	イタリー	
明治16年６月10日	勲4等	アンニバーレ・サッコ	イタリー	
明治17年３月18日	勲4等	ギョーム・ベルシェー	イタリー	
明治18年４月13日	勲4等	キニオヂ・テコゾル	イタリー	
明治18年４月13日	勲4等	パルトロメラ・パンキラ	イタリー	
明治20年３月９日	勲4等	ローザ・サントレ	イタリー	
明治20年３月９日	勲4等	ガイジ・クワルチ	イタリー	

明治20年３月９日	勲4等	ヌリジオ・サウェリオ	イタリー	
明治20年６月18日	勲4等	エドモンド・サンタシリア	イタリー	
明治20年６月18日	勲4等	カルロデ・オリゴ	イタリー	
明治21年11月２日	勲4等	マリヤ・マサリー	イタリー	
明治21年12月25日	勲4等	グワイダ・ピエトロ	イタリー	
明治15年６月４日	勲5等	ヴィチェンド・ラグーザ	イタリー	
明治15年６月４日	勲5等	アチーレ・サンジョワンニー	イタリー	
明治15年６月４日	勲5等	ジャン・カペレッティー	イタリー	
明治15年６月17日	勲5等	アントニオ・マンジャガリー	イタリー	
明治15年６月17日	勲5等	エミリオ・アプロッシオー	イタリー	
明治15年６月17日	勲5等	ジョゼ・ペチェラリオ	イタリー	
明治15年６月17日	勲5等	フランセスコ・プランキネッチー	イタリー	
明治15年６月17日	勲5等	カゾーネ	イタリー	
明治18年４月13日	勲5等	パオロ・スピン・ガルシー	イタリー	
明治20年３月９日	勲5等	ウイヤレ・レオネ	イタリー	
明治20年９月24日	勲5等	アントニオ・フォルネリス	イタリー	
明治20年９月24日	勲5等	マルキーフランソワ・ド・ゴイッエッタ	イタリー	
明治20年９月24日	勲5等	シャルル・カンビヤギ・ロカテリー	イタリー	
明治20年11月２日	勲5等	ルイジ・カザナ	イタリー	
明治20年11月29日	勲5等	アンゼロ・ガリヤン	イタリー	
明治15年６月17日	勲6等	ジョゼッペ・ダギノ	イタリー	
明治15年６月17日	勲6等	ジョバーニ・ガルプロリオー	イタリー	
明治16年６月10日	勲6等	マルケーゼ・カラッチョロ	イタリー	
明治16年６月10日	勲6等	オッタビオ・オーベリ	イタリー	
明治16年６月10日	勲6等	ボスコヂ・ヂルッフィーノ	イタリー	
明治16年６月10日	勲6等	シュバリエーゼ・ベルトランシー	イタリー	
明治16年６月10日	勲6等	ゼ・ボルセリー	イタリー	
明治20年３月９日	勲6等	アルベンカ・マリヨ	イタリー	
明治20年６月18日	勲6等	ピエトロ・オリュウイエリ	イタリー	
明治20年９月24日	勲6等	ジャコモ・ビッソ	イタリー	
明治22年９月11日	瑞1等	アレサンドロ・フォルチス	イタリー	
明治22年９月11日	瑞2等	キュイ・チョリー	イタリー	
明治22年６月１日	瑞3等	アレッサンドロ・クワオテシ	イタリー	
明治23年７月17日	瑞3等	ガエタノ・コッシャ	イタリー	
明治24年６月３日	瑞3等	マリー・カラアチ	イタリー	
明治24年６月４日	瑞3等	ロレンゾ・オッピス	イタリー	
明治24年７月６日	瑞3等	エドワルド・キヨソネ	イタリー	
明治22年９月11日	瑞4等	ペ・チョヤ	イタリー	
明治22年９月11日	瑞4等	デ・カシルロ・パヴァリニィー	イタリー	
明治23年７月17日	瑞4等	ラファエル・ビフオリー	イタリー	
明治24年６月５日	瑞4等	ミケル・カペルラオ	イタリー	
明治22年４月15日	瑞5等	アントニオ・アルメリザソラ	イタリー	
明治22年９月11日	瑞5等	フェルジナンド・オ・ゼラルジー	イタリー	
明治22年９月11日	瑞5等	ジョバンニイ・コンソルチー・リッチー	イタリー	
明治23年７月17日	瑞5等	マリオ・アルベンガ	イタリー	
明治24年６月５日	瑞5等	チリー・ウイン・チェンゾ	イタリー	
明治24年６月５日	瑞5等	フェルヂナド・アギエッチ	イタリー	

明治24年6月5日	瑞6等	ヂョバンニ・パブテスト・ガイ	イタリー	
明治24年6月5日	瑞6等	ウインチェンゾ・フォルネリス	イタリー	
明治10年2月6日	宝1等	マリー・キリスチン	スペイン	
明治10年12月25日	勲1等	エフ・カルデロン・イ・コランテス	スペイン	
明治16年12月26日	勲1等	ジョゼー・ド・ポ・サダ・ヘレオ	スペイン	
明治16年12月26日	勲1等	セルワンド・ルイズ・ゴメス	スペイン	
明治16年12月26日	勲1等	エスタニスオオ・シュワレーズ・アンクラン	スペイン	
明治16年12月26日	勲1等	ジョゼギュチレーズ・アギュラ	スペイン	
明治16年12月26日	勲1等	マリアニ・ザルコデルワーノ	スペイン	
明治17年3月4日	勲1等	ルイス・デル・カス・チロ・イトリゲロス	スペイン	
明治21年5月18日	勲1等	エミリオ・テレロ	スペイン	
明治10年12月25日	勲2等	エル・フェラス	スペイン	
明治10年12月25日	勲2等	マルキー・ド・シルワア・アレグレ	スペイン	
明治12年11月1日	勲2等	マリアノー・アルワレス	スペイン	
明治13年5月7日	勲2等	ファルコ・デル・ウワイエ	スペイン	
明治19年7月20日	勲2等	ジャキン・ワレラ	スペイン	
明治20年10月7日	勲2等	ジョーゼ・デオウアット	スペイン	
明治13年5月7日	勲3等	ラファエル・デルヤアノ	スペイン	
明治16年12月26日	勲3等	フェリッペ・ガルシャ・ウチウエラス	スペイン	
明治17年3月4日	勲3等	マニュエル・パストル・イ・ベドヤ	スペイン	
明治17年12月27日	勲3等	アンヘル・エルドユアゲン	スペイン	
明治19年7月20日	勲3等	オーギュステン・ド・ラバーレ	スペイン	
明治19年7月20日	勲3等	ジョーゼ・ド・リカイ・カルウラ	スペイン	
明治21年5月18日	勲3等	ジュリアン・ゴンザレス・パラド	スペイン	
明治23年7月17日	勲3等	ペードロ・ド・カレーン・イ・レンベイ	スペイン	
明治13年5月7日	勲4等	アグスチン・ゴンファレックス・デルカンピイヨ	スペイン	
明治13年5月7日	勲4等	カストロ・デイヤアス	スペイン	
明治16年12月26日	勲4等	アンリッケ・サンショー	スペイン	
明治21年5月18日	勲4等	ラシスラオ・デ・ウエオ	スペイン	
明治21年5月18日	勲4等	ライモンド・コルテス	スペイン	
明治21年5月18日	勲4等	リカルド・テレロ	スペイン	
明治15年3月9日	勲5等	マニコエル・エムド・アランギュラン	スペイン	
明治16年9月26日	勲5等	フランシスコ・ド・レイノーソ	スペイン	
明治16年9月26日	勲5等	ラファエル・モール・イド・ペードロ	スペイン	
明治16年9月26日	勲5等	ルイス・ポテスタッド	スペイン	
明治18年6月1日	勲5等	フランシスコ・シャコン・イ・シルウア	スペイン	
明治23年3月19日	瑞2等	フランシスコ・ド・ペルイス・イタオレ	スペイン	
明治21年12月15日	瑞3等	ペードロ・ド・カレーン・イ・レンベイ	スペイン	
明治23年3月19日	瑞3等	マニュ・ジロナ・アグラフェル	スペイン	
明治23年3月19日	瑞4等	ルイス・ルービエレ	スペイン	
明治23年11月17日	瑞4等	ラモン・ガイタン・デ・アイヤラ	スペイン	
明治23年3月19日	瑞6等	フルクラン・アルノー	スペイン	
明治23年3月19日	瑞6等	アントニョ・フールノー	スペイン	
明治13年5月20日	大勲位菊花	アレキサンドル・アレキサンドロウィッチ皇帝	ロシア	贈進
明治15年6月17日	大勲位菊花	ニコライ・アレキサンドラウィッチ	ロシア	贈進
明治15年6月17日	大勲位菊花	アレキシー・アレキサンドラウィッチ	ロシア	
明治20年7月7日	大勲位菊花	アレキサンドル・ミハエロウィッチ	ロシア	贈進

明治24年５月16日	大勲位菊花	ヂョーヂ・アレキサンドロウィッチ	ロシア	贈進
明治22年１月23日	宝1等	マリー・フェオドロウナ皇后	ロシア	贈進
明治21年10月25日	桐花	ニコライ・カルロウィッチ・ド・ギルス	ロシア	
明治9年８月18日	勲1等	カルル・スツルベ	ロシア	
明治10年１月23日	勲1等	クニヤス・アレキサンドル・ゴルチャコフ	ロシア	
明治10年１月23日	勲1等	アレキサンドル・ジョミニー	ロシア	
明治10年１月23日	勲1等	ペートル・スツレモーホフ	ロシア	
明治10年１月23日	勲1等	アレキサンドル・エンゲルハルト	ロシア	
明治10年１月23日	勲1等	アレキサンドル・ウラガンリー	ロシア	
明治12年10月24日	勲1等	アレキサンドル・ウラヂミロウィッチ・アデレル	ロシア	
明治14年６月14日	勲1等	ステファン・レソフスキー	ロシア	
明治14年７月29日	勲1等	ワシレイエウィッチ・プチャーチン	ロシア	
明治14年７月29日	勲1等	ニコラエウィッチ・ポシェット	ロシア	
明治15年９月６日	勲1等	エウゲニー・カルロウィッチ・ビュッオフ	ロシア	
明治16年４月８日	勲1等	グラフ・ウラロンチョフ・ダシコフ	ロシア	
明治16年４月８日	勲1等	クニヤジ・ドルゴルーコフ	ロシア	
明治16年４月８日	勲1等	コザケウィッチ	ロシア	
明治16年４月８日	勲1等	ナルイシキン	ロシア	
明治16年４月８日	勲1等	リヒテル	ロシア	
明治16年４月８日	勲1等	ダウィドフ	ロシア	
明治16年10月９日	勲1等	フェラットル・マリウィッチ・ラステンサーケン	ロシア	
明治16年12月10日	勲1等	バロン・ビュレル	ロシア	
明治17年６月３日	勲1等	コント・バーレン	ロシア	
明治17年６月３日	勲1等	ジノビエフ	ロシア	
明治17年６月３日	勲1等	ラムスドルフ	ロシア	
明治17年７月31日	勲1等	ミセル・チェルニャエフ	ロシア	
明治17年11月29日	勲1等	ウアンノスキー	ロシア	
明治18年12月２日	勲1等	ヒエルノ・ド・リヒテル	ロシア	
明治19年８月23日	勲1等	イワン・アレキシウィッチ・シエスタコフ	ロシア	
明治20年５月９日	勲1等	ニコラス・ド・ベザック	ロシア	
明治20年５月９日	勲1等	ステウェン・ウッソフ	ロシア	
明治20年７月７日	勲1等	アレキサンドルウィッチ・コルニロフ	ロシア	
明治20年９月７日	勲1等	ウラヂミル・イワノウィッチ・ウエシニヤコフ	ロシア	
明治20年９月７日	勲1等	ニコライ・アレキザンドル・ウィチェ・トロイニッキ	ロシア	
明治20年９月７日	勲1等	イワン・ワルフォロメエウイチュ・ポプラスキー	ロシア	
明治20年12月13日	勲1等	ヂミトリー・シェウィツ	ロシア	
明治21年３月６日	勲1等	アレキサンドル・ドルゴルーキー	ロシア	
明治21年３月６日	勲1等	セルジュ・トルストイ	ロシア	
明治21年５月18日	勲1等	ワシーリ・グリゴーリウィッチ・ゾロタリヨフ	ロシア	
明治22年９月27日	勲1等	ジミトリー・サルスキー	ロシア	
明治23年１月４日	勲1等	ウラジミール・シュミット	ロシア	
明治23年２月15日	勲1等	ジャンド・ウルノヴァ	ロシア	
明治24年５月16日	勲1等	ウラジミール・バルアチンスキー	ロシア	
明治24年５月16日	勲1等	ウラジミール・バッサルギーヌ	ロシア	
明治24年５月16日	勲1等	ポール・ナジモフ	ロシア	
明治24年11月20日	勲1等	ニコラス・ド・シシキン	ロシア	
明治24年11月20日	勲1等	ドミトリー・カブニスト	ロシア	

明治10年1月23日	勲2等	アレキサンドル・メルニコフ	ロシア	
明治12年10月24日	勲2等	ミハエル・ニコノフ	ロシア	
明治12年10月24日	勲2等	セルゲイ・セレムツエフ	ロシア	
明治12年10月24日	勲2等	オラフ・スタッケルベルグ	ロシア	
明治14年6月14日	勲2等	アンデル・ノヴォシリスキー	ロシア	
明治14年6月14日	勲2等	セルヂ・クウドリン	ロシア	
明治14年6月14日	勲2等	ゼ・アン・ザルビイン	ロシア	
明治15年8月4日	勲2等	アブラム・アスランベゴフ	ロシア	
明治16年4月7日	勲2等	グラフ・ラムスドルフ	ロシア	
明治16年4月7日	勲2等	クレスセル	ロシア	
明治16年4月7日	勲2等	ム・ハーノフ	ロシア	
明治16年4月8日	勲2等	オルローフ・ダウィドフ	ロシア	
明治16年4月8日	勲2等	スマーギン	ロシア	
明治16年4月8日	勲2等	ベール	ロシア	
明治16年4月8日	勲2等	セルゲイ・スホチン	ロシア	
明治16年4月8日	勲2等	ニコライ・プトルリン	ロシア	
明治16年4月8日	勲2等	ボクダノウィッチ	ロシア	
明治16年10月9日	勲2等	コンスタンチン・オシャルスキー	ロシア	
明治17年6月4日	勲2等	フェルド・ガウセン	ロシア	
明治18年12月2日	勲2等	アクチェルローラン・プロッセー	ロシア	
明治21年3月2日	勲2等	ワレリヤンド・スウエンスケー	ロシア	
明治21年5月18日	勲2等	ミハエル・パウルウィッチ・ハローシン	ロシア	
明治21年5月18日	勲2等	アンドレ・ドミトリエウィッチ・マルトウィッチ	ロシア	
明治21年5月18日	勲2等	アレキセイ・フュドロウィッチ・ポリヤコフ	ロシア	
明治24年5月16日	勲2等	サルヴァトル・ヴェウエル	ロシア	
明治24年5月16日	勲2等	ニコラ・ローメン	ロシア	
明治24年5月16日	勲2等	テオドール・ドウヴアソフ	ロシア	
明治24年5月16日	勲2等	アレキサンドル・フェドトフ	ロシア	
明治10年1月23日	勲3等	アレキサンドル・バジレフスキー	ロシア	
明治10年1月23日	勲3等	ウラヂミール・ウエレッキー	ロシア	
明治10年1月23日	勲3等	ヤーコフ・バラバシ	ロシア	
明治12年10月23日	勲3等	ローマン・ローゼン	ロシア	
明治12年10月24日	勲3等	ロマン・ボイル	ロシア	
明治14年6月14日	勲3等	カジミル・ギリーベンベルグ	ロシア	
明治14年6月14日	勲3等	テオドール・タルプシン	ロシア	
明治15年8月4日	勲3等	パウエル・ナジモフ	ロシア	
明治15年8月4日	勲3等	パウエル・チルトフ	ロシア	
明治15年8月4日	勲3等	コンスタンチン・ナジモフ	ロシア	
明治15年8月4日	勲3等	エウゲニー・アンキセフ	ロシア	
明治15年8月4日	勲3等	ヒョドル・アモソフ	ロシア	
明治16年4月7日	勲3等	ゲルネット	ロシア	
明治16年4月7日	勲3等	シレイフェル	ロシア	
明治16年4月7日	勲3等	リッウィノーフスキー	ロシア	
明治16年4月7日	勲3等	セレブリヤコーフ	ロシア	
明治16年4月7日	勲3等	クニヤジ・オボレンスキー	ロシア	
明治16年4月7日	勲3等	マルテイノフ	ロシア	
明治16年4月7日	勲3等	イワシキン・ポタボフ	ロシア	

明治16年４月７日	勲3等	シーポフ	ロシア	
明治16年４月７日	勲3等	フレデリクス	ロシア	
明治16年４月７日	勲3等	ケンクルジエフスキー	ロシア	
明治16年４月７日	勲3等	ラゾアリ	ロシア	
明治16年12月26日	勲3等	コンセイエド・クール・バトルスキー	ロシア	
明治17年６月３日	勲3等	ピエールド・ヂトリヒス	ロシア	
明治19年８月23日	勲3等	オ・ラドロブ	ロシア	
明治20年４月20日	勲3等	アレキサンドル・レベデイエフ	ロシア	
明治20年９月24日	勲3等	シャルルデ・リヴロン	ロシア	
明治20年12月13日	勲3等	アレキシス・ド・スペイエル	ロシア	
明治21年１月16日	勲3等	ドミツリー・ド・ズイエフ	ロシア	
明治21年１月16日	勲3等	ゼアン・イウンドロフ	ロシア	
明治21年１月16日	勲3等	ミトロハーヌ・イダノウ	ロシア	
明治21年１月16日	勲3等	ドミトリー・カブニストセマントウスキー・イダノウ	ロシア	
明治21年３月６日	勲3等	テオドール・ウrーソフ	ロシア	
明治21年３月６日	勲3等	ポール・シャブリキン	ロシア	
明治21年３月６日	勲3等	アレキサンドル・チセン・ハウゼン	ロシア	
明治21年３月６日	勲3等	ボリスド・スチュメル	ロシア	
明治21年７月７日	勲3等	イグナチー・マコフスキー	ロシア	
明治21年７月７日	勲3等	フョードル・エンゲルム	ロシア	
明治24年５月16日	勲3等	ウラジミール・ランパフ	ロシア	
明治24年５月16日	勲3等	アレキサンドル・リンデベック	ロシア	
明治24年５月16日	勲3等	ジミトリー・フォン・フォルケルサム	ロシア	
明治24年５月16日	勲3等	アレキシー・ボイル	ロシア	
明治24年５月16日	勲3等	テオドール・フィリソフ	ロシア	
明治24年５月16日	勲3等	アルセーヌ・ブラクシヌ	ロシア	
明治24年５月16日	勲3等	アレキサンドル・カジー	ロシア	
明治24年７月15日	勲3等	アンドレー・スチェグロウ	ロシア	
明治10年１月23日	勲4等	ニコライ・マチュニン	ロシア	
明治10年１月23日	勲4等	アレキサンドル・オラルフスキー	ロシア	
明治12年10月24日	勲4等	コンスタンチン・ワルロント	ロシア	
明治14年６月14日	勲4等	アレキサンドル・ラヂオノフ	ロシア	
明治14年６月14日	勲4等	ウセウオロラド・クレストプスケ	ロシア	
明治14年６月14日	勲4等	アンドレエ・ウィリエニュス	ロシア	
明治14年６月14日	勲4等	アンドン・クリヤク	ロシア	
明治16年４月７日	勲4等	ユルゲンス	ロシア	
明治16年４月７日	勲4等	ウエルデロフスキー	ロシア	
明治16年４月７日	勲4等	クレビヤーキン	ロシア	
明治16年４月８日	勲4等	コーベレフ	ロシア	
明治16年４月８日	勲4等	アレキサンドル・コワコ	ロシア	
明治16年４月８日	勲4等	パスキン	ロシア	
明治16年４月８日	勲4等	ウェショールイ	ロシア	
明治16年４月８日	勲4等	ヤシュコーウィッチ	ロシア	
明治16年９月12日	勲4等	ペートル・リュミン	ロシア	
明治17年６月３日	勲4等	クール・ウイントロフ	ロシア	
明治17年７月５日	勲4等	ニコライ・ロジゼンスキー	ロシア	
明治19年８月31日	勲4等	ア・エベルガルド	ロシア	

明治19年８月31日	勲4等	ヴェ・ウラノウスキー	ロシア	
明治19年８月31日	勲4等	アウスペンスキー	ロシア	
明治19年８月31日	勲4等	プロゾロウスキー・ゴリツイン	ロシア	
明治20年７月７日	勲4等	マドヴィー・アプラクシーヌ	ロシア	
明治20年７月７日	勲4等	ウラジミール・ド・シャアテレン	ロシア	
明治20年９月７日	勲4等	アレキサンドル・レオンチュウィッチ・ガルナク	ロシア	
明治21年１月16日	勲4等	ユジエーヌ・ゲルングロス	ロシア	
明治21年３月２日	勲4等	ウラジミール・イグナチェウ	ロシア	
明治21年３月２日	勲4等	バシル・セルジョフ	ロシア	
明治21年３月２日	勲4等	アンドレー・ラデイゲンスキー	ロシア	
明治21年３月６日	勲4等	フセウオロド・コニアル	ロシア	
明治23年１月４日	勲4等	ジャン・グリコロビッチ	ロシア	
明治24年５月16日	勲4等	エウジエヌ・ウラルコッフ	ロシア	
明治24年５月16日	勲4等	セルジェ・コッチューベー	ロシア	
明治24年５月16日	勲4等	ニコラ・オボランスキー	ロシア	
明治24年５月16日	勲4等	ニコラ・クロード	ロシア	
明治24年５月16日	勲4等	バヂール・コロコッエフ	ロシア	
明治24年５月16日	勲4等	ニコラ・クロウン	ロシア	
明治24年５月16日	勲4等	ハンリー・ツイウインスキー	ロシア	
明治24年７月15日	勲4等	グレゴワール・スエイト・ド・ウオーラン	ロシア	
明治24年７月15日	勲4等	ブランス・アナトル・ロバノフ・ロストヴスキー	ロシア	
明治24年７月15日	勲4等	テオドール・シリマン	ロシア	
明治10年１月23日	勲5等	イワンバラス	ロシア	
明治10年１月23日	勲5等	グリゴリデー・ワルラン	ロシア	
明治12年10月24日	勲5等	ワレリアン・ラリン	ロシア	
明治12年10月24日	勲5等	アレキセイ・アバサ	ロシア	
明治14年６月14日	勲5等	ニコラス・ドミトリエフ	ロシア	
明治14年６月14日	勲5等	ミセルボッショ	ロシア	
明治16年４月７日	勲5等	リヤボフ	ロシア	
明治16年４月７日	勲5等	ベズロードノフ	ロシア	
明治16年４月７日	勲5等	コステイリョフ	ロシア	
明治16年４月７日	勲5等	ケルツェリ	ロシア	
明治16年４月７日	勲5等	デリヴロン	ロシア	
明治16年４月７日	勲5等	デイテル	ロシア	
明治16年４月７日	勲5等	ドンブロニン	ロシア	
明治16年４月７日	勲5等	ウラスコ	ロシア	
明治16年４月７日	勲5等	ネオリスキー	ロシア	
明治16年４月７日	勲5等	アレキサンドル・バウリ	ロシア	
明治16年４月７日	勲5等	フォン・イムゼン	ロシア	
明治16年４月８日	勲5等	レーマン	ロシア	
明治16年４月８日	勲5等	ビデルマン	ロシア	
明治16年４月８日	勲5等	カジミル・ソビエス・クザンスキー	ロシア	
明治17年６月３日	勲5等	アレキシスド・クノルリング	ロシア	
明治17年６月３日	勲5等	アスセソルド・コレージ・ブリノフ	ロシア	
明治17年11月29日	勲5等	ニコラド・ミクニエウィッチ	ロシア	
明治18年２月15日	勲5等	コンsタンチン・ウオエンスキー	ロシア	
明治18年11月30日	勲5等	コンスタンチン・アヌチヌ	ロシア	

明治19年８月31日	勲5等	アレスシン	ロシア	
明治20年９月７日	勲5等	フェルヂナンド・マルリキエウィチュウエベリ	ロシア	
明治20年11月２日	勲5等	エム・ウェリチコフスキー	ロシア	
明治20年12月13日	勲5等	ウラジミール・ブーホベッキー	ロシア	
明治20年12月13日	勲5等	ジェラルジ・ド・ウェレドルヒ	ロシア	
明治21年３月２日	勲5等	ピエール・デウールプネル	ロシア	
明治21年３月６日	勲5等	ウオエイコフ	ロシア	
明治21年５月18日	勲5等	ミハエルアレキサンドルウィッチ・トウロウエロ	ロシア	
明治22年９月11日	勲5等	アレキサンドル・ブクス・ホウヂン	ロシア	
明治24年５月16日	勲5等	ピエール・デウールプネルアズベレフ	ロシア	
明治24年５月16日	勲5等	ジミトリー・ミハイロフ	ロシア	
明治24年７月15日	勲5等	テオドール・ウワシリェフ	ロシア	
明治24年９月10日	勲5等	ニコラス・ロス・ポポフ	ロシア	
明治16年４月７日	勲6等	ライモンド・インガーノ	ロシア	
明治16年４月７日	勲6等	ラ・シーポス	ロシア	
明治16年４月７日	勲6等	ウィリチェフスキー	ロシア	
明治16年４月７日	勲6等	レオンチェフ	ロシア	
明治16年４月７日	勲6等	インシテートフ	ロシア	
明治16年４月７日	勲6等	アレキサンドロフ	ロシア	
明治16年４月７日	勲6等	ワッコースキー	ロシア	
明治16年４月７日	勲6等	コルネット・チェルウラネッスキー	ロシア	
明治16年４月７日	勲6等	ボリーソフ	ロシア	
明治16年４月８日	勲6等	ダラバトウヒン	ロシア	
明治16年４月８日	勲6等	クーケル	ロシア	
明治17年６月３日	勲6等	ジョセフド・グールコ	ロシア	
明治24年７月15日	勲6等	ニコライ・ラッチフ	ロシア	
明治24年７月15日	勲6等	バジール・ジャウベロフ	ロシア	
明治10年１月23日	勲7等	バロン・コンスタンチン・ローゼン	ロシア	
明治16年４月７日	勲7等	イワン・ボドリスキー	ロシア	
明治16年４月７日	勲7等	ポクロフスキー	ロシア	
明治16年４月７日	勲7等	アントン・ナザーレンコ	ロシア	
明治16年４月７日	勲7等	アフヂェー・チェルニェイギン	ロシア	
明治16年４月７日	勲7等	レオンチー・アリヨル	ロシア	
明治16年４月７日	勲7等	イワン・ミツリヤシキン	ロシア	
明治16年４月７日	勲7等	フホマーペクン	ロシア	
明治20年７月８日	勲7等	ジャン・ソドヴネコフ	ロシア	
明治16年４月７日	勲8等	アレキサンドル・ニコラエフ	ロシア	
明治16年４月７日	勲8等	アレキセー・ワレヂンスキー	ロシア	
明治16年４月７日	勲8等	グレゴリー・モスコフスキー	ロシア	
明治16年４月７日	勲8等	ガウリル・ブルデイキン	ロシア	
明治16年４月７日	勲8等	ミハイル・ソコローフ	ロシア	
明治16年４月７日	勲8等	ウラヂミル・ステバーノフ	ロシア	
明治16年４月７日	勲8等	ミハイル・ウイデンコ	ロシア	
明治16年４月７日	勲8等	トロヒム・カクリユギン	ロシア	
明治16年４月７日	勲8等	イワン・ニキーチン	ロシア	
明治16年４月７日	勲8等	カルーギン	ロシア	
明治22年９月27日	瑞1等	ニコライ・ベラーゴ	ロシア	

明治24年５月16日	瑞1等	ジョーゼフ・ノーヴィク	ロシア	
明治22年９月27日	瑞2等	ウラヂミール・オボレンスキー	ロシア	
明治22年９月27日	瑞3等	アレキサンドルド・ロイテルン	ロシア	
明治22年９月27日	瑞3等	ミシェル・エルチャニーノフ	ロシア	
明治23年１月４日	瑞3等	ピエール・モラス	ロシア	
明治24年５月16日	瑞3等	エスペール・ウークトンスキー	ロシア	
明治24年５月16日	瑞3等	アレキサンドル・ヤネウィッチ・ヤネウスキー	ロシア	
明治24年５月16日	瑞3等	ラスカール・エンクイスト	ロシア	
明治24年５月16日	瑞3等	アレキサンドル・ロジラノフ	ロシア	
明治24年５月16日	瑞3等	ニコラ・トルーヴェレル	ロシア	
明治24年５月16日	瑞3等	ピエール・パヴロヴスキー	ロシア	
明治24年５月16日	瑞3等	ニコラ・グレーヴ	ロシア	
明治24年５月16日	瑞3等	ウラヂミール・アバサ	ロシア	
明治24年５月16日	瑞3等	バヂール・ザレスキー	ロシア	
明治24年７月15日	瑞3等	ウラヂミール・ブユヴェッキー	ロシア	勲5
明治24年７月15日	瑞3等	ハンリー・ツイウインスキー	ロシア	
明治24年７月15日	瑞3等	アレキサンドル・ミコーウ	ロシア	
明治24年７月15日	瑞3等	ポール・マッシニン	ロシア	
明治24年５月16日	瑞4等	ニコラ・グリー・トセンコ	ロシア	
明治24年５月16日	瑞4等	ニコラ・ヤコヴレフ	ロシア	
明治24年６月18日	瑞4等	ニコラス・メジコヴスキー	ロシア	
明治22年９月27日	瑞5等	セルジド・マシャーギン	ロシア	
明治22年９月27日	瑞5等	セルジ・シャハーエフ	ロシア	
明治22年９月27日	瑞6等	バシール・ゲラシモーフ	ロシア	
明治22年９月27日	瑞7等	ジャヒム・アンドリセン	ロシア	
明治22年９月27日	瑞8等	ニコラス・クロートフ	ロシア	
明治22年９月27日	瑞8等	コンスタンチノウィッチ・コスリンウ	ロシア	
明治23年10月９日	勲6等	エドモンド・ベルジマン	ルーマニア	
明治14年３月14日	大勲位菊花	カラカウワー世　皇帝	ハワイ	
明治15年２月３日	勲1等	リヂヤ・カマカイハ	ハワイ	
明治15年２月３日	勲1等	エ・エス・クングホルン	ハワイ	
明治15年２月３日	勲1等	シ・アル・ビショップ	ハワイ	
明治15年12月８日	勲1等	ジョン・マキニ・カペナ	ハワイ	
明治18年６月５日	勲1等	シー・エイチ・ジョット	ハワイ	
明治18年６月５日	勲1等	ワルトル・モルレー・ジブソン	ハワイ	
明治14年３月14日	勲2等	ウイリアム・エヌ・アルムストロング	ハワイ	
明治17年４月26日	勲2等	カルチス・ピー・イワキヤ	ハワイ	
明治19年10月４日	勲2等	ロベルト・ウオルカー・アールウィン	ハワイ	
明治15年12月８日	勲4等	ジ・エル・コールコー	ハワイ	
明治16年５月14日	勲4等	ゼームス・エッチボイド	ハワイ	
明治15年12月９日	勲5等	ヘルウィー・イ・ホイットニー	ハワイ	
明治15年12月９日	勲5等	ジオルジ・ダブリュ・マクファルレーン	ハワイ	
明治17年６月４日	勲5等	メジヨル・アントネ・ローザ	ハワイ	
明治17年４月26日	勲6等	ヘンリー・エフ・ポール	ハワイ	
明治10年12月25日	勲1等	アエム・ド・フォンテス	ポルトガル	
明治10年12月25日	勲1等	ジ・ダントラ・ド・コルウオ	ポルトガル	
明治15年７月５日	勲1等	ジョアキム・ジョーゼ・ダ・グラサ	ポルトガル	

明治17年３月26日	勲1等	ジョーセ・ウィンセント・バルボサ・ユボケージ	ポルトガル	
明治17年３月26日	勲1等	オーギュスト・セザル・バルジョナ・デ・フレイタス	ポルトガル	
明治19年９月１日	勲1等	トーマス・ド・スーザローザ	ポルトガル	
明治19年10月13日	勲1等	ヘンリケ・デ・バルンス・ゴメス	ポルトガル	
明治19年10月13日	勲1等	デ・サン・ジャニュアリオ	ポルトガル	
明治19年10月13日	勲1等	ヘンリケ・デ・マセドペレイラ・クーチンホ	ポルトガル	
明治10年12月25日	勲2等	エミリオ・アシール・モントウェルデ	ポルトガル	
明治17年３月26日	勲2等	カルロス・ロマジュ・ポケーヂ	ポルトガル	
明治17年３月26日	勲2等	コント・デ・サピュゴザ	ポルトガル	
明治19年10月13日	勲2等	エドアルド・モンチュファル・バレイロス	ポルトガル	
明治19年10月13日	勲2等	フランシスコ・ジョアキン・ダ・コスタエシルワ	ポルトガル	
明治20年３月９日	勲2等	ギルヘルミノ・オーギュスト・ド・バロス	ポルトガル	
明治10年12月25日	勲3等	ジョゼ・ロレイロ	ポルトガル	
明治15年７月５日	勲3等	アントニオ・ジョヨアキム	ポルトガル	
明治19年９月１日	勲3等	アントニオ・マルケス・ド・リュウイラ	ポルトガル	
明治15年７月５日	勲4等	エヂュワルド・マルケス	ポルトガル	
明治15年７月５日	勲5等	パレルモ・ド・リュヴェーラ	ポルトガル	
明治17年３月26日	勲5等	フランシスコ・クインテルヲ・デ・サッパコ	ポルトガル	
明治19年９月１日	勲5等	イグナシヨ・ルルカブロルダ・コスタペソア	ポルトガル	
明治20年３月９日	勲5等	アルフレンド・ペレイラ	ポルトガル	
明治15年７月５日	勲6等	ハルト・ミルネル	ポルトガル	
明治20年３月９日	勲6等	オーギュスト・セザール・ド・ブリト	ポルトガル	
明治13年５月７日	大勲位菊花	レオポルト二世　皇帝	ベルギー	
明治13年５月７日	勲1等	フレール・オルバン	ベルギー	
明治13年11月24日	勲1等	シャルル・ド・グロート	ベルギー	
明治15年11月21日	勲1等	バロン・オギュスト・ランベルモン	ベルギー	
明治16年９月１日	勲1等	ゼ・バラー	ベルギー	
明治16年９月１日	勲1等	グラトリー	ベルギー	
明治18年10月５日	勲1等	プランス・ド・カラマンシマイー	ベルギー	
明治22年11月15日	勲1等	ゼー・ドウオルダー	ベルギー	
明治22年11月15日	勲1等	シーボン・テユス	ベルギー	
明治24年６月９日	勲1等	ジョールジュ・シャアル・エドワルド・ナイト	ベルギー	
明治18年８月１日	勲2等	ウイクトル・ベルダン	ベルギー	
明治23年11月17日	勲2等	マキシミリアン・シャール・フレデリック・ストラウチ	ベルギー	
明治23年11月17日	勲2等	レオン・エドアルド・ルイマリー・アレント	ベルギー	
明治15年11月21日	勲3等	ア・ファンデン・ブルック	ベルギー	
明治16年９月１日	勲3等	バロン・ダネタン	ベルギー	
明治18年10月５日	勲3等	コント・シ・ファンデル・ストロエーテン	ベルギー	
明治18年10月５日	勲3等	エル・ピーブイク	ベルギー	
明治20年３月９日	勲3等	ジーエムジーテージーエンエルボー	ベルギー	
明治20年３月９日	勲3等	ページーベーセータンメルマン	ベルギー	
明治15年11月21日	勲4等	コント・デ・ラオン	ベルギー	
明治16年９月１日	勲4等	ピエル・ファン・デル・ストラーテン・ボントース	ベルギー	
明治18年10月５日	勲4等	アドルフ・マクス	ベルギー	
明治19年４月１日	勲4等	シャルル・ナゼール	ベルギー	
明治19年10月４日	勲4等	セザール・ブールジョア	ベルギー	
明治22年11月15日	勲4等	ジャッケー・ド・ペリニー	ベルギー	

明治16年 9 月 1 日	勲5等	リブレクト	ベルギー	
明治16年 9 月 1 日	勲5等	デップ	ベルギー	
明治18年 8 月 1 日	勲5等	フランソワ・ブールジョア	ベルギー	
明治20年 3 月 9 日	勲5等	アーエムアー・ニケース	ベルギー	
明治22年 4 月15日	瑞2等	フランソワー・カシエー	ベルギー	
明治24年 6 月30日	瑞2等	オスカル・シャルルル・アンリ・ボーケ	ベルギー	
明治22年 4 月15日	瑞3等	セザール・ブールジョア	ベルギー	勲4
明治23年10月14日	瑞3等	アルフレッドイユタン・ド・テルベック	ベルギー	
明治23年11月17日	瑞3等	アウギュスト・レオポール・バロン・ラ・ホール	ベルギー	
明治24年 4 月 9 日	瑞3等	ユーゼン・ソメル・アウゼン	ベルギー	
明治24年 6 月30日	瑞3等	ア・エル・ジー・マレルブ	ベルギー	
明治24年 7 月 3 日	瑞3等	シャルルル・ウワルナン	ベルギー	
明治23年11月17日	瑞4等	ラウル・マリイ・ギスライン・バロン・スノイ	ベルギー	
明治24年 6 月30日	瑞4等	エドワルド・ジョゼフ・ド・ヌーヌーゼー	ベルギー	
明治24年12月23日	瑞4等	ロセール	ベルギー	
明治23年11月17日	瑞5等	エクルワン・デイミトリ・ワンデル・モート・ダシェ	ベルギー	
明治24年 4 月 9 日	瑞5等	ゼアン・フランソア・ブリュイ・ニンクス	ベルギー	
明治15年11月27日	勲1等	イミンアル・モルク・ミルザ・アリカン	ボスニア	
明治15年11月27日	勲1等	ミルザ・アセドラカン	ボスニア	
明治16年12月26日	勲1等	ミルザ・マホムド・サデイクル	ボスニア	
明治16年12月26日	勲1等	サニヤルド・レエ	ボスニア	
明治17年 8 月27日	勲1等	マームドカン・ナセレルモルク	ボスニア	
明治16年12月26日	勲2等	ミルザ・ムステファカン	ボスニア	
明治16年12月26日	勲2等	マホムド・タグイカン	ボスニア	
明治16年12月26日	勲2等	ミルザ・ナスルラカン	ボスニア	
明治16年12月26日	勲2等	ミルザ・アブドウラカン	ボスニア	
明治16年12月26日	勲2等	ミルザ・マホムドカン	ボスニア	
明治15年11月27日	勲4等	ミルザ・アリー	ボスニア	
明治15年11月27日	勲4等	ミルザ・モハムド・アリカン	ボスニア	
明治15年11月27日	勲5等	ミルザ・アリカン	ボスニア	
明治20年 7 月14日	勲5等	ウィルヘルム・フォン・スタルケ	黒西国	
明治12年 6 月10日	大勲位菊花	ハインリヒ殿下	プロシア	贈進
明治15年 6 月17日	大勲位菊花	プリンスオトフォン・ビスマルク	プロシア	
明治19年 9 月29日	大勲位菊花	フリドリヒ・ウイルヘルム二世　　皇帝	プロシア	贈進
明治20年 3 月28日	大勲位菊花	フレデリッキ・レオポルド	プロシア	贈進
明治13年 5 月 7 日	勲1等	フォン・オルレヒ	プロシア	
明治13年 5 月 7 日	勲1等	ドクトル・ステップハーン	プロシア	
明治13年 5 月 7 日	勲1等	ガラーフ・スチルフリード・アルカンタラ・オットニツ	プロシア	
明治13年 5 月 7 日	勲1等	フォンカムケ	プロシア	
明治13年 5 月 7 日	勲1等	フォン・ストッシュ	プロシア	
明治14年12月28日	勲1等	カルル・フォン・アイゼンデェフェル	プロシア	
明治15年 3 月 9 日	勲1等	フォン・マデイ	プロシア	
明治15年 6 月17日	勲1等	ドクトル・プッシ	プロシア	
明治15年12月28日	勲1等	フォン・ブラント	プロシア	
明治16年 9 月26日	勲1等	グラーフ・フォン・デンホップ・フライヘル・クラフト	プロシア	
明治17年 4 月25日	勲1等	グラフ・フォン・オイレンボルグ	プロシア	
明治18年 6 月 5 日	勲1等	ブロンサールト・パウル・フォン・シェーレンドルフ	プロシア	

明治19年３月27日	勲1等	ハインリヒ・フリードベルグ	プロシア	
明治19年７月16日	勲1等	テオドール・フラン・ホルレーベン	プロシア	
明治19年10月19日	勲1等	フリードリヒグ・ラフ・ベルボンシュゼドルニッキー	プロシア	
明治20年３月28日	勲1等	ル・コント・ド・カニッツ	プロシア	
明治20年７月１日	勲1等	ゲオルグレオ・フォン・カプリウィー	プロシア	
明治20年９月24日	勲1等	ヘルベルト・フォン・ビスマルク・ショインハウゼン	プロシア	
明治20年10月４日	勲1等	マキシミリアン・フォン・ベルシェム	プロシア	
明治12年12月13日	勲1等	ドクトル・ギュスターウ・フォン・ゴスレル	プロシア	
明治21年３月９日	勲1等	カール・エドワルド・フォン・スチュンツネル	プロシア	
明治21年３月15日	勲1等	マキシミリアン・ネッセル・ローデペレスホーベン	プロシア	
明治21年３月15日	勲1等	フェラルドル・フォン・ラウフ	プロシア	
明治21年９月14日	勲1等	アレキサンドル・フォン・バーブ	プロシア	
明治21年９月14日	勲1等	ウイルヘルム・フォン・ハンケ	プロシア	
明治23年３月19日	勲1等	カール・ハインリヒ・フォン・プヨッチヘル	プロシア	
明治23年３月19日	勲1等	ルードウィヒ・ヘルフウルト	プロシア	
明治23年３月19日	勲1等	アドリアン・フリードリヒ・ヂュウエルノワ	プロシア	
明治23年11月21日	勲1等	エドワルド・フォン・リーベナウ	プロシア	
明治12年６月10日	勲2等	アルヒブハールト・マクレン	プロシア	
明治13年５月７日	勲2等	ボーグン・フォン・ウアンゲンハイム	プロシア	
明治13年５月７日	勲2等	フォン・リンケル	プロシア	
明治13年５月７日	勲2等	フォン・ラアトウイッツ	プロシア	
明治13年５月７日	勲2等	ケッスレル	プロシア	
明治13年５月７日	勲2等	エンゲルハルト	プロシア	
明治14年３月10日	勲2等	アルフレッド・クルップ	プロシア	
明治15年３月９日	勲2等	イルリング	プロシア	
明治15年３月９日	勲2等	スタールク	プロシア	
明治15年３月９日	勲2等	ルードルフ・グナイスト	プロシア	
明治15年３月９日	勲2等	アエフ・ベルネル	プロシア	
明治15年６月17日	勲2等	チイドマン	プロシア	
明治15年６月17日	勲2等	ライヒヤルド	プロシア	
明治15年６月17日	勲2等	フォン・クセロー	プロシア	
明治16年６月22日	勲2等	マキシミリアン・フォン・ユゼドーム	プロシア	
明治16年12月10日	勲2等	フォン・クレール	プロシア	
明治18年６月５日	勲2等	ハインリヒ・フォン・ヴォトケ	プロシア	
明治18年６月５日	勲2等	ハインリヒ・フォン・ハインツエ	プロシア	
明治18年６月５日	勲2等	カール・フォン・ワィンナール	プロシア	
明治18年６月５日	勲2等	ドクトル・ヘルマン・ロエスレル	プロシア	
明治18年６月５日	勲2等	エ・ヅアッベ	プロシア	
明治18年７月15日	勲2等	アドルフ・ザクセ	プロシア	
明治18年７月15日	勲2等	ドクトル・パウル・デヴィット・フヒシェル	プロシア	
明治18年９月15日	勲2等	ルドルフ・シェリング	プロシア	
明治19年４月20日	勲2等	ドクトル・ローテンブルグ	プロシア	
明治19年４月20日	勲2等	ヨハン・ウィルヘルム・ルードルフ・ハーケ	プロシア	
明治19年８月23日	勲2等	ドクトル・フォン・コーレル	プロシア	
明治19年10月28日	勲2等	カール・パーシェン	プロシア	
明治20年５月３日	勲2等	バロン・フォン・ニッキシュ・ローゼネク	プロシア	
明治20年７月１日	勲2等	エルンスト・ルードウィグ・ヘルフルト	プロシア	

明治20年７月１日	勲2等	カール・アウグスト・ウィルヘルム・ネーフェ	プロシア	
明治20年７月１日	勲2等	ベルンハルド・フォン・リヒーホーベン	プロシア	
明治20年７月１日	勲2等	レオンハルド・フライヘル・フォン・ロンベルグ	プロシア	
明治20年10月４日	勲2等	ドクトル・ルードルフ・リンダウ	プロシア	
明治20年10月４日	勲2等	ゲオルグ・ホンベルト	プロシア	
明治20年12月13日	勲2等	ハンス・フォン・ベルレプシュ	プロシア	
明治21年３月９日	勲2等	ニコラス・アロイス・マンド	プロシア	
明治21年３月９日	勲2等	フランツ・ゲオルグ・フォン・ルックワルド	プロシア	
明治21年９月14日	勲2等	ポール・フォン・クロップ	プロシア	
明治21年９月14日	勲2等	アルベルト・フォン・ホルレーベン	プロシア	
明治21年９月14日	勲2等	ウィルヘルム・フォン・プルーメ	プロシア	
明治23年３月13日	勲2等	ドクトル・オト・フォン・ミュールベルヒ	プロシア	
明治24年７月24日	勲2等	ア・デ・ウアイスフーン	プロシア	
明治24年９月14日	勲2等	ルードルフ・シェフレル	プロシア	
明治12年６月10日	勲3等	ハンス・ケステル	プロシア	
明治12年６月10日	勲3等	フライヘールン・アルベルト・フォン・シェケンドルフ	プロシア	
明治12年６月10日	勲3等	バロン・フェリクス・フォン・グードシュミット	プロシア	
明治13年５月７日	勲3等	エンゲルハルト	プロシア	
明治13年５月７日	勲3等	ゲールツ	プロシア	
明治13年５月７日	勲3等	バウマン	プロシア	
明治13年５月７日	勲3等	フォン・デル・ミュルベ	プロシア	
明治13年５月７日	勲3等	エバルト	プロシア	
明治13年５月７日	勲3等	フォン・ポテウィルス	プロシア	
明治13年５月７日	勲3等	フォン・フュイルラウメ	プロシア	
明治13年５月７日	勲3等	フォン・アルテン	プロシア	
明治13年５月７日	勲3等	フォン・ライトホルド	プロシア	
明治13年５月７日	勲3等	イーエンス	プロシア	
明治14年10月４日	勲3等	ミッヒェル・マルティン・ベェヤ	プロシア	
明治15年３月９日	勲3等	ニューハウス	プロシア	
明治15年12月21日	勲3等	フライヘル・フォン・ツェドヴィチ	プロシア	
明治16年６月22日	勲3等	ヌウキルシエンジ・エレナ・フォン・ニュウエンヘイム	プロシア	
明治16年６月22日	勲3等	フォン・ペテルスドルフ	プロシア	
明治16年12月10日	勲3等	シュライベル	プロシア	
明治16年12月10日	勲3等	カウベルト	プロシア	
明治16年12月10日	勲3等	スタインハウゼン	プロシア	
明治17年２月14日	勲3等	フェードルフ・フォン・ブロドブスキー	プロシア	
明治17年２月14日	勲3等	フォルラッド・シュブカー	プロシア	
明治17年２月14日	勲3等	ベルンハルド・モルスパフ	プロシア	
明治18年６月５日	勲3等	エミル・マイリック	プロシア	
明治18年６月５日	勲3等	トール・フォン・クリンコウストローム	プロシア	
明治18年６月５日	勲3等	パウル・フォン・エルボンス	プロシア	
明治18年７月15日	勲3等	ブルウノー・フリッチェ	プロシア	
明治19年２月13日	勲3等	ドクトル・ジェージェー・オイン	プロシア	
明治19年10月19日	勲3等	アイゲン・フォン・リョーデル	プロシア	
明治19年10月28日	勲3等	ヘルマン・テヒョー	プロシア	
明治19年12月28日	勲3等	クレメノー・ウィルヘルム・ヤーコツブ・メッケル	プロシア	瑞2
明治20年３月17日	勲3等	イユリウス・オスワルド・フォン・チルシュニッツ	プロシア	

明治20年３月17日	勲3等	カール・ルードルフ	プロシア	
明治20年６月３日	勲3等	カール・ツー・オイレンボルブ	プロシア	
明治20年６月20日	勲3等	アウグスト・オスカル・エドウィン・イルグネル	プロシア	
明治20年７月１日	勲3等	エルンスト・オトエグオン・ゼンデン・ビブラン	プロシア	
明治20年７月１日	勲3等	オットカール・アントン・ブリードハイム	プロシア	
明治20年７月１日	勲3等	フォン・ビュックレル	プロシア	
明治20年７月１日	勲3等	フゴ・フライヘル・フォン・ライシャハ	プロシア	
明治20年10月４日	勲3等	ルードヴィッグ・ラシュダウ	プロシア	
明治20年12月13日	勲3等	ドクトル・アドルフ・クリックス	プロシア	
明治21年３月15日	勲3等	ハンス・シリッペン・バッハ	プロシア	
明治21年８月１日	勲3等	ハインリヒ・フリードリヒ・カルル・スチルヒ	プロシア	
明治21年９月14日	勲3等	ルウドウィッヒ・フォン・ファルケンハウゼン	プロシア	
明治21年10月５日	勲3等	ヘルマン・レオポルト・ブランケンブルヒ	プロシア	
明治21年12月28日	勲3等	アルベルト・モッセ	プロシア	
明治22年１月20日	勲3等	ヘルマン・ミュレル	プロシア	
明治22年２月27日	勲3等	カール・フォン・ド・ヨルンベルグ	プロシア	
明治22年８月19日	勲3等	レギールン・グスラート・ゴットフリートシュミット	プロシア	
明治22年12月６日	勲3等	ハインリヒ・エミン・フォン・ウィルデンブルヒ	プロシア	
明治23年10月７日	勲3等	オットー・ルードルフ	プロシア	
明治23年10月９日	勲3等	ローベルト・ヒューデグレー	プロシア	
明治24年２月27日	勲3等	ウィルヘルム・ディクソン・フォン・クライスト	プロシア	
明治24年６月30日	勲3等	ハーベリング	プロシア	
明治24年７月24日	勲3等	フォン・フヒンク	プロシア	
明治24年７月24日	勲3等	ペルテス	プロシア	
明治10年７月２日	勲4等	ドクトル・レオポルド・ミュレル	プロシア	
明治12年６月10日	勲4等	ドクトル・ルードルフ・ブラオン	プロシア	
明治13年５月７日	勲4等	フォン・ローゼンベルグ	プロシア	
明治13年５月７日	勲4等	ポヒハムメル	プロシア	
明治13年５月７日	勲4等	スリーテルマン・フォン・ランゲワイデ	プロシア	
明治13年５月７日	勲4等	カウフマン	プロシア	
明治13年５月７日	勲4等	アマン	プロシア	
明治14年４月18日	勲4等	ドクトル・エミール・ウィルヘルム・シュルツ	プロシア	
明治15年３月９日	勲4等	ヘルマン・グールゾン	プロシア	
明治15年８月７日	勲4等	エフ・キリーン	プロシア	
明治15年９月21日	勲4等	パウル・マイエット	プロシア	
明治16年５月26日	勲4等	ヘルマン・グッチョウ	プロシア	
明治16年６月１日	勲4等	ドクトル・エルウィン・オット・エドワルド・ベルツ	プロシア	
明治16年９月26日	勲4等	グラフ・フォン・シーエルストルプフ	プロシア	
明治16年９月26日	勲4等	バロン・フォン・チーレ	プロシア	
明治16年12月10日	勲4等	エル・フールト	プロシア	
明治16年12月10日	勲4等	ハンス・フォン・プラーデン	プロシア	
明治16年12月10日	勲4等	アルフレッド・フォン・レースラル	プロシア	
明治17年３月18日	勲4等	ヘヤマン・フォン・シュミット	プロシア	
明治17年11月29日	勲4等	ベルハルト・シュミッド	プロシア	
明治17年12月27日	勲4等	ブロヘエッソル・ウ・デーニッツ	プロシア	
明治18年２月３日	勲4等	エルンスト・ティーゲル	プロシア	
明治18年２月３日	勲4等	アレキサンドル・ランガルト	プロシア	

明治18年６月１日	勲4等	クルト・ネットー	プロシア	
明治18年６月５日	勲4等	カール・フォン・リットベルヒ	プロシア	
明治18年６月５日	勲4等	フリードリヒ・スプチンゲル	プロシア	
明治18年６月５日	勲4等	アルマンド・レオン・フォン・アルデンネ	プロシア	
明治18年６月５日	勲4等	ドクトル・ゲオルグ・キョルチング	プロシア	
明治18年６月５日	勲4等	ハインリヒ・ジー・クマン	プロシア	
明治18年９月15日	勲4等	マキー・フィスセル	プロシア	
明治18年９月15日	勲4等	フォンコロム	プロシア	
明治19年３月27日	勲4等	マクスシュルツェレ・スタイン	プロシア	
明治19年７月９日	勲4等	ドクトル・エドモンド・ナウマン	プロシア	
明治19年10月19日	勲4等	カール・ウヲルフソン	プロシア	
明治19年10月28日	勲4等	ルイ・ステルマン	プロシア	
明治20年３月17日	勲4等	ルードウィギ・フィリップ・ウィットメル	プロシア	
明治20年３月17日	勲4等	ドクトル・パウル・エルドマン・キョーグレル	プロシア	
明治20年４月１日	勲4等	ヨセフ・デイスセ	プロシア	
明治20年７月１日	勲4等	エルンスト・ベベレヒト・スツーベンラウフ	プロシア	
明治20年７月１日	勲4等	ハンス・フリチェ	プロシア	
明治20年９月30日	勲4等	ドクトル・マキスフェスカ	プロシア	
明治20年９月30日	勲4等	ヨハネス・ルードウィヒ・ヤンソン	プロシア	
明治20年９月30日	勲4等	ドクトル・オスカル・ケルネル	プロシア	
明治20年10月14日	勲4等	エデュワルド・ルース	プロシア	
明治20年10月14日	勲4等	ハインリヒ・フリードリヒ・テオドール・ワルマン	プロシア	
明治20年12月25日	勲4等	オット・プロイヘル	プロシア	
明治21年１月６日	勲4等	ドクトル・エミル・オスカル・シャイベ	プロシア	
明治21年２月18日	勲4等	キュルト・フォン・バイエルン	プロシア	
明治21年２月18日	勲4等	ワルテル・フォン・エッゼル	プロシア	
明治21年３月９日	勲4等	オット・ジュ・フェー	プロシア	
明治21年３月15日	勲4等	フォン・コンラードブルヒヘル	プロシア	
明治21年３月15日	勲4等	ハレー・ミュレル	プロシア	
明治21年３月15日	勲4等	エルヴィン・テルフェルド	プロシア	
明治21年３月24日	勲4等	エルウィシ・ルウドルフ・テオバルドクニッピング	プロシア	瑞3
明治21年５月18日	勲4等	ジュリウス・スクリッバ	プロシア	
明治21年12月15日	勲4等	ヘルムード・フォン・ヤスムンド	プロシア	
明治22年１月20日	勲4等	ドクトル・パウル・ダウデ	プロシア	
明治22年12月13日	勲4等	ハインリヒ・フリードリヒ・ウィルヘルム・ヘーン	プロシア	瑞3
明治23年５月20日	勲4等	ドクトル・カール・ラートゲン	プロシア	
明治23年７月28日	勲4等	カール・アウグスト・ロベルト・リプケ	プロシア	
明治24年２月27日	勲4等	フォン・アモン	プロシア	
明治24年２月27日	勲4等	ヤコブ・キヨック	プロシア	
明治24年６月１日	勲4等	ヘルマン・エンゲ	プロシア	
明治24年６月１日	勲4等	ウィルヘルム・プヨックマン	プロシア	
明治24年６月30日	勲4等	ペセレル	プロシア	
明治24年６月30日	勲4等	フォン・ステッテン	プロシア	
明治24年６月30日	勲4等	ライヘン・バッハ	プロシア	
明治24年６月30日	勲4等	ヂークマン	プロシア	
明治24年６月30日	勲4等	フォン・マイゼンブク	プロシア	
明治24年７月24日	勲4等	フォン・ホルヴェーデ	プロシア	

明治24年７月24日	勲4等	フォン・デル・ミュルベ	プロシア	
明治24年９月14日	勲4等	ハ・シュルッエ	プロシア	
明治13年５月７日	勲5等	フライヘル・フォン・カーゲネック	プロシア	
明治14年10月14日	勲5等	ルードビシ・フォン・サンゼン・フォンデルオステン	プロシア	
明治15年12月22日	勲5等	ジョセフ・ザッペ	プロシア	
明治16年12月28日	勲5等	カール・ヤウス	プロシア	
明治17年７月５日	勲5等	オスカル・コルシュルト	プロシア	
明治17年８月26日	勲5等	アレキサンドル・フォン・クノブロッヒ・リンケーネン	プロシア	
明治18年２月３日	勲5等	レオポルド・シェンデル	プロシア	
明治18年２月３日	勲5等	ルードルフ・ランゲ	プロシア	
明治18年６月５日	勲5等	カール・フォン・ホルン	プロシア	
明治18年６月５日	勲5等	エドワルド・フォン・ロホウ	プロシア	
明治18年６月５日	勲5等	フリードリヒ・フォン・ブユツデンブロッグ	プロシア	
明治19年４月20日	勲5等	リシャルド・カルル・マリヤ・リンツ	プロシア	
明治19年４月20日	勲5等	アレキサンドル・ルードルフ・ニクラス	プロシア	
明治20年７月14日	勲5等	オット・フォン・アイセン・ハルト・ローテ	プロシア	
明治20年９月８日	勲5等	ルドルフ・レエマン	プロシア	
明治20年12月28日	勲5等	ゲオルグ・ハインリヒ・ウィルヘルム・ハイゼー	プロシア	
明治21年２月18日	勲5等	ギュスタウ・フォン・アルニーム	プロシア	
明治21年２月18日	勲5等	オスカル・フォン・シュリウス	プロシア	
明治21年６月１日	勲5等	フリッツ・フォン・ツアンデル	プロシア	
明治21年９月14日	勲5等	アルベルト・クリュウゲル	プロシア	
明治22年９月11日	勲5等	ドクトル・ゲオルヒ・ミハエリス	プロシア	
明治22年12月10日	勲5等	マルタン・プチャルド	プロシア	
明治23年11月21日	勲5等	アドルフ・ユリウス・ツエザール・ステーヒ・ミュレル	プロシア	
明治24年12月28日	勲5等	オスカール・チーツエ	プロシア	
明治16年６月22日	勲6等	ホイセルマン	プロシア	
明治16年12月28日	勲6等	フランツ・エッケルト	プロシア	
明治16年12月28日	勲6等	フリードリヒ・エーンルト	プロシア	
明治20年３月31日	勲6等	エミール・ロベルト・フィガセウスキー	プロシア	
明治23年３月19日	瑞1等	アルベルト・エルドマン・フォン・レウェツオー	プロシア	
明治22年３月６日	瑞2等	オットマール・ウィルヘルム・ヤーコブ・メッケル	プロシア	旭3
明治22年４月８日	瑞2等	ルードヴィッヒ・ワイツエン・エッゲル	プロシア	
明治22年４月８日	瑞3等	ベアト・フォン・ボリーヨー	プロシア	
明治23年３月19日	瑞3等	フリードリヒ・カール・ハウス	プロシア	
明治23年３月19日	瑞3等	アウグスト・クライン・シュミット	プロシア	
明治23年３月19日	瑞3等	ドクトル・ベルンハルト・ヨーゼフ・ダンケルマン	プロシア	
明治23年３月19日	瑞3等	アルベルト・ゲデイケ	プロシア	
明治23年３月19日	瑞3等	ドクトル・マックス・リンデイヒ	プロシア	
明治23年10月９日	瑞3等	フゴ・フォン・リヒトホーヘン	プロシア	
明治23年11月21日	瑞3等	ウィルヘルム・ゲオルグ・フォン・アレルス	プロシア	
明治23年12月22日	瑞3等	カール・オスカル・ボーツ	プロシア	
明治23年12月22日	瑞3等	オット・ボーレンツ	プロシア	
明治24年３月６日	瑞3等	ハインリヒ・フリードリヒ・ウィルヘルム・ヘーン	プロシア	旭4
明治24年３月18日	瑞3等	ドクトル・リヒャード・フォン・カウフマン	プロシア	
明治24年３月30日	瑞3等	エルウィン・ルドルフ・テオバルド・クニッピング	プロシア	旭4
明治24年４月１日	瑞3等	パウル・マイエット	プロシア	旭4

明治24年６月30日	瑞3等	エベリング	プロシア	
明治22年４月８日	瑞4等	マクス・フォン・ローゼンベルヒ	プロシア	
明治22年４月８日	瑞4等	ドクトル・ルードルフ・ケヨーレル	プロシア	
明治22年４月８日	瑞4等	ドクトル・ヨハネス・エレチ	プロシア	
明治23年３月19日	瑞4等	グスタフ・ボルハルト	プロシア	
明治23年10月９日	瑞4等	アレキサンドル・カアルペトル・スタイン・マイステル	プロシア	
明治23年11月21日	瑞4等	カアル・クレジマン	プロシア	
明治24年３月18日	瑞4等	ウイルヘルム・ウィンゲル	プロシア	
明治24年６月30日	瑞4等	フォン・ライプニッツ	プロシア	
明治24年６月30日	瑞4等	フォン・プラーテン	プロシア	
明治24年６月30日	瑞4等	フォン・シムメルマン	プロシア	
明治24年６月30日	瑞4等	レーテル	プロシア	
明治22年４月８日	瑞5等	オスカル・フォン・ワルデンベルヒ	プロシア	
明治23年３月19日	瑞5等	カール・ウィルヘルム・ヘルマン・ボッデイン	プロシア	
明治23年３月19日	瑞5等	ゲオルグ・ダビッド・ポドラッツ	プロシア	
明治23年７月28日	瑞5等	エミール・ギョルケ	プロシア	
明治23年７月28日	瑞5等	グスタフ・アドルフ・エミル・ワープネル	プロシア	
明治24年４月27日	瑞5等	アダルベルト・ポウル・レインハルト・ステヒョウ	プロシア	
明治24年９月14日	瑞5等	カールバルト	プロシア	
明治24年９月14日	瑞5等	エードワルド・ロスブンド	プロシア	
明治21年６月26日	大勲位菊花	アプジュル・ハミッドカン　皇帝	トルコ	
明治15年11月27日	勲1等	サイド・パシャ	トルコ	
明治15年11月27日	勲1等	シャキール・パシャ	トルコ	
明治20年９月７日	勲1等	サイド・パシャ	トルコ	
明治20年９月30日	勲1等	ウエリー・リザ・パシャ	トルコ	
明治21年３月15日	勲1等	キアミール・パシャ	トルコ	
明治21年３月15日	勲1等	ミュニール・パシャ	トルコ	
明治17年８月27日	勲2等	ニシヤン・エフエンジー	トルコ	
明治21年３月15日	勲2等	イブラヒム・ベー	トルコ	
明治21年３月15日	勲2等	ガリーブ・ベー	トルコ	
明治21年３月15日	勲2等	ハッキー・パシャ	トルコ	瑞1
明治17年８月27日	勲3等	ベアラム・エフエンジー	トルコ	
明治20年９月７日	勲3等	セフイク・ベー	トルコ	
明治20年９月７日	勲3等	ミカエル・エフエンジー・ギュルラビヤン	トルコ	
明治21年３月15日	勲3等	オスマン・ベー	トルコ	
明治21年３月15日	勲3等	オハン・バグダドリアン・エフエンジー	トルコ	
明治24年６月１日	勲3等	エー・リザベー	トルコ	
明治15年11月27日	勲4等	ハクキー・ベー	トルコ	
明治21年３月15日	勲4等	ネシーム・エフェンジー	トルコ	
明治21年３月15日	勲4等	キアミール・エフエンジー	トルコ	
明治23年10月９日	勲4等	メーメッド・ファイクベー	トルコ	
明治21年３月15日	勲5等	チャブーシュ・アメッド・アガー	トルコ	
明治21年３月15日	勲5等	ミュスタファ・エフエンジー	トルコ	
明治21年３月15日	勲5等	メヘメド・アリー・カプーダン	トルコ	
明治24年６月１日	瑞1等	ハッキー・パシャ	トルコ	旭2
明治23年10月９日	瑞2等	バンジリ・スベー	トルコ	
明治23年７月17日	瑞3等	アール・メヘメッド・ベー	トルコ	

明治24年5月27日	瑞3等	メーメッド・ムーラベー	トルコ	
明治24年6月1日	瑞3等	エッチ・サルメッド・エッフェンジー	トルコ	
明治24年6月1日	瑞3等	ネッシム・エッフェンジー	トルコ	
明治24年6月1日	瑞4等	エム・ガーリブ・エッフェンジー	トルコ	
明治24年6月1日	瑞4等	エム・ジア・エッフェンジー	トルコ	
明治24年6月1日	瑞4等	アーメッド・アガー	トルコ	
明治24年6月1日	瑞4等	メーメッド	トルコ	
明治24年6月1日	瑞5等	メーメッド・アリー	トルコ	
明治13年5月7日	大勲位菊花	フランツ・ジョウゼフ　皇帝	オーストリー	
明治21年7月11日	大勲位菊花	レオポルド・フェデイナンド	オーストリー	
明治22年6月26日	勲1等桐花	ハンリード・ブウルボン・コント・ドバルジ	オーストリー	
明治13年6月7日	勲1等	ヒルストツーホヘンローヘ・シルリングスヒルスト	オーストリー	
明治13年6月7日	勲1等	ウィルヘルム・バロン・フォン・シワルセンボルン	オーストリー	
明治13年6月7日	勲1等	ユリウス・ガラフ・アンドラシー	オーストリー	
明治13年6月7日	勲1等	ドクトル・アントン・バンハンス	オーストリー	
明治13年6月7日	勲1等	マキシミリアン・バロン・フォン・ガーゲルン	オーストリー	
明治13年6月7日	勲1等	ベラ・バロン・フォン・オルクチー	オーストリー	
明治13年6月7日	勲1等	ハインリッヒ・バロン・フォン・カリッチ	オーストリー	
明治13年6月7日	勲1等	ヨーゼフ・バロン・フォン・シウィーゲル	オーストリー	
明治17年4月25日	勲1等	ギュスタブ・カルノキードキヨリヨス・パタック	オーストリー	
明治18年4月13日	勲1等	コント・アルトノル・ビラン・ド・ドライト	オーストリー	
明治18年4月13日	勲1等	カール・ウィクトル・カラフ・グレベニッツ	オーストリー	
明治18年7月13日	勲1等	パウル・ツエヘニー・ウント・フエルスヨヴィデック	オーストリー	
明治18年9月12日	勲1等	ラジスラウス・シェジエニー・ツオル・ジエキヤッア	オーストリー	
明治20年4月20日	勲1等	シャアル・ザルスキー	オーストリー	
明治21年3月15日	勲1等	コロマン・フンニヤジー・ド・ケテリー	オーストリー	
明治22年5月17日	勲1等	ヨハン・リッテル・フォン・クルメッキー	オーストリー	
明治22年11月15日	勲1等	エドアルド・ターフェー	オーストリー	
明治22年11月15日	勲1等	フェルヂナンド・フォン・バウア	オーストリー	
明治22年11月15日	勲1等	マキシミリアン・ダヴブルブスキー・エーレンスタイン	オーストリー	
明治24年5月1日	勲1等	エドアルド・バール	オーストリー	
明治14年12月28日	勲2等	マキシミリアン・ホッフェル・フォン・ホッヘンヘルス	オーストリー	
明治16年6月22日	勲2等	ラ・デイスロウ・グラフ・フォン・ホヨス	オーストリー	
明治18年4月13日	勲2等	オト・バロン・ワルテルスキルヒン	オーストリー	
明治20年4月20日	勲2等	シャール・シュエリエー・クリッカ・ド・ヤーデン	オーストリー	
明治21年3月15日	勲2等	リッテル・フォン・テオドル・ウェステル・ヤーデン	オーストリー	
明治21年7月13日	勲2等	エミール・エードレル・フォン・ボールゲムート	オーストリー	
明治22年11月15日	勲2等	ルドルフ・リッテル・フォン・メルケル	オーストリー	
明治13年6月7日	勲3等	アドルフ・フォン・プラーソン	オーストリー	
明治15年8月4日	勲3等	アレキサンドル・バロン・フォン・シーボルト	オーストリー	
明治15年8月4日	勲3等	ハインリヒ・フォン・シーボルト	オーストリー	
明治16年6月22日	勲3等	ウィルヘルム・フレイヘル・フォン・ジェノット	オーストリー	
明治18年4月13日	勲3等	オット・リッテル・フォン・ポール	オーストリー	
明治18年4月13日	勲3等	アレキサンドル・シュバリエー・ドホルド	オーストリー	
明治18年4月13日	勲3等	テオドール・フォン・エルツ	オーストリー	
明治18年4月13日	勲3等	シャール・シュエリエー・ド・シェルテル	オーストリー	
明治18年4月13日	勲3等	オト・バロン・フォン・ガーゲルン	オーストリー	

明治18年４月13日	勲3等	マキシミリアン・バロン・ウルムエルバラ	オーストリー	
明治18年７月13日	勲3等	ペド・ヨー・フォン・カルノック・アルベルト	オーストリー	
明治21年３月15日	勲3等	カール・ラウフ	オーストリー	
明治21年３月15日	勲3等	ジョーゼフ・アワー	オーストリー	
明治21年３月15日	勲3等	アントン・ローヴ	オーストリー	
明治21年７月13日	勲3等	レオポルド・リッテル・フォン・アジナ	オーストリー	
明治22年７月１日	勲3等	ハンリールケシ・パリーデブランスト・カンポフランコ	オーストリー	
明治22年７月１日	勲3等	アレキサンドル・ジレリダルウェルム	オーストリー	
明治24年５月１日	勲3等	ルードルフ・フォン・リリーエンナウ	オーストリー	
明治11年６月28日	勲4等	ドクトル・アン・ヒロソヒ・ヂ・ワグネル	オーストリー	
明治15年12月20日	勲4等	ジョーセフ・ハース	オーストリー	
明治17年６月４日	勲4等	ドクトル・サロモン・マイエル	オーストリー	
明治18年４月13日	勲4等	アントン・ライヒ	オーストリー	瑞3
明治18年４月13日	勲4等	グスタフ・バロン・グモーエレス	オーストリー	
明治18年４月13日	勲4等	イユリユス・ベック	オーストリー	
明治20年４月20日	勲4等	オーギュスト・コンセイエ・ド・レジアンス・ラウシェル	オーストリー	
明治20年10月14日	勲4等	デル・アダミ・ゲツア	オーストリー	
明治20年10月14日	勲4等	アウグスト・ブコウィヒ	オーストリー	
明治20年10月14日	勲4等	アルチュール・フォン・スカラ	オーストリー	
明治20年10月14日	勲4等	ドクトル・カルル・フォン・ルツオー	オーストリー	
明治21年３月15日	勲4等	フォン・ミケエル・ウオルフ・ウオンフェンベルヒ	オーストリー	
明治21年７月13日	勲4等	エミール・ヘルマン	オーストリー	
明治21年７月13日	勲4等	マクス・フォン・ビシンゲン・ニッペシボルグ	オーストリー	
明治21年７月13日	勲4等	ドクトル・アレキシス・ウーリック	オーストリー	
明治11年６月28日	勲5等	ゲーアグレー・ウィイン	オーストリー	
明治15年８月７日	勲5等	ドクトル・アルベルト・フォン・ローレツ	オーストリー	
明治15年９月６日	勲5等	アルベルト・フォン・アマダイ	オーストリー	
明治17年12月１日	勲5等	ゲオルグ・ヒュッテロット	オーストリー	
明治18年４月13日	勲5等	ラインハルド・バロン・ド・ビブラ	オーストリー	
明治18年４月13日	勲5等	シュワリエー・アンベリアール・カルル・アッペル	オーストリー	
明治18年４月13日	勲5等	ハインリヒ・リッテル・フォンリヨー・ベンスタイン	オーストリー	
明治18年４月13日	勲5等	フリードリヒ・ハイエル・フォン・ローセンフェルド	オーストリー	
明治20年４月20日	勲5等	ジョーゼフ・ウィスロージル	オーストリー	
明治18年４月13日	勲6等	コナイ・ホワット・エノヨ	オーストリー	
明治18年４月13日	勲6等	エルネスト・ド・ウェーベル・エーベンホーフ	オーストリー	
明治18年４月13日	勲6等	ジョルジ・フォン・ハウセル	オーストリー	
明治18年７月13日	勲6等	ラボタ・アルベルト・フォン・イツエフッルウワ	オーストリー	
明治18年４月13日	勲7等	パウル・グレジッツチ	オーストリー	
明治21年７月25日	勲7等	バルトロマユス・シビオ	オーストリー	
明治22年４月15日	瑞1等	カルル・ホーヘン・ウアルド・グルラフ・スタイン	オーストリー	
明治22年４月15日	瑞2等	カルル・リッテル・フォン・ツウエルフ	オーストリー	
明治24年５月９日	瑞2等	アロイス・ホルプ	オーストリー	
明治24年12月16日	瑞2等	ヨハン・カルル・リッテル・フォン・ラベントラウト	オーストリー	
明治21年12月28日	瑞3等	アレキサンドル・ウィルヘルミ	オーストリー	
明治22年４月15日	瑞3等	イヨゼフ・プロッシェ	オーストリー	
明治22年７月１日	瑞3等	デットレブ・ド・ハイドブランド・エドラーザ	オーストリー	
明治22年11月15日	瑞3等	エリッヒ・キールマン・セッグ	オーストリー	

明治23年７月17日	瑞3等	アウグスト・マウネル・フォン・シュロフェネッグ	オーストリー	
明治23年７月17日	瑞3等	ハイリヒ・ブルーメン・ストク	オーストリー	
明治23年10月９日	瑞3等	アントン・ライヒ	オーストリー	旭4
明治23年10月31日	瑞3等	パウル・サビア	オーストリー	
明治24年３月５日	瑞3等	クラウジュス・アレキサンデル・クラウジー	オーストリー	
明治24年５月９日	瑞3等	カルル・トラアペル	オーストリー	
明治22年４月15日	瑞4等	フランツ・ライフェル	オーストリー	
明治24年３月５日	瑞4等	リハルド・バロン・バソ・フォン・ギョルデルラノイ	オーストリー	
明治24年３月５日	瑞4等	アドルフ・ポフリック・フォン・ボルトワ	オーストリー	
明治22年４月15日	瑞5等	イヨゼフ・シュヨーニヒ	オーストリー	
明治23年10月９日	瑞5等	ヨセブ・フェルト	オーストリー	
明治14年２月12日	勲1等	ル・バロン・ファン・リンデン・フッンサンデンブルグ	オランダ	
明治14年11月19日	勲1等	シュバリエー・ド・ガーゼンブロート	オランダ	
明治23年７月17日	勲1等	エルジスキーメル・ペンニックファンノイエン・ハウス	オランダ	
明治24年６月18日	勲1等	ヨンクヘール・ド・ルイスフワン・ベーレンリヨーク	オランダ	
明治14年２月12日	勲2等	ア・ファン・テツ	オランダ	
明治14年11月19日	勲2等	ユジエン・シルケン	オランダ	
明治15年３月28日	勲2等	ファン・ウエッケルリン	オランダ	
明治12年12月27日	勲4等	ポンペ・ファン・メールデル・フォールト	オランダ	
明治13年６月15日	勲4等	ファン・ドーレン	オランダ	
明治15年８月４日	勲4等	レンセラール・ボウィール	オランダ	
明治16年８月14日	勲4等	アントニー・ヨハンネス・コルネリス・ゲールツ	オランダ	
明治18年９月５日	勲4等	ヨハン・フリーデリック・エイキマン	オランダ	
明治19年１月27日	勲4等	ウアン・スケルムベーク	オランダ	
明治19年11月30日	勲4等	ドクトル・ゼ・ゲ・フォン・マンスフェルト	オランダ	
明治21年１月21日	勲4等	ドクトル・ッヤルコ・ウィーベンガベウケマ	オランダ	
明治15年８月４日	勲5等	ビッチ・ブリュフ	オランダ	
明治18年６月１日	勲5等	エスペー・メスリッス	オランダ	
明治23年７月17日	瑞1等	ベオテ・アシ・ウエステンベルグ	オランダ	
明治23年７月17日	瑞2等	オデ・ファン・デルスタールファン・ビルシイル	オランダ	
明治23年７月17日	瑞3等	イド・ローユ・ファン・ゾイド・ワイン	オランダ	
明治21年１月15日	瑞4等	アテー・エル・ルーエン・ホルスト・ムルドン	オランダ	
明治21年１月15日	瑞4等	ヨハネス・デレーケ	オランダ	
明治22年７月17日	瑞5等	ヨングヘール・メーストル・エハ・ファンシーノ	オランダ	
明治19年９月20日	大勲位菊花	プリンス・オブ・ウェールズ　皇太子	イギリス	
明治23年５月８日	大勲位菊花	プランス・アルツール・ヂューク・ド・カノート	イギリス	
明治23年５月８日	宝冠1等	プランセスルイズ・マルゲリット・ヂュセスド・カンート	イギリス	
明治15年10月24日	勲3等	ヘンリー・ダイエ	イギリス	
明治16年４月13日	勲3等	ウィリアム・ウオルタ・カーギル	イギリス	
明治16年４月13日	勲3等	ウィリアム・ポール	イギリス	
明治18年７月13日	勲3等	アルベルト・リチャルド・ブラウン	イギリス	
明治19年11月30日	勲3等	ドクトル・エドワルド・ダイバース	イギリス	
明治20年６月３日	勲3等	ジョン・マシウス・ジェームス	イギリス	
明治20年９月24日	勲3等	ジョン・フレデリッキ・ヲウダー	イギリス	
明治20年11月２日	勲3等	エイチ・スペンサル・パルマル	イギリス	
明治20年11月２日	勲3等	ペルシヴハル・ヲスボルン	イギリス	
明治21年10月５日	勲3等	ウィルリヤム・ゴウランド	イギリス	

明治23年12月９日	勲3等	モンテーグ・カークウッド	イギリス	
明治10年12月25日	勲4等	フレデリッキ・マルシャム	イギリス	
明治16年４月13日	勲4等	アサア・スタンホープ・オールドリッチ	イギリス	瑞3
明治16年４月13日	勲4等	ウィリアム・ヘンリー・ストーン	イギリス	
明治16年10月19日	勲4等	ロベルト・マクラガン	イギリス	
明治16年12月28日	勲4等	アルベルト・ジョルヂ・シドニーホウス	イギリス	
明治17年４月22日	勲4等	ジョーシャ・コンドル	イギリス	
明治17年10月27日	勲4等	フランク・ロベルト・ストリー	イギリス	
明治19年11月30日	勲4等	ロベルト・ヘンリー・スミス	イギリス	
明治20年３月８日	勲4等	ウオルトル・フインチ・ページ	イギリス	
明治21年４月16日	勲4等	トーマス・エッチ・ゼームス	イギリス	
明治21年５月18日	勲4等	トーマス・アレキサンドル	イギリス	
明治21年５月18日	勲4等	ジョン・ミルン	イギリス	
明治21年５月18日	勲4等	ゼームス・メイン・ヂクソン	イギリス	
明治22年５月20日	勲4等	スチュワルト・レーン	イギリス	
明治24年３月30日	勲4等	モントジョイ・スクワヤー	イギリス	
明治24年４月６日	勲4等	アーキボールド・フランシス・マクナブ	イギリス	
明治24年６月12日	勲4等	カーギル・ギルストン・ノット	イギリス	
明治16年12月28日	勲5等	パシルホール・チャムブルレーン	イギリス	
明治20年９月24日	勲5等	アレキサンドル・マークス	イギリス	
明治21年５月18日	勲5等	ウィリアム・ドーグラス・ユックス	イギリス	
明治21年５月18日	勲5等	フレデリッキ・ウィリアム・ストレンジ	イギリス	
明治24年11月16日	勲5等	アレキサンドル・ジョセフ・ヘヤア	イギリス	
明治24年11月16日	勲5等	フェレデリッキ・アドリアン・マヤー	イギリス	
明治20年11月２日	勲6等	フレデリッキ・ウィリアム・ハンモンド	イギリス	
明治21年８月８日	勲6等	ウィルヤム・ウードワード	イギリス	
明治21年８月８日	勲6等	ジョン・コリンス	イギリス	
明治21年８月８日	勲6等	コルネルス・コリンス	イギリス	
明治21年11月12日	勲6等	フランキ・アプトン	イギリス	
明治22年10月29日	瑞3等	トーマス・アル・ショル・ビントン	イギリス	
明治22年10月29日	瑞3等	チャールス・アシトン・ホワットレー・パウネル	イギリス	
明治22年10月29日	瑞3等	アーサー・スタンホープ・オルドリッチ	イギリス	
明治22年10月29日	瑞4等	フランシス・ヘンリー・トレヴィシック	イギリス	
明治22年12月15日	瑞4等	バシル・ホール・チャンバレン	イギリス	
明治24年３月30日	瑞4等	ウィリアム・ベンジャミン・メーソン	イギリス	
明治24年５月１日	瑞4等	ジェムス・ロルド・ボース	イギリス	
明治23年２月７日	瑞6等	ジョセフ・バー	イギリス	
明治24年３月18日	勲4等	ドクトル・プロフェソル・ブルンス	ワルテンベルグ	
明治15年９月22日	大勲位菊花	ジュール・グレヴィー　大統領	フランス	
明治11年12月14日	勲1等	テイスランド・ポール	フランス	
明治14年１月15日	勲1等	ファル・ゼアン・ヂョゼッフ・フレデリック・アルベール	フランス	
明治14年２月12日	勲1等	ルウイド・ジョフロウ	フランス	
明治15年４月１日	勲1等	ギーヨーム・ド・ロケット	フランス	
明治16年３月20日	勲1等	アルチュール・トリクー	フランス	
明治16年10月20日	勲1等	ジャンベルナル・ジョレギイ・ベルレイ	フランス	
明治16年10月20日	勲1等	シャール・マリイ・プルエーン	フランス	
明治16年10月20日	勲1等	アレキサンドル・ルイ・フランソワ・ペイロン	フランス	

明治16年11月19日	勲1等	レオン・セイ	フランス	
明治16年11月21日	勲1等	メリンス	フランス	
明治17年9月8日	勲1等	ジアン・バチスト・マリー・エドアール・カンプノン	フランス	
明治20年3月9日	勲1等	ジェオルジェ・エルネスト・ジャンマリー・ブウランジェ	フランス	
明治20年4月20日	勲1等	ジョセフ・アダム・シェンキエウィッツ	フランス	
明治20年9月24日	勲1等	イヤシント・ローラン・チオフヒルラーブ	フランス	
明治21年6月14日	勲1等	プランス・ハンリー・ド・オルレアン	フランス	贈進
明治21年12月28日	勲1等	ジュール・フランソアー・エミール・クランツ	フランス	
明治9年4月6日	勲2等	ヂ・ボアソナード・ド・フォンタラビー	フランス	
明治10年1月23日	勲2等	フランソワー・レオンス・ウェルニー	フランス	
明治10年12月25日	勲2等	アッペル	フランス	
明治10年12月25日	勲2等	モラル	フランス	
明治11年8月5日	勲2等	アルマン・ベヒック	フランス	
明治11年12月14日	勲2等	ジベ・クランツ	フランス	
明治11年12月14日	勲2等	ジオルジュ・ペルジェー	フランス	
明治12年5月1日	勲2等	ランソン・ダルワー・デryキュレー・アンゼンベール	フランス	
明治12年5月1日	勲2等	グレーレイ・ヘンリー・フランソワー・ザウイエー	フランス	
明治12年5月1日	勲2等	ド・ミリベール・マリー・フランソワー・ジュゼフ	フランス	
明治12年10月21日	勲2等	シャルル・クロード・ミュニエ	フランス	
明治14年1月15日	勲2等	サランソン・アドリアン・シャルル	フランス	
明治14年1月15日	勲2等	アンリーヨラン・ルウイ・フランソワ・ヂョオゼフ	フランス	
明治15年10月19日	勲2等	ルイニコラー・フレデリッキ・ソリエー	フランス	
明治15年10月19日	勲2等	アントワーン・シャーレ・ジョワニー	フランス	
明治16年6月15日	勲2等	フランシス・ピチェ	フランス	
明治16年10月20日	勲2等	セバスシチャン・ニコラ・ジョシイムレスペ	フランス	
明治16年10月20日	勲2等	ジョセフ・マリイヂヂイエ・ヂュブールコウ	フランス	
明治16年10月20日	勲2等	アドリヤン・バルトレミイ・ルイリュニイエー	フランス	
明治16年11月19日	勲2等	アマン・デフィース	フランス	
明治16年11月19日	勲2等	ジャン・パブチスト・アンリー・ピュッツ	フランス	
明治16年11月19日	勲2等	ジャン・ウイクト・アルフレード・トリュッシュ	フランス	
明治17年7月9日	勲2等	コンt・ド・モント・ベロ	フランス	
明治17年10月27日	勲2等	アゼ・ジェルベー	フランス	
明治18年5月15日	勲2等	トニー・コント	フランス	
明治18年6月5日	勲2等	カメスカス・エルネスト	フランス	
明治19年4月1日	勲2等	ジュール・アルフレッド・ダンルー	フランス	
明治19年10月4日	勲2等	ルイ・エルネスト・シュネガン	フランス	
明治20年4月1日	勲2等	フランソワ・ジュール・アルマン	フランス	
明治20年6月23日	勲2等	パープ・テイスト・トラモン	フランス	
明治20年9月20日	勲2等	アルチュール・グラギヨン	フランス	
明治20年9月24日	勲2等	アンリー・フェリクス・テオドール・ジュング	フランス	
明治20年9月24日	勲2等	ルイ・アンリー・ブルウンド・コルストウン	フランス	
明治21年3月2日	勲2等	アトリアン・アドルフ・ド・カレード・ペルマン	フランス	
明治23年3月6日	勲2等	エミール・ベルタン	フランス	
明治23年9月19日	勲2等	ポール・マリー・フロウェル	フランス	
明治10年4月15日	勲3等	シュル・セザル・クロード・チボヂェ	フランス	
明治10年7月2日	勲3等	シャール・マルクリー	フランス	
明治10年12月25日	勲3等	メジオール・シャノアヌ	フランス	瑞2

明治10年12月25日	勲3等	ドブ・ロィツ	フランス	
明治10年12月25日	勲3等	ルバロン・レイユ	フランス	
明治11年12月14日	勲3等	チッスラン	フランス	
明治11年12月14日	勲3等	ポルリエー	フランス	
明治12年５月１日	勲3等	ウアンソン・ジョセフ・エミル	フランス	
明治12年５月１日	勲3等	ジャンソン・ギュスタウ・オーギュスト	フランス	
明治13年２月６日	勲3等	ジュルス・ダロン	フランス	
明治14年２月４日	勲3等	エミル・ルーイ・コンスタン・カムピーヨンネー	フランス	
明治15年６月17日	勲3等	ジュル・ブリュネー	フランス	
明治15年10月19日	勲3等	アルチュル・フランソワ・アルフォンソ・ビアンネメー	フランス	
明治16年６月15日	勲3等	リシュタン・ステイン	フランス	
明治16年６月15日	勲3等	シャルル・アルベル・ルイ・ファイエー	フランス	
明治16年６月15日	勲3等	ゼアン・エドウワル・デシリエー	フランス	
明治16年６月15日	勲3等	オーギュスト・マリ・ジョセフ・カンス	フランス	
明治16年７月15日	勲3等	アルフレード・カンファン	フランス	
明治16年10月22日	勲3等	ル・コント・ラファエル・ド・ヴィエルカステル	フランス	
明治16年11月19日	勲3等	オーギュスト・デジレー・ルー・ルモンタギュー	フランス	
明治16年11月19日	勲3等	アルベール・ペチング・ドヴォール・グレナン	フランス	
明治16年11月19日	勲3等	アドルフ・アンスタン	フランス	
明治16年11月19日	勲3等	オーギュスト・ピエル・ドビシュー	フランス	
明治16年11月19日	勲3等	オーギュスト・メルシェ	フランス	
明治16年11月19日	勲3等	クリストッフ・エルネスト・ランチー	フランス	
明治17年９月８日	勲3等	ジャン・クラリヌ・アルフレ・ムールラン	フランス	
明治17年９月８日	勲3等	アウギュスト・マリー・レオン・デシャルム	フランス	
明治17年９月８日	勲3等	フェリクス・フレデリック・ジオルジュ・ルボン	フランス	
明治17年10月27日	勲3等	イヤシント・フルヌレー	フランス	
明治17年10月27日	勲3等	ツーゼーヌ・ピエルイポリート・ドグールレイ	フランス	
明治17年10月27日	勲3等	グスタアウ・モールワール	フランス	
明治17年10月27日	勲3等	アエ・ロトウイエル	フランス	
明治18年４月13日	勲3等	イア・コンドラン	フランス	
明治18年４月13日	勲3等	アンリ・レオン・アリビュブ	フランス	
明治18年４月13日	勲3等	ザウイエー・フランソア・アレキシカスタン	フランス	
明治18年４月13日	勲3等	シジ・エル・ジュールダン	フランス	
明治19年４月１日	勲3等	ブレーズ・アウギュスト・フォール	フランス	
明治19年10月４日	勲3等	ウイクトル・ベルナル・デレガゲー	フランス	
明治19年10月４日	勲3等	ギュスタブ・レオン・ニヨックス	フランス	
明治19年12月28日	勲3等	アンリー・ベルトー	フランス	
明治20年４月１日	勲3等	ピエール・ギーョーム・ポール・コロンナ	フランス	
明治20年６月23日	勲3等	ジュール・ピエール・マリープリコダンス・ジョリベ	フランス	
明治20年９月24日	勲3等	エーメー・シャルル・デストルモン	フランス	
明治20年９月24日	勲3等	ローザード・マルドル	フランス	
明治21年４月16日	勲3等	ユーゼーヌ・シャール・ショーバン	フランス	
明治21年７月２日	勲3等	エル・ゴンス	フランス	
明治21年７月25日	勲3等	ポール・ド・ポワシー	フランス	
明治10年１月23日	勲4等	ポール・アメデー・リュドヒック・サバチェー	フランス	
明治10年12月25日	勲4等	ルコント・ド・トルシー	フランス	
明治10年12月25日	勲4等	ブロック	フランス	

明治10年12月25日	勲4等	バッシエー	フランス	
明治11年５月23日	勲4等	アントアヌ・ピエイヤール	フランス	
明治11年12月14日	勲4等	ドラ・シャリ・エール	フランス	
明治11年12月14日	勲4等	モレノ・アンリック	フランス	
明治11年12月14日	勲4等	ハルデイー	フランス	
明治11年12月14日	勲4等	シウエルゼー	フランス	
明治11年12月14日	勲4等	カミール・クランツ	フランス	
明治11年12月14日	勲4等	デ・グランジェ	フランス	
明治13年５月７日	勲4等	デジレー・アマンド・フランソワー・デストウベル	フランス	
明治15年２月13日	勲4等	コント・ジエー・ド・ヂスバック	フランス	
明治15年３月15日	勲4等	アンドレー・ニコール	フランス	
明治15年10月19日	勲4等	アルフォンソ・ユーヂン・フランソワ・ジュボン	フランス	
明治16年６月１日	勲4等	ミシェル・キュレルエー	フランス	
明治16年６月１日	勲4等	レオンド・ロニー	フランス	
明治16年６月１日	勲4等	エフ・テウネー	フランス	
明治16年６月22日	勲4等	レオンス・オルリー	フランス	
明治16年11月19日	勲4等	アルマン・プロスベール・マルシャン	フランス	
明治16年11月19日	勲4等	ジャン・アベル・ジウアール	フランス	
明治16年11月19日	勲4等	コント・ド・モントベロ	フランス	
明治16年12月26日	勲4等	アレキサンドル・エチェンヌ・プーグアン	フランス	
明治16年12月26日	勲4等	ジエー・ジュースラン	フランス	
明治17年10月27日	勲4等	ベ・フラロー	フランス	
明治17年11月29日	勲4等	ジョルジュ・アッペール	フランス	
明治18年２月３日	勲4等	フェリクス・ギュスターフ・アドルフ・ベルソン	フランス	
明治18年２月３日	勲4等	ステファン・マンジョウ	フランス	
明治18年４月13日	勲4等	ゼ・オルセル	フランス	
明治18年６月５日	勲4等	ノーダン・ルウイ・レオン・アドリヤン	フランス	
明治18年６月５日	勲4等	コーベ・ジャン・マリー・ラザール	フランス	
明治18年６月５日	勲4等	ゴーチェド・ノワエル・アメデー・ジュールマリー	フランス	
明治18年８月１日	勲4等	イエア・エム・ド・ブレッセエ	フランス	
明治19年４月１日	勲4等	セ・バイエー	フランス	
明治19年４月１日	勲4等	ルベク・ド・ゼルミニー	フランス	
明治19年12月28日	勲4等	エ・チェンヌ・ド・ウイラレー	フランス	
明治20年３月９日	勲4等	マルドシュー・ジェオルジュ・ウアタプレーギュ	フランス	
明治20年４月１日	勲4等	ジアン・トマ・ラウル・ボナール	フランス	
明治20年４月１日	勲4等	ピエール・マリー・ギョーム・ギュスタウ・アンベール	フランス	
明治20年６月23日	勲4等	テオフヒル・アナトル・ガエタン・リュイサン	フランス	
明治20年６月23日	勲4等	ギュスタブ・エチエンヌ・ラゲーヌ	フランス	
明治20年６月23日	勲4等	アシール・フェリクス・エチエンヌ・カプロル	フランス	
明治20年６月23日	勲4等	シャルル・マリー・ジュール・ヴィリー	フランス	
明治20年９月20日	勲4等	ルイ・ピュイバロー	フランス	
明治20年９月20日	勲4等	フェルナン・ベザンソン	フランス	
明治20年９月24日	勲4等	アルフレド・ガバロン	フランス	
明治20年９月24日	勲4等	マラン・アルベール・マッセ	フランス	
明治20年９月24日	勲4等	アンリー・エミル・カンピョン	フランス	
明治20年９月24日	勲4等	ジャンファピユー・オステン・ウィルジャント	フランス	
明治20年11月２日	勲4等	マリー・アドリヤン・ヴィリエー	フランス	

明治21年2月18日	勲4等	ピエール・フロリップ・オーリチイ	フランス	
明治21年3月2日	勲4等	アンリード・カロワイヨン・オトウル	フランス	
明治21年5月18日	勲4等	アレキサンドル・アントワヌ・デーブウスキー	フランス	
明治21年6月14日	勲4等	マリー・クレマン・エミル・ベルベス	フランス	
明治22年1月24日	勲4等	アンリー・ルフェーブル	フランス	
明治22年8月19日	勲4等	レオポール・ターデー・ラモオトウスキー	フランス	
明治23年11月25日	勲4等	ジョーゼフ・ベルナール・ベドウ	フランス	
明治24年12月28日	勲4等	マリー・フランソワ・ラルマン	フランス	
明治11年5月23日	勲5等	アンリー・ペルサン	フランス	
明治11年5月23日	勲5等	アルマン・エッシュマン	フランス	
明治11年12月14日	勲5等	ジエリー	フランス	
明治11年12月14日	勲5等	エチエンヌ	フランス	
明治11年12月14日	勲5等	エドモン・テイスランド・ボール	フランス	
明治11年12月16日	勲5等	エミル・ペリュセル	フランス	
明治11年12月16日	勲5等	シャルル・クレイトマン	フランス	
明治11年12月16日	勲5等	ジャン・ビレー	フランス	
明治12年5月1日	勲5等	ダネー・レイモン・フェリクス	フランス	
明治12年10月21日	勲5等	アンリー・マリー・シャルヴェ	フランス	
明治12年10月21日	勲5等	フェルチュネー・ジェラルジュ・フォーユネル	フランス	
明治12年10月21日	勲5等	アントワンヌ・オクタブ・バレー	フランス	
明治12年10月21日	勲5等	オーギュスト・レネー・アンゴ	フランス	
明治14年2月4日	勲5等	ユベル・ジョセフ・アンリー	フランス	
明治15年2月21日	勲5等	ハンリ・ベクレル	フランス	
明治15年8月7日	勲5等	フェリクス・エブラル	フランス	
明治15年8月7日	勲5等	ペ・ラルイ	フランス	
明治15年9月6日	勲5等	ド・ラ・ペイレール	フランス	
明治16年5月2日	勲5等	ガストン・ガリー	フランス	
明治16年6月1日	勲5等	アルフレッド・レキュウル	フランス	
明治16年6月15日	勲5等	アルマン・モラール	フランス	
明治16年9月7日	勲5等	ロジェー・バリュー	フランス	
明治16年9月7日	勲5等	ル・コント・ユルリクド・ウエルカステル	フランス	
明治16年11月21日	勲5等	アンリ・デグロン	フランス	
明治17年9月8日	勲5等	アドルフ・フェリクス・ブリユー	フランス	
明治17年10月27日	勲5等	エシゼ・バアラン	フランス	
明治18年2月3日	勲5等	プロスペル・フーク	フランス	
明治18年4月13日	勲5等	エム・リカルドウー	フランス	
明治18年4月13日	勲5等	ゼアン・マリー・モルナー	フランス	
明治18年8月1日	勲5等	ピエルド・プルウ	フランス	
明治18年8月1日	勲5等	ド・ルガアル・ウイルヌウウ	フランス	
明治18年12月21日	勲5等	ルガルドール・エミル・アルホンス	フランス	
明治18年12月21日	勲5等	ロンプレー・ジュール・ヴィクトル	フランス	
明治18年12月21日	勲5等	シャルル・ミシエル	フランス	
明治19年4月29日	勲5等	ガストン・オギーュスト・リュシャンブリネー	フランス	
明治19年12月28日	勲5等	シャルル・ルルウ	フランス	
明治20年4月1日	勲5等	イポリート・ギョーーム・レエジュ	フランス	
明治20年6月23日	勲5等	アルマン・メルシェー	フランス	
明治20年6月23日	勲5等	ヴィクトル・アントワーヌ・バザン	フランス	

明治20年６月23日	勲5等	レーモン・マリーフ・リョーレー	フランス	
明治20年６月23日	勲5等	エミル・マルタン	フランス	
明治20年６月23日	勲5等	パブテイスト・フオリー	フランス	
明治20年６月23日	勲5等	ピエール・ペルソンヌ	フランス	
明治20年９月20日	勲5等	フェルナン・ドリュジョン	フランス	
明治20年11月２日	勲5等	ピエール・ド・リュシー・ホッサリイエ	フランス	
明治21年３月２日	勲5等	マキシーム・ド・ランドルヴィ	フランス	
明治21年３月２日	勲5等	アルバン・ド・カニジー	フランス	
明治21年３月２日	勲5等	シャール・オクターヴ・エキゼルマン	フランス	
明治21年４月16日	勲5等	レオンス・パッスラー・ド・シランス	フランス	
明治21年５月18日	勲5等	ヂャン・パブ・チスト・アルチュール・アルヴェー	フランス	
明治21年６月14日	勲5等	シャールレネフレデリック・エドワール・ウィオワザン	フランス	
明治21年７月２日	勲5等	ジャンアンネー・デシアン	フランス	
明治21年10月５日	勲5等	ア・オール	フランス	
明治22年４月27日	勲5等	オーギュスト・シャンプノアー	フランス	
明治22年８月19日	勲5等	エドアール・シャール・コンスタンルーフ	フランス	
明治23年６月４日	勲5等	ジョーゼフ・アドルフ・ドートルメール	フランス	
明治24年４月１日	勲5等	アンリーアルマン・バロン	フランス	
明治24年12月１日	勲5等	アンリーフランソワ・エリョー	フランス	
明治24年12月１日	勲5等	ギーヨーム・ジョシャ・ルネー・ドブレモンダール	フランス	
明治24年12月１日	勲5等	フランソワー・エミール・ヘルベル	フランス	
明治24年12月１日	勲5等	ルイー・カストラン	フランス	
明治11年５月23日	勲6等	マチュラン・ジョッケル	フランス	
明治11年10月21日	勲6等	ギュスターヴ・シャルル・ダクロン	フランス	
明治16年11月19日	勲6等	フランソア・ジョセフ・ジュクロー	フランス	
明治18年４月13日	勲6等	ヂシシ・コッツキー	フランス	
明治19年12月28日	勲6等	ヂョセフ・キエル	フランス	
明治20年６月23日	勲6等	ヴィクトル・レオン・マレー	フランス	
明治20年６月23日	勲6等	アルベール・ルフラール	フランス	
明治21年３月２日	勲6等	ポールド・プールタン	フランス	
明治21年３月２日	勲6等	ルイー・ミセル・シャンピヨン	フランス	
明治21年３月２日	勲6等	クリスチャンド・ミュラン・エンロ・ザンプール	フランス	
明治21年７月２日	勲6等	フェリキス・デジレー・ドクワン	フランス	
明治21年12月28日	瑞1等	アベルニコラス・ジェオルジェ・ペチトアール	フランス	
明治22年８月19日	瑞1等	アマン・デフィース	フランス	勲2
明治23年５月12日	瑞1等	ポウル・ルイ・ゼオルジュ・ベルゼー	フランス	
明治23年９月19日	瑞1等	シャルル・アンリー・ハイヨー	フランス	
明治23年９月19日	瑞1等	ジュール・アベル・ルプランド・デイヨンヌ	フランス	
明治24年12月１日	瑞1等	アルフォンス・シャルル・デレベック	フランス	
明治21年12月28日	瑞2等	エチアンヌ・アンリー・ジロウ	フランス	
明治21年12月28日	瑞2等	アルフレッド・アルベール・ゼルウエー	フランス	
明治21年12月28日	瑞2等	ピエール・ジャン・フルニエー	フランス	
明治21年12月28日	瑞2等	シャール・アレキサンドル・ポール・ゴードロン	フランス	
明治22年４月15日	瑞2等	ポール・ベトモン	フランス	
明治22年８月19日	瑞2等	ゼオルジュ・フヒリップ・ジャクマン	フランス	
明治22年９月11日	瑞2等	シャルル・シュルピイス・ジュール・シャノワーヌ	フランス	勲3
明治22年９月11日	瑞2等	オリヴヒエー・ガブリエル・ルフェバル・ドルメッソン	フランス	

明治23年２月15日	瑞2等	アンリー・アウギュスト・ロゼー	フランス	
明治23年９月19日	瑞2等	モター・デストルー	フランス	
明治24年４月１日	瑞2等	ジュスタン・ド・サルブ	フランス	
明治24年12月１日	瑞2等	ジョーゼフ・エミール・アルフォンス・ソーノワー	フランス	
明治24年12月１日	瑞2等	ジョルジュ・アルホンズ・オロベール・ド・ブレトビール	フランス	
明治24年12月１日	瑞2等	アンリー・ブール・ヂオー	フランス	
明治22年４月15日	瑞3等	ジュール・グリージュ・ロスラン	フランス	
明治22年４月27日	瑞3等	ステファヌ・ガローン	フランス	
明治22年７月15日	瑞3等	エドワール・エール・アントワヌバルラ	フランス	
明治22年８月19日	瑞3等	マリア・アレクサンドル・アロイス・マシェー	フランス	
明治22年８月19日	瑞3等	アルベール・マダメー	フランス	
明治22年９月11日	瑞3等	ウージエーヌ・ジャン・シャルル・ルーセー	フランス	
明治23年５月12日	瑞3等	アレキサンドル・エミール・チュルネイサン	フランス	
明治23年５月12日	瑞3等	ヂュールピエル・アーモリ・ド・ラクルテル	フランス	
明治23年７月17日	瑞3等	ユーゼーヌ・アドルフ・マリイピエール	フランス	
明治23年７月30日	瑞3等	シャール・フェリクス・エドガアル・ド・クールチーユ	フランス	
明治23年９月19日	瑞3等	エルネスト・アントワーヌ・アウキュスト・パマール	フランス	
明治23年10月27日	瑞3等	アルフランス・バール	フランス	
明治23年10月27日	瑞3等	ポール・アルフレー・カミル・モーリョン	フランス	
明治24年４月１日	瑞3等	アルフォンス・バロン	フランス	
明治24年４月１日	瑞3等	ユージーヌ・アンリーマリー・ド・マルグリット	フランス	
明治24年６月18日	瑞3等	レピーヌ	フランス	
明治24年12月１日	瑞3等	シュール・ヴィクトール・ルモワーヌ	フランス	
明治24年12月１日	瑞3等	ジャン・ゲーリエー	フランス	
明治24年12月１日	瑞3等	シャルアメデー・ドレーチ・ド・ウィルヌーヴウィトレー	フランス	
明治24年12月22日	瑞3等	エルネスト・カルノー	フランス	
明治21年12月28日	瑞4等	エクトル・ユーグ・アルフォンス・マリーダグール	フランス	
明治22年７月15日	瑞4等	ジュール・エミール・テスマル	フランス	
明治22年９月11日	瑞4等	アントワーヌ・オクタブ・バレー	フランス	
明治23年５月12日	瑞4等	シャール・アルベル・ゴーチェ	フランス	
明治23年５月12日	瑞4等	ポウル・スミッーズ	フランス	
明治23年５月12日	瑞4等	ジレイノー	フランス	
明治23年５月12日	瑞4等	ポール・セヂール	フランス	
明治23年７月17日	瑞4等	アルマン・モラール	フランス	勲5
明治23年７月30日	瑞4等	ピエール・ダニエル	フランス	
明治23年９月19日	瑞4等	ヴィクトル・アントワーヌ・バザン	フランス	勲5
明治23年10月27日	瑞4等	ユーゼーヌ・ルイ・マリー・ヂュバール	フランス	
明治24年４月１日	瑞4等	ルウイ・エミール・エシュバツシェー	フランス	
明治24年６月18日	瑞4等	ウィギー	フランス	
明治24年12月１日	瑞4等	コーデシック・ロシエー	フランス	
明治24年12月１日	瑞4等	アンリー・デジレー・ヤルル・ドリュクセル	フランス	
明治24年12月１日	瑞4等	テオフィル・アルマン・フエレー	フランス	
明治24年12月１日	瑞4等	アルフレット・フレデリック・エドワール・ピストノル	フランス	
明治24年12月１日	瑞4等	ジョルジュ・アルベルト・クーワール	フランス	
明治24年12月１日	瑞4等	アルベル・マリー・ルネー・ロミヨー	フランス	
明治24年12月１日	瑞4等	アレキサンドル・プイッソン	フランス	
明治24年12月１日	瑞4等	フレデリック・ジュール・ルヴィロワー	フランス	

明治22年４月15日	瑞5等	エミール・ブーランゼー	フランス	
明治22年４月15日	瑞5等	マルセール・ド・フレウイル	フランス	
明治23年５月12日	瑞5等	シャール・バルテー	フランス	
明治23年５月12日	瑞5等	カブリエール・オシュード	フランス	
明治23年５月12日	瑞5等	ヂョルヂュ・ヂュピ・ユイシュ	フランス	
明治23年５月12日	瑞5等	ルイ・ジャンナン	フランス	
明治23年５月12日	瑞5等	フレデリッツク・モロー	フランス	
明治23年10月27日	瑞5等	アンドレー・ド・ミールネー	フランス	
明治23年10月27日	瑞5等	ポールマリー・ヴィギョン	フランス	
明治23年５月12日	瑞6等	ジュール・ピエル・レオン・ペニー	フランス	
明治23年５月12日	瑞6等	ウイリヤム・カルギール	フランス	
明治23年５月12日	瑞6等	ルイ・アルベル・ルグラン	フランス	
明治23年５月12日	瑞6等	マリイ・フランソワア・ゴロン	フランス	
明治23年５月12日	瑞6等	ピエル・アルスヌ・ルフェヴル	フランス	
明治23年10月９日	瑞6等	アゼン・ババド・ポフ	ハンガリー	
明治19年９月29日	大勲位菊花	クレチアン　　皇帝	デンマーク	
明治21年５月18日	大勲位菊花	クレチアン・フレデリック・ギーヨーム・シャール	デンマーク	
明治21年２月18日	勲1等	セエルド・ローベンスキーヨルド	デンマーク	
明治21年２月18日	勲1等	エミル・フランソワー・クリエーゲル	デンマーク	
明治19年６月29日	勲2等	カアル・フレデリック・テイツトゲン	デンマーク	
明治16年８月25日	勲3等	エドワルド・スウェンソン	デンマーク	
明治21年２月18日	勲3等	エフ・ワイ・エフ・ローゼンスタンド	デンマーク	
明治21年２月18日	勲3等	オ・ワイ・ホスキ・エール	デンマーク	
明治21年２月18日	勲4等	セ・ジートヘーン・アデレール	デンマーク	
明治21年２月18日	勲4等	コンスタンチン・プルン	デンマーク	
明治16年８月25日	勲5等	ヂョルヂ・ヨハン・ヘランド	デンマーク	
明治16年８月25日	勲5等	ヘンリッキ・ヂョルヂ・キリスチアン・ボール	デンマーク	
明治19年４月１日	勲5等	フレデリック・クレプス	デンマーク	
明治24年２月27日	瑞2等	エドワアルド・スウェンソン	デンマーク	
明治21年12月28日	瑞3等	エドワアルド・ド・バウイエー	デンマーク	
明治23年２月14日	瑞3等	ヤコブ・ヘンニン・グセン	デンマーク	
明治22年１月24日	瑞5等	ウアルデ・マール・ホルム	デンマーク	
明治23年２月14日	瑞5等	クリスチャン・ヘンリーキ・クラフ	デンマーク	
明治24年12月22日	瑞5等	ジュリウス・ウイルヘルム・ピートルセン	デンマーク	
明治15年11月27日	大勲位菊花	アルペルフレデリック・ザウイエー・ジョージ・フィデル	サクソン	贈進
明治11年６月28日	勲1等	バロン・ファルケン・スタイン	サクソン	
明治16年10月８日	勲1等	フォン・ハプリース	サクソン	
明治16年12月10日	勲2等	カール・アウグスト・ゼンカー	サクソン	
明治16年12月10日	勲2等	カール・パウル・エンドル・フォンデル・プラニツ	サクソン	
明治16年12月10日	勲2等	フォン・シューベルト	サクソン	
明治19年８月23日	勲2等	ドクトル・ウイルヘルム・アウグスト・ロート	サクソン	
明治16年10月８日	勲3等	フォン・ミルチイツ	サクソン	
明治16年12月10日	勲3等	オット・ウイルヘルム・ユリウス・シュネル	サクソン	
明治16年12月10日	勲3等	フリードリヒ・フォン・エンゲル	サクソン	
明治20年４月20日	勲3等	ハインリヒ・フォン・トライチュケ	サクソン	
明治20年４月20日	勲3等	ゲオルヒ・フォン・シュリーベン	サクソン	
明治11年６月28日	勲4等	ドクトル・オプスト	サクソン	

明治16年12月10日	勲4等	ベルヌハード・ウオルデマール・ウッイゲル	サクソン	
明治20年4月20日	勲4等	フゴー・フォン・アルトロック	サクソン	
明治20年4月20日	勲4等	ハルマン・フライヘル・フォン・トイベルン	サクソン	
明治20年9月30日	勲5等	パウル・ルードウイック・アルメル	サクソン	
明治24年7月3日	瑞3等	エミル・キルヒネル	薩古斯	
明治24年7月3日	瑞5等	ハンスフリードリヒ・クールト・フォン・ショーンベルヒ	薩古斯	
明治24年3月30日	瑞6等	クリスチャン・クレムメ	薩古斯	
明治16年4月20日	大勲位菊花	コブルエゴッタ国エルネスト2世	索斯	
明治24年6月25日	勲3等	バロン・カンベル・フォン・ローレンツ	索斯	
明治15年3月9日	大勲位菊花	シャルル・アレキサンドル・アウギュストジャン殿下	索斯	
明治17年3月18日	勲1等	バロン・エル・ゲー・デグロス	索斯	
明治17年3月18日	勲1等	フライヘル・フォン・ポイスト	索斯	
明治21年5月30日	勲1等	ベルナール殿下	索斯	贈進
明治17年3月18日	勲2等	グラフ・オー・フォン・ウエーデル	索斯	
明治21年5月1日	勲3等	リシャールドフライヘル・フォンフィックス・ノルドホフ	索斯	
明治24年5月16日	大勲位菊花	ヂョーヂ殿下	希蝋	
明治20年9月7日	勲1等	セ・ツリクピ	希蝋	
明治20年9月7日	勲1等	エ・ド・ラクミ	希蝋	
明治20年9月7日	勲3等	エ・ハヂ・ペトロス	希蝋	
明治20年9月7日	勲4等	アリストプル・マネシス	希蝋	
明治23年10月9日	勲6等	ジエアン・フラン・グデイー	希蝋	
明治13年11月8日	勲1等	ジョゼフ・アル・ホーレイ	アメリカ	
明治9年4月6日	勲2等	チャルレス・ダブリュ・リゼンドル	アメリカ	
明治13年11月8日	勲2等	アルフレッド・テイー・ゴーション	アメリカ	
明治10年7月2日	勲3等	ジイ・エフ・ヴェルベッキ	アメリカ	
明治11年12月18日	勲3等	ドクトル・ダヒット・モルレー	アメリカ	
明治13年11月8日	勲3等	ジョン・ウエルシュ	アメリカ	
明治18年6月5日	勲3等	デ・ダブリュスデイイウェスン	アメリカ	
明治21年5月18日	勲3等	ヘンリー・ヴィラード・デニソン	アメリカ	
明治22年2月22日	勲3等	ジオルジ・ビウイリアム	アメリカ	
明治10年1月11日	勲4等	ゼームス・アル・ワッスン	アメリカ	
明治10年7月2日	勲4等	ドクトル・トオマス・アンテイセル	アメリカ	
明治13年11月8日	勲4等	エム・アッシュ	アメリカ	
明治13年11月8日	勲4等	チャルルス・ウオルコット・ブルックス	アメリカ	
明治14年2月8日	勲4等	ジョゼフ・ユリイ・クロウフィルド	アメリカ	
明治15年10月19日	勲4等	サミュール・マクギル・ブライアン	アメリカ	
明治17年3月18日	勲4等	ヘンリー・テイ・テリイ	アメリカ	
明治18年2月3日	勲4等	ピーヴー・ウィーダル	アメリカ	
明治18年2月3日	勲4等	ウィンフィールド・エス・チャプリン	アメリカ	
明治18年6月5日	勲4等	ベートン・ジョードン	アメリカ	
明治19年9月30日	勲4等	エルネスト・フランシスコ・フェノロサ	アメリカ	瑞3
明治20年3月9日	勲4等	ドクトル・ジョン・クラレンス・カッター	アメリカ	
明治20年9月24日	勲4等	ジェーキウ・バートン	アメリカ	
明治20年11月2日	勲4等	シートン・シュローダー	アメリカ	
明治21年5月18日	勲4等	ゼー・エー・エル・ワッデル	アメリカ	
明治21年9月20日	勲4等	ウィリアム・ピー・ブルックス	アメリカ	
明治16年3月31日	勲5等	エドウィン・ダン	アメリカ	

明治17年10月15日	勲5等	ルイス・ウェルタイマル	アメリカ	
明治18年2月3日	勲5等	デイービー・マカデー	アメリカ	
明治18年2月3日	勲5等	ダブリュー・イーパーソン	アメリカ	
明治18年2月3日	勲5等	エム・エム・スコット	アメリカ	
明治21年5月18日	勲5等	ホレエス・ウィルソン	アメリカ	
明治23年6月28日	瑞3等	エルネスト・フランシスコ・フェノロサ	アメリカ	
明治22年2月15日	瑞4等	エッチ・ゼット・ホイーラル	アメリカ	
明治24年11月20日	大勲位菊花	ゼネラル・ポルフヒリオ・デイアス	メキシコ	
明治24年11月20日	勲1等	ドン・イグナシオ・マリスカル	メキシコ	
明治22年9月11日	瑞1等	マチアス・ロメロ	メキシコ	
明治24年11月20日	瑞3等	エム・ボール・ハイム	メキシコ	
明治18年6月5日	大勲位菊花	フレデリック・フランソワー	梅格	
明治16年9月26日	勲1等	ジョン・アルベルト	梅格	
明治16年9月26日	勲8等	ウィルヘルム・アーレンス	梅格	
明治20年12月25日	勲1等	徐承祖	清国	
明治23年11月1日	勲1等	黎庶昌	清国	
明治20年10月6日	大勲位菊花	ソムデッチ・フラー・パラムンドル・チョム・クララ	シャム	
明治23年7月26日	桐花	バヌラン・グセ	シャム	
明治20年9月26日	勲1等	デウアウオングセ	シャム	
明治21年1月21日	勲1等	ゼ・ライトオノレーブル・フィア・バスカラ・ウオングス	シャム	
明治21年6月1日	勲1等	クロンムーン・プライ・チャク	シャム	
明治23年7月26日	勲1等	プリンス・プリスダング	シャム	
明治20年9月26日	勲3等	プオ・ダルム・ラクサ	シャム	
明治21年1月21日	勲3等	マルキー・スイハラ・ヂデヂヨ	シャム	
明治21年1月21日	勲3等	ゼ・オノレーブル・プラ・ウオラデイサックダー・ウッド	シャム	
明治21年1月21日	勲3等	ゼ・オノレーブル・ローン・リッドナオン・グロン	シャム	
明治21年6月1日	勲3等	モン・チョー・ウアタナー	シャム	
明治21年6月1日	勲3等	モン・ラジヤウオンガ・ヤイス・スコウアフム	シャム	
明治21年6月1日	勲3等	タン・キム・チェン	シャム	
明治20年9月26日	勲4等	プリアン	シャム	
明治21年1月21日	勲4等	ゼ・オノレーブル・ナイ・クラット・フンプライ	シャム	
明治21年6月1日	勲4等	リユオング・ウヒチィ・ツラサク	シャム	
明治21年6月1日	勲4等	リュオング・ナイ・シード	シャム	
明治21年6月1日	勲4等	リュオング・リチーチャ・カムチオン	シャム	
明治20年9月26日	勲5等	サート	シャム	
明治21年1月21日	勲5等	クーン・ウオラカン・コーサラ	シャム	
明治21年1月21日	勲5等	ナイピープン・オフ・スッチンダー	シャム	
明治21年1月21日	勲5等	ナイコスタ・シッキ・オフ・ラチャ・ヤサッダー	シャム	
明治21年6月1日	勲5等	リユオング・ナイリット	シャム	
明治21年6月1日	勲5等	チャムエン・サラフヒー	シャム	
明治23年7月26日	勲5等	バロン・フワイザル	シャム	
明治21年1月21日	勲6等	ナイスット・チム	シャム	
明治23年7月26日	瑞2等	プリンス・ワタナ	シャム	贈進
明治23年7月26日	瑞2等	マルキー・スイハラ・ヂデヂヨ	シャム	勲3
明治17年1月11日	大勲位菊花	ペトロウィッチ・ニエゴチ・ニコラス	蒙得尼	
明治17年1月11日	勲1等	スタンコ・ラドニイチ	蒙得尼	
明治23年10月9日	瑞5等	ヂョーカ・ポグダノウィッチュ	塞耳維	

明治14年７月27日	大勲位菊花	オスカル　皇帝	スウェーデン	
明治14年７月27日	大勲位菊花	オスカル・ギュスターブ・アドルフ皇太子	スウェーデン	
明治17年９月３日	大勲位菊花	オスカル殿下	スウェーデン	
明治17年４月25日	勲1等	エフ・ゼ・カドウ	スウェーデン	
明治20年３月17日	勲1等	コント・ニルス・フォン・ローゼン	スウェーデン	
明治15年４月20日	勲2等	ヨングヘル・ジャコプス・ファンデル・ポット	スウェーデン	
明治15年12月７日	勲2等	ア・ラアゲル・ヘイム	スウェーデン	
明治17年９月３日	勲2等	オット・ラーゲルベルグ	スウェーデン	
明治20年３月17日	勲2等	コント・アット・クロン・ステット	スウェーデン	
明治17年９月３日	勲3等	ハヤルマル・クリントベルグ	スウェーデン	
明治17年９月３日	勲3等	ニルス・スンドストロム	スウェーデン	
明治21年９月14日	勲3等	フレデリック・リュデベク	スウェーデン	
明治15年12月７日	勲4等	ル・コント・ゼ・リイベンハウプト	スウェーデン	
明治17年４月25日	勲4等	ア・ウイトフェルド	スウェーデン	
明治17年９月３日	勲4等	グスタフ・ラーゲル・クランツ	スウェーデン	
明治15年４月20日	勲5等	レオン・ファンド・ポルデル	スウェーデン	
明治17年９月３日	勲5等	フレドリク・ペイロン	スウェーデン	
明治20年７月１日	勲5等	ロエフ・セデル・ストローム	スウェーデン	
明治21年９月14日	勲5等	フレデリック・カールソン	スウェーデン	
明治20年４月１日	勲2等	ギュスターウ・モアニエー	スイス	
明治19年６月14日	勲5等	オットー・ゼン	スイス	

明治25年3月29日印刷
明治25年3月31日出版
賞勲局
印刷人　熊田宣遜
東京神田区松下町13番地

【ま】

【や】

【ら】

【さ】

【た】

【な】

【は】

事項索引

索　引

※人名索引では原則として勲章に関わりの深い主要な人物の初出ページを挙げ、事項索引では主要な語彙にとどめた。

人名索引

〈参考文献〉（順不同）

『賞牌取調』（『左院上奏図』）

『明治勲章図譜』

篠原晩香『勲章図』

國學院大學『有栖川宮ゆかりの名品』

DECORATIONS DE FRANCE ET COLONIES

高橋善七『日本電気通信の父　寺島宗則』国書刊行会　1989

『勅定褒章条例六十年史』大日本勅定褒章協会　1941

太政官『太政類典・公文類聚』明治期

熊田宣遜『外国人叙勲録賞勲局編纂』賞勲局不売品　1892

平井希昌『万国勲章略誌』森永綏　1895

平田春行『大日本帝国勲章記章誌』東京印刷株式会社　1918

中堀加津雄『勲章の知識』ダヴィッド社　1928

海軍義済会『海軍義済会会員名簿』双文館　1936

斎藤昌司『勲章の知識』同文館　1938

金子空軒『勲章・記章の話』軍人会館出版部　1938

造幣局『造幣局「時報」』大蔵省造幣局　1942

藤樫準二『恩賞考』晴南社創立事務所　1944、『勲章』保育社　1991

中堀加津雄『世界勲章図鑑』国際出版社　1963

藤樫準二『日本の勲章』第一法規出版　1965

山田盛三郎『徽章と徽章業の歴史』東京都徽章工業組合　1966

金井之恭『明治史料顕要職務補任録」』柏書房　1967

榎本半重『大給亀崖公伝全』再販委員会南佐久郡　1971

那珂馨『勲章の歴史』雄山閣出版 1973

総理府賞勲局『勲章百年の歩み』行政通信社　1974

伊達宗克『日本の勲章』りくえつ　1979

宮内庁『明治天皇紀』吉川弘文館　1979

総理府統計局『賞勲局百年資料集』大蔵省印刷局　1980

川村皓章『勲章みちしるべ』青雲書院　1983

長谷川昇『歴史手帳幕末明治勲章史探索』吉川弘文館　1991

黒沢廣『日本の美術七宝』至文堂　1993

平山晋『明治の勲章』全日本軍装研　1994

出口稔『日本洋服史』洋服業界記者クラブ　1997

石川順一『別冊太陽・明治の細密工芸』平凡社　2014

夏堀正元『勲章幻影』中央公論社 1988

ゴードン・スミス『ゴードン・スミスのニッポン仰天日記』小学館　1993

〈図版協力〉

早稲田大学図書館

尚古集成館

白水館薩摩伝承館

外務省外交史料館

【編著者紹介】

平山 晋（ひらやま・すすむ）

1953年生まれ。軍装・勲章研究家。
日本最大の規模を誇る軍装品・勲章コレクションを主宰。
NHK『坂の上の雲』など歴史ドラマの考証・監修多数。

明治勲章大図鑑（めいじくんしょうだいずかん）

2015年7月15日初版第1刷発行

編著者……平山 晋
発行者……佐藤今朝夫
発行所……国書刊行会
〒174-0056 東京都板橋区志村1-13-15
電話:03-5970-7421(代) FAX:03-5970-7427
http://www.kokusho.co.jp

編集……古賀弘幸
造本・装幀……山田英春
印刷……株式会社シーフォース
製本……株式会社ブックアート

ISBN978-4-336-05934-5